TEILHABEATLAS DEUTSCHLAND

Ungleichwertige Lebensverhältnisse und
wie die Menschen sie wahrnehmen

Impressum

Originalausgabe
August 2019

©Berlin-Institut für Bevölkerung und Entwicklung
& Wüstenrot Stiftung

Herausgegeben von
Berlin-Institut für Bevölkerung und Entwicklung
Schillerstraße 59
10627 Berlin
Telefon: (030) 22 32 48 45
Telefax: (030) 22 32 48 46
E-Mail: info@berlin-institut.org
www.berlin-institut.org

Wüstenrot Stiftung
Hohenzollernstr. 45
71630 Ludwigsburg
Telefon: (07141) 16 75 65 00
Telefax: (07141) 16 75 65 15
E-Mail: info@wuestenrot-stiftung.de
www.wuestenrot-stiftung.de

Das Berlin-Institut finden Sie auch bei Facebook und Twitter
(@berlin_institut).

Clusteranalyse: Theresa Damm, Lena Reibstein
Interviews: Sabine Sütterlin, Frederick Sixtus, Manuel Slupina,
Julia Amberger, Rebaz Ahmad
Recherche: Matthias Auer, Lilly-Allegra Hickisch
Lektorat: Alisa Kaps

Design und Layout: Jörg Scholz (www.traktorimnetz.de)
Korrekturen: Christina Ohmann (www.christinaohmann.de),
Jan Hendrik Schulz
Druck: Laserline Berlin

Einige thematische Landkarten wurden auf Grundlage des Programms
EasyMap der Lutum+Tappert DV-Beratung GmbH, Bonn, erstellt.

ISBN: 978-3-946332-52-7

Die Autoren:

Frederick Sixtus, 1983, Magister in Soziologie an der Universität
Potsdam und der Technischen Universität Berlin. Wissenschaftlicher
Mitarbeiter am Berlin-Institut für Bevölkerung und Entwicklung.

Manuel Slupina, 1979, Diplom in Volkswirtschaftslehre an der Universität zu Köln. Ressortleiter Demografie Deutschland am Berlin-Institut
für Bevölkerung und Entwicklung.

Sabine Sütterlin, 1956, Diplom in Naturwissenschaften an der ETH
Zürich. Freie wissenschaftliche Mitarbeiterin am Berlin-Institut für
Bevölkerung und Entwicklung.

Julia Amberger, 1986, Master in Journalismus an der Universität Leipzig. Freie Journalistin und Autorin für Deutschlandfunk, Arte, FAS und
stern in Berlin.

Dr. Reiner Klingholz, 1953, Promotion im Fachbereich Chemie an der
Universität Hamburg, Direktor des Berlin-Instituts für Bevölkerung
und Entwicklung.

Das Berlin-Institut und die Wüstenrot Stiftung danken allen Interviewpartnern und den Teilnehmern an den Gruppendiskussionen.

INHALT

ZWISCHEN GERECHTIGKEIT UND GLEICHMACHEREI

Als die Mütter und Väter des Grundgesetzes 1949 in Artikel 72 erstmals von einer „Einheitlichkeit der Lebensverhältnisse" sprachen, hatten sie ein klares Ziel vor Augen: Die großen Unterschiede zwischen ländlichen, strukturschwachen Gebieten und den Städten in wirtschaftsstarken Räumen sollten möglichst minimiert werden. Zwar lagen damals viele der Zentren noch in Schutt und Asche, aber es war klar, dass dort bald wieder die wichtigsten Unternehmen und die meisten Arbeitsplätze entstehen würden.

Wirtschaftswunder und Bevölkerungswachstum machten es in der Nachkriegszeit leicht, für einen regionalen Ausgleich zu sorgen. Entwicklungsprogramme wie der „Emslandplan" oder das „Förderprogramm für die Gebiete der Zonengrenze" brachten Subventionen für entlegene Gebiete, der Bundesfernstraßenbau erschloss das ganze Land. Später kamen Eigenheimzulage und Pendlerpauschale hinzu und sorgten dafür, dass sich die Siedlungen – und damit der Wohlstand – immer weiter über das Land ausbreiteten. Die Einheitlichkeit der Lebensverhältnisse war ein Konstrukt der alten Bundesrepublik, die nichts als Wachstum kannte.

Trotzdem gab es auch damals erhebliche regionale Unterschiede und es war immer klar, dass sich einheitliche Lebensverhältnisse nicht definieren und folglich auch nicht einklagen lassen. Artikel 72 formulierte nämlich gar kein Ziel, sondern ermächtigte den Bund lediglich zu einem Eingriff in das grundsätzlich bestehende Gesetzgebungsrecht der Länder, wenn die Herstellung einheitlicher Lebensverhältnisse im „gesamtstaatlichen" Interesse lag.

Dass Artikel 72 dennoch zu hohe Erwartungen setzte, wurde spätestens nach der Wiedervereinigung klar. Die neuen Bundesländer waren deutlich dünner besiedelt als die alte BRD, verloren hunderttausende von Arbeitsplätzen und ihnen kehrten die Menschen in hellen Scharen den Rücken. Deshalb reduzierte die Politik 1994 ihre Vorstellungen mit einer Grundgesetzänderung und sprach fortan nur noch von einer „Gleichwertigkeit der Lebensverhältnisse". Dieser Begriff ist allerdings noch unkonkreter und schwammiger als sein Vorläufer.

Die Gleichwertigkeit ist eine Art Container, in den jeder hineinstecken kann, was er will: Hier fährt die U-Bahn im Fünf-Minuten-Takt und der Facharzt ist um die Ecke, dort herrscht Ruhe und der Blick schweift ins weite, leere Land. Beides hat seinen Wert, aber ist es von „gleichem Wert"? Entschädigt die Weite dafür, dass kein Bus mehr fährt und der nächste Laden ohne eigenes Auto unerreichbar ist? Spätestens, wenn eine Ungleichwertigkeit zu existenziellen Nachteilen führt, wenn sich die Frage stellt, ob der Notarzt nach dem Schlaganfall in 5 oder in 30 Minuten vor Ort ist, wird klar, dass Gleichwertigkeit keine beliebige Gleichung ist, in der sich alles miteinander verrechnen lässt.

Gesellschaftliche Teilhabe – Anspruch und Wirklichkeit

Diese Studie zeigt, wie gut oder schlecht es um die Möglichkeiten einer gesellschaftlichen Teilhabe in Deutschland bestellt ist. Diese lässt sich, im Gegensatz zur Gleichwertigkeit, anhand von objektiv messbaren Kriterien definieren: Wie viel Geld haben die Haushalte im Schnitt zur Verfügung? Welche finanziellen Spielräume haben die Kommunen, um eine Kita oder ein Schwimmbad zu betreiben? Wie einfach lassen sich Apotheke, Supermarkt oder Oberschule erreichen? Und können die Menschen zügig im Internet surfen oder müssen sie in der digitalen Wüste leben?

Das Ergebnis der Teilhabeanalyse ist eine Landkarte (siehe S. 12), die zeigt, wo die gut bis sehr gut versorgten Regionen liegen und wo sich die Menschen mit unterdurchschnittlichen Teilhabechancen zufriedengeben müssen. Wie groß dabei die Unterschiede sein können, lässt sich an der durchschnittlichen Lebenserwartung ablesen, dem vermutlich besten Querschnittsindikator für gute Daseinsbedingungen: Sie variiert zwischen dem vom Strukturwandel gebeutelten südwestpfälzischen Pirmasens und dem gesättigten bayerischen Starnberg um sage und schreibe sechs Jahre. Gleichwertige Lebensbedingungen sehen sicher anders aus.

Die eigentliche politische Frage bei der Beurteilung von Gleichwertigkeit ist allerdings weniger, was die Menschen an Möglichkeiten vorfinden, sondern wie sie sich dabei fühlen.

Sind sie in peripheren, ländlichen Gebieten zufrieden damit, dass die Freizeitangebote zwar begrenzt sind, ihnen dafür aber die Hektik und der Stau der Großstädte erspart bleibt?

Um der gefühlten, subjektiven Gleichwertigkeit auf den Grund zu gehen, haben wir im zweiten (und spannenderen) Teil der Studie 15 Regionen besucht, die exemplarisch für ein bestimmtes Maß an Versorgungssicherheit stehen: vom wohlhabenden fränkisch-schwäbischen Heilbronn bis nach Mansfeld-Südharz in Sachsen-Anhalt, wo mit dem Niedergang des Kupferbergbaus und der Aluminiumverhüttung die wirtschaftliche Talfahrt begann. Überall haben wir gefragt, bei der Bevölkerung, bei Politikern, bei der Zivilgesellschaft, wie sich die Menschen fühlen, was sie schätzen oder bemängeln, um dieses subjektive Teilhabegefühl mit den objektiven Teilhabechancen abzugleichen. Erstaunlich oft war in den Antworten das Wohlbefinden an eine gewisse Heimatverbundenheit geknüpft.

Um das wichtigste Ergebnis vorwegzunehmen: Wie die Menschen ihre Teilhabechancen einschätzen, hängt nur bedingt mit den tatsächlichen Rahmenbedingungen zusammen. Es gibt sowohl die Zufriedenheit der Genügsamen, die wissen, dass sie nicht im Goldregen stehen, denen aber ganz andere Dinge wichtig sind, wie ein guter Gemeinsinn oder das Gefühl der Selbstwirksamkeit, wenn sie sich für ihr Umfeld engagieren. Und es gibt die Unzufriedenheit der Satten, die ihr Wohlergehen daran messen, ob sich ihr gutes Leben immer weiter verbessert, oder daran, dass der noch reichere Nachbarort keine Schlaglöcher in den Straßen hat. Wie immer sieht man: Es ist schwer, es allen recht zu machen.

Kann eine Kommission für mehr Gleichwertigkeit sorgen?

Interessanterweise hat sich die Politik in diesem hochkomplexen Geflecht aus Chancen und Ansprüchen, aus Wirklichkeit und Wunschvorstellungen entschlossen, eine Kommission einzusetzen, die für mehr Gleichwertigkeit der Lebensverhältnisse sorgen soll. Diese Kommission spiegelt die ungleichen Lebensverhältnisse in Deutschland gut wider, denn in ihr sitzen verschiedene Bundesministerien, alle 16 Bundesländer und die wichtigsten kommunalen Spitzenverbände. Mehr Expertise für Ungleichheit gibt es vermutlich in keinem anderen Gremium. Doch alle diese Gruppierungen haben logischerweise unterschiedliche Interessen. Damit war absehbar, dass sie sich nicht darauf einigen würden, was unter Gleichwertigkeit der Lebensverhältnisse zu verstehen ist und welche Standards dafür zwischen Rügen und dem Bodensee gelten sollten. Mit anderen Worten: Die Kommission sollte mehr Gleichwertigkeit erreichen, ohne allerdings genannt zu bekommen, was darunter zu verstehen ist. Ihr wurde ein Ziel vorgegeben, ohne dessen Merkmale zu benennen. Kein Wunder also, dass dieser Ansatz in einem Debakel endete und die Kommission sich auf keinen Abschlussbericht einigen konnte. Auch die drei verantwortlichen Bundesministerien haben über längst zuvor Beschlossenes hinaus kaum konkrete Pläne für eine Verwirklichung von Gleichwertigkeit vorgelegt, von den Finanzierungsmöglichkeiten ganz zu schweigen.

Es wirkt so, als ob der Bundesinnenminister die federführende Abteilung „H" (für Heimat) nach der letzten Wahl vor allem deshalb aus dem Boden stampfte und gleich zur größten in seinem Hause machte, um den Menschen draußen im Land zu vermitteln, dass die Politik ihre Probleme erkannt hat und nach Abhilfe sucht. Dagegen ist nichts einzuwenden, denn das ist die Aufgabe der politisch Verantwortlichen. Aber ob sich damit das eigentliche Ziel des Heimatministeriums erreichen lässt, nämlich eine bestimmte Partei in die Schranken zu verweisen, die sich mit populistischen Parolen für die Abgehängten stark macht und in vielen benachteiligten Regionen eine erhebliche Zahl von Wählerstimmen einsammelt, ist zu bezweifeln. Denn wer Gleichwertigkeit predigt, muss dann auch liefern. Sonst sind Enttäuschungen programmiert, weil viele der geweckten Erwartungen unerfüllt bleiben.

Besser wäre es, regionale Unterschiede, die sich beim besten Willen nicht beseitigen lassen, zu akzeptieren und die natürliche Vielfalt der Lebensbedingungen zur Grundlage des Zusammenlebens zu machen. Dazu gehört, dass die schlechter versorgten Regionen mehr Entscheidungs- und Finanzautonomie erhalten sollten, damit sie ihre Probleme eigenständig lösen können. So könnte die Politik das Prinzip der Subsidiarität stärken, die Verantwortung von Regionalpolitik und Zivilgesellschaft honorieren und die Demokratie vor Ort stärken. Teilhabe schließt immer auch die Möglichkeit ein, am Wohlergehen der Gemeinschaft mitzuarbeiten.

Vermutlich wären die Steuermittel, die in die Kommission für Gleichwertigkeit und das überdimensionierte Heimatministerium fließen respektive geflossen sind, in den Händen den betroffenen Kommunen besser investiert. Denn es sind in der Regel die Ideen „von unten", die zu einer Verbesserung des regionalen Wohlbefindens beitragen, und weniger die Konzepte „von oben", die etwas herbeiführen wollen, was sie sie gar nicht definieren.

Berlin/Ludwigsburg, im August 2019

Reiner Klingholz
Direktor
Berlin-Institut für Bevölkerung
und Entwicklung

Stefan Krämer
Stellvertretender Geschäftsführer
Wüstenrot Stiftung

DAS WICHTIGSTE IN KÜRZE

■ Große Unterschiede in Deutschland

Die vorliegende Studie analysiert und bewertet die gesellschaftlichen Teilhabechancen in den 401 kreisfreien Städten und Landkreisen in Deutschland und zeigt, wie unterschiedlich die Lebensbedingungen zwischen Rügen und dem Bodensee sind. Mittels einer Clusteranalyse (siehe S. 80) haben wir die Städte und Landkreise in sechs Gruppen zusammengefasst, die sich bei einer Reihe von ausgewählten demografischen, sozioökonomischen und strukturellen Indikatoren ähneln. Dabei bilden sich grob jeweils drei städtische und drei ländliche Cluster mit jeweils guten, mäßigen und geringeren Teilhabechancen heraus.

■ Bessere Versorgung in den Städten

Wer in der Großstadt lebt, hat es meist nicht weit zum nächsten Supermarkt, zur nächsten Schule oder zum Arzt. Städte können ihren Einwohnern eine bessere Versorgung mit Gütern und Dienstleistungen des alltäglichen Bedarfs bieten als ländlich geprägte Regionen. Zudem verfügen Städte über ein gut ausgebautes öffentliches Nahverkehrsnetz, Busse und Bahnen fahren häufig im Zehn-Minuten-Takt. Entsprechend zeigen sich bezogen auf die Versorgung zwischen den drei urbanen Clustern keine bedeutenden Unterschiede.

Auf dem Land sieht es meist ganz anders aus. Die Menschen müssen weitere Wege und schlechtere öffentliche Verbindungen in Kauf nehmen, um einzukaufen oder zu ihrem Hausarzt zu gelangen. Bis auf wenige besser versorgte Ausnahmen in wirtschaftlich starken Regionen Baden-Württembergs sowie in manchen Landkreisen mit großen Kreisstädten unterscheiden sich die ländlichen Regionen in diesem Aspekt kaum. Und dies unabhängig davon, wie die Teilhabechancen sonst bewertet werden.

■ Gute Teilhabechancen vor allem im Süden

Die besonders erfolgreichen Regionen ballen sich im Süden Deutschlands. In Baden-Württemberg, in Teilen Bayerns und im südlichen Hessen finden sich zahlreiche Regionen aus dem ländlichen Cluster mit guten Teilhabechancen. Auch eine Vielzahl der kreisfreien Städte fällt hier in das urbane Cluster mit den besten Werten. Nördlich davon finden sich nur vereinzelt Regionen, die ihren Bewohnern einen vergleichbaren Zugang zu gesellschaftlicher Teilhabe bieten. Mit Ausnahme des brandenburgischen Kreises Dahme-Spreewald im Berliner Umland liegen diese zudem ausschließlich im alten Bundesgebiet.

■ Der Osten hängt weiterhin zurück

Das Gros der Landkreise in den ostdeutschen Bundesländern ähnelt sich bezüglich der Teilhabechancen, die sich den Einwohnern bieten. Die Landkreise Mecklenburg-Vorpommerns, Sachsen-Anhalts sowie Thüringens finden sich ausnahmslos im Cluster mit den schlechtesten Durchschnittswerten wieder. Nur zwei sächsische und sechs brandenburgische Landkreise haben den Sprung in ein besseres Cluster geschafft. Diese befinden sich allesamt in den Speckgürteln attraktiver Großstädte. In den alten Bundesländern haben nur wenige Landkreise mit ähnlich großen strukturellen Problemen zu kämpfen.

■ Subjektive Wahrnehmung objektiver Bedingungen

Wie aber nehmen die Menschen ihre Lebenslage wahr – gleich, besser oder schlechter, als es die objektiven Zahlen erwarten lassen? Um die gefühlten Teilhabechancen mit den erhobenen Daten abzugleichen, sind wir im ersten Quartal 2019 in 15 der insgesamt 401 Landkreise und kreisfreien Städte Deutschlands gereist und haben insgesamt fast 300 Einzelinterviews und Gruppengespräche geführt. Das Ergebnis ist zwar nicht repräsentativ, gibt aber einen guten Einblick in das Lebensgefühl vor Ort.

In den Interviews und Diskussionsrunden vor Ort zeigte sich, dass die Menschen ihre Lebensbedingungen weitgehend realistisch einschätzen. Mit den Unterschieden in Sachen Gleichwertigkeit gingen die Befragten recht nüchtern und pragmatisch um. Je nach Wohnort haben sie auch andere Erwartungen an ihr Umfeld. So sind sich die meisten der befragten Landbewohner des Nachteils bewusst, dass sie zum Arbeiten pendeln müssen und auf die nächste größere Stadt angewiesen sind, wenn ein Krankenhausaufenthalt oder ein spezieller Einkauf ansteht. Trotzdem leben die Menschen, die wir in ländlichen Regionen angetroffen haben, mehrheitlich gern dort. Umgekehrt haben wir in Regionen, die der Datenlage nach die besten Lebensbedingungen bieten, auch von Missständen und Schwierigkeiten gehört. So treibt in den attraktiven Großstädten viele um, dass sie sich aufgrund steigender Mieten ihre Wunschwohnung nicht leisten können, oder dass der dichte Verkehr sie wertvolle Lebenszeit kostet. Geklagt wird aber auch über weniger existenzielle Probleme wie verschmutzte Gehwege.

■ Große Unterschiede auch im Kleinen

Die Lebensbedingungen und Teilhabechancen unterschieden sich aber nicht nur zwischen den 401 kreisfreien Städten und Landkreisen, sondern auch innerhalb der Regionen. Überall gibt es Quartiere oder Ortschaften, die vor größeren Problemen stehen als ihre Nachbarbezirke oder -dörfer. In den Städten sind das oft sogenannte Vielfaltsquartiere, in denen ein hoher Anteil an Transferempfängern und Zugewanderten auf eine mangelhafte Infrastruktur und klamme öffentliche Kassen trifft. Die Menschen dort finden ganz andere Lebensbedingungen vor als jene in gut situierten Stadtteilen. Auf dem Land spielt es eine Rolle, ob die Befragten in einem kleinen, abgelegenen Dorf leben oder etwa in der Kreisstadt, in der sich viele Versorgungseinrichtungen bündeln. Diese kleinräumigen Unterschiede kamen in den Befragungen immer wieder zur Sprache. Das zeigt, dass selbst innerhalb einer Stadt oder eines Landkreises die Lebensverhältnisse sehr ungleich sein können.

Was die Wahrnehmung beeinflusst

Wo es hingeht: Haben Bewohner das Gefühl, dass sich die Region positiv entwickelt, schätzen sie auch ihre aktuelle Lage optimistischer ein. Gerade dort, wo die Menschen nach einer langen Durststrecke wieder einen Aufwärtstrend verspüren, fällt der Ausblick in der Einschätzung der Befragten positiv aus. Umgekehrt erlebten wir in den Gesprächen, dass ein Gefühl entsteht, abgehängt zu sein, wenn die Perspektiven fehlen und der Niedergang chronisch wird.

Veränderung im unmittelbaren Umfeld: Wenn sich vor der eigenen Haustür etwas verändert, beeinflusst dies ebenfalls die Wahrnehmung der Lebensqualität vor Ort. Wenn der Dorfladen schließt, das Krankenhaus auf der Kippe steht, die örtliche Schule mit jener der Nachbargemeinde zusammengelegt wird oder auch nur die Schlaglöcher vor der eigenen Haustür nicht mehr ausgebessert werden, empfinden viele dies als Niedergang – selbst wenn sich die Region als Ganze positiv entwickelt. Auch leerstehende Häuser oder schmutzige Schaufenster ohne Auslage beeinflussen die Stimmung vor Ort maßgeblich. In den Gesprächen machen die Befragten Entwicklungen häufig an diesen alltäglichen Eindrücken fest.

Vergleich mit anderen: Auch der Vergleich mit anderen Gemeinden und Regionen prägt die Einschätzung, wie gut die eigene Region aufgestellt ist. Als Maßstab dienen den Gesprächspartnern ihnen bekannte Regionen im gleichen Bundesland oder kurz hinter der Landesgrenze. In manchen Städten schauen Befragte auf die Nachbarstadt und vergleichen, was dort besser oder schlechter läuft. Aber auch innerhalb einer Region machen die Befragten Unterschiede aus – etwa zwischen Stadtteilen oder der Kreisstadt und kleineren Dörfern.

Was die Menschen hält

Heimatgefühle binden: Ob auf dem Land oder in der Stadt, ob in einer Boom- oder Schrumpfregion, überall berichteten uns Gesprächspartner von der besonderen Bindung zu ihrer „Heimat". Manche ehemalige Dorfbewohner kehren nach dem Studium oder der Ausbildung in der Stadt gerne aufs Land zurück, wenn sie ein Auskommen finden können. Junge Familien mit Wurzeln in einer ländlichen Region entscheiden sich, dort ihre Kinder aufzuziehen. In Städten wie auch auf dem Land haben wir aber auch Zugezogene getroffen, die angaben, sich in ihrer Wahlheimat zuhause zu fühlen. Manche, die sich als „Stadtmenschen" verstehen, können sich ein Leben auf dem Land nicht (mehr) vorstellen. Umgekehrt ist für selbstdefinierte „Landmenschen" ein Leben ohne weite Felder und die Ruhe der Natur nicht oder nicht mehr denkbar.

Verantwortung übernehmen: Wie sich in den Gesprächen zeigt, bewirken das Gefühl der Verbundenheit zu einer Region und die Identifikation mit dem Gemeinwesen, dass die Bewohner über gewisse Defizite bei den Teilhabechancen hinwegsehen. Mit der Identifikation geht ein Gefühl der Verantwortung für die Region und die dort lebenden Menschen einher. Wer sich einem Ort verbunden fühlt, ist eher bereit, sich zu engagieren und zur Verbesserung der Lebensbedingungen beizutragen. Zahlreiche Vereine, Bürgerbusse oder Dorfläden zeugen davon. Wie hoch die Bereitschaft ist, sich zu engagieren, hängt aber auch von den Erzählungen der Bewohner über sich selbst und ihre Mitmenschen ab: Wenn Befragte ihren „Menschenschlag" als eher aktiv beschreiben, ist tendenziell auch ein ausgeprägtes Gefühl der Selbstwirksamkeit zu verspüren und eine vermehrte Bereitschaft sich zu engagieren.

Ohnmacht oder Bereitschaft mitzugestalten: Gelegenheiten, sich einzubringen, gibt es im Grunde überall, sie werden aber nicht immer in gleicher Weise genutzt. Vor allem in angeschlagenen ländlichen Regionen in Ostdeutschland stehen viele Befragte dem Gedanken, selbst die Initiative zu ergreifen, skeptisch gegenüber und glauben nicht, mit ihrem Einsatz etwas bewirken zu können. Missstände zu beheben sei Aufgabe der Politik. In wirtschaftlich prosperierenden Landesteilen, die vom Wohl und Wehe großer Arbeitgeber in ihrem Umfeld abhängen, äußern einige Befragte Befürchtungen, internationale Entwicklungen könnten über sie hinwegfegen, ohne dass sie dem etwas entgegenzusetzen hätten. Das erzeugt offenbar ein Gefühl der Unsicherheit, gerechtfertigt oder nicht. Wenn die Frage indessen lautete, ob Bürger mit ihrem Einsatz die Entwicklung in ihrer näheren Umgebung beeinflussen können, fallen die Antworten meist positiv aus.

Die Rolle der Politik

Die Politik wird den demografischen Wandel und den Bevölkerungsschwund in peripheren Regionen kaum aufhalten oder gar umkehren können. Die Erfahrung im Umgang mit dem Strukturwandel zeigt, dass sich dieser auch mit viel Geld nicht stoppen lässt. Weckt die Politik aber unrealistische Erwartungen, sind Enttäuschungen und weitere Frustrationen programmiert. Die Politik sollte also die Realität und ihre eigenen Möglichkeiten nüchtern einschätzen, dort intervenieren, wo die Unterstützung tatsächlich eine Verbesserung der Lebenslagen verspricht und Fehlinvestitionen vermeiden. Sie muss den Menschen überall im Land gesellschaftliche Teilhabe ermöglichen, dafür aber geeignete und an den jeweiligen regionalen Möglichkeiten und Bedürfnissen orientierte Lösungen finden.

1 | MEHR HEIMAT FÜR ABGEHÄNGTE?

1.1 Gestiegenes Interesse

Der Begriff „Heimat" hat hierzulande eine neue Aufmerksamkeit erlangt. Obwohl er im allgemeinen Sprachgebrauch den Ort beschreibt, an dem ein Mensch geboren ist und seine ersten, prägenden Lebensjahre verbracht hat, entwickelt sich Heimat immer mehr zu einem Synonym für ländliche Räume – und das ungeachtet der Tatsache, dass in Deutschland die überwiegende Mehrheit der Menschen in Städten lebt.

Einige Gebiete des ländlichen Raums, vor allem die entlegenen, fernab der urbanen Zentren, haben Teile ihrer Bevölkerung verloren, es mangelt an modernen Arbeitsplätzen, die Versorgungsangebote erodieren. Für diese Gebiete kommt in den Medien oft das Attribut „abgehängt" zum Einsatz. Ob die Menschen dort unzufriedener sind als in den besser gestellten Gebieten und sich tatsächlich benachteiligt oder abgehängt fühlen, sei einmal dahingestellt. Sicher ist, dass dort die Wahlbeteiligung nur mäßig ist und die Parteien mittlerweile versuchen, die vermeintlich „politisch Zurückgelassenen" für sich zu gewinnen beziehungsweise zurückzugewinnen.

So setzte die Bundesregierung Mitte des Jahres 2018 eine Kommission „Gleichwertige Lebensverhältnisse" ein, die Vorschläge zur Förderung von benachteiligten Kommunen und Regionen in ganz Deutschland erarbeiten soll. Die Vertreter von Bund, Ländern und Kommunen konnten sich im vereinbarten Zeitraum jedoch nicht auf ein Ergebnis einigen. Bis Redaktionsschluss lag nur eine Schlussfolgerung des Bundes vor.

Deutschland hat zudem erstmals ein Bundesministerium bekommen, das sich neben dem Inneren und dem Bau der Heimat widmen soll. Die Heimatabteilung des Ministeriums hat neben der Zuständigkeit für die Gleichwertigkeit der Lebensverhältnisse auch die Verantwortung für gesellschaftlichen Zusammenhalt und Integration sowie für Raumordnung, Regionalpolitik und Landesplanung übernommen. Dabei wird deutlich: Das Ministerium kümmert sich in besonderem Maße um ländliche Räume. Diese neuen Ansätze gesellen sich zu zahlreichen bereits bestehenden Maßnahmen, wie etwa dem Bundesprogramm Ländliche Entwicklung, das vom Bundesministerium für Ernährung und Landwirtschaft getragen wird und ganz ähnliche Ziele verfolgt. Auch im Rahmen der Gemeinschaftsaufgabe „Verbesserung der regionalen Wirtschaftsstruktur" fördern Bund und Länder bereits den Anschluss von wirtschaftsschwachen Regionen an die wirtschaftlich erfolgreichen.

Mit all diesen Maßnahmen reagiert die Politik darauf, dass die Kluft zwischen der ländlichen Bevölkerung und den Städtern gewachsen ist und möglicherweise weiter wächst. Während sich viele Großstädte dynamisch entwickeln und, auch gefördert durch aufwendige Stadterneuerungsprogramme, stark an Attraktivität gewonnen haben, leiden entlegene Landstriche häufig unter Abwanderung und einer wegbrechenden Versorgung. Busse fahren vielerorts nur noch zweimal täglich im Schülerverkehr. Dorfläden und Gaststätten haben mangels Kundschaft aufgegeben und Ärzte vor dem Ruhestand suchen vergebens Nachwuchsmediziner, die ihre Praxis übernehmen könnten. Zudem macht sich in vielen Dörfern Leerstand breit.

Verfallene Häuser im Straßenbild führen den Bewohnern tagtäglich den Niedergang vor Augen.

Aber warum rücken die demografisch wie wirtschaftlich angeschlagenen Regionen gerade jetzt in den Fokus von Politik und Öffentlichkeit? Ländliche und städtische Regionen entwickeln sich bereits seit Jahrzehnten auseinander, nicht nur in Deutschland, sondern weltweit, denn die „Urbanisierung" ist Teil eines globalen Strukturwandels. Seit vielen Jahren diskutieren Raumplaner und Politiker in Deutschland über Sinn und Unsinn gleichwertiger Lebensverhältnisse. Es handelt sich also alles in allem um keine neue und der Politik unbekannte Entwicklung. Der Grund für das gestiegene Interesse am ländlichen Raum muss woanders liegen. Die Vermutung liegt nahe, dass die neue Aufmerksamkeit mit den Ergebnissen der jüngsten Landtags- und Bundestagswahlen zu tun hat. Zumindest ist sie nach den Erfolgen der „Alternative für Deutschland" (AfD) sprunghaft angestiegen. Diese Partei konnte vielerorts zweistellige Wahlergebnisse verbuchen, bei der Bundestagswahl 2017 kam sie auf über zwölf Prozent der Stimmen und zog als drittstärkste Kraft in den Deutschen Bundestag ein. In den neuen Bundesländern erhielt die Partei etwa jede fünfte Stimme und wurde teilweise stärkste Kraft. Aber auch in den alten Bundesländern erzielte sie in zahlreichen Regionen beachtliche Ergebnisse und vereinte deutlich über zehn Prozent auf sich.[1] Seither konnte die Partei bei Europa- und Landtagswahlen dieses starke Niveau halten. Laut Umfragen wird die AfD auch nach den Wahlen in Brandenburg, Sachsen und Thüringen im Herbst 2019 jeweils mit einer der größten Fraktionen in die Landtage einziehen.

Zweitstimmenanteil der AfD in den Landkreisen und kreisfreien Städten bei der Bundestagswahl 2017, in Prozent

- ☐ unter 5,0
- ☐ 5,0 bis unter 7,5
- ☐ 7,5 bis unter 10,0
- ☐ 10,0 bis unter 12,5
- ☐ 12,5 bis unter 15,0
- ☐ 15,0 bis unter 17,5
- ☐ 17,5 bis unter 20,0
- ☐ 20,0 bis unter 22,5
- ☐ 22,5 bis unter 25,0
- ☐ 25,0 bis unter 27,5
- ☐ 27,5 bis unter 30,0
- ☐ 30,0 bis unter 32,5
- ■ 32,5 und mehr

(Datengrundlage: Bundeswahlleiter 2017[2])

Rechtsruck durch Strukturschwäche?

Nach der Bundestagswahl im Jahr 2017 war vielfach von einem Rechtsruck in Deutschland die Rede. Vor allem in den neuen Bundesländern, aber auch in vielen südlichen Wahlkreisen der alten Bundesländer kletterten die blauen Balken der AfD am Wahlabend in den zweistelligen Bereich.

Die Provinz im Fokus

Der Erfolg der rechtspopulistischen AfD lenkte den Blick der Öffentlichkeit auf die vermeintlich abgehängten Regionen. Also auf Regionen, die von der gesamtgesellschaftlichen Entwicklung möglicherweise abgekoppelt sind und deren Bewohner vom gesellschaftlichen Fortschritt und dem derzeitigen wirtschaftlichen Aufschwung des Landes kaum profitieren. Diese Benachteiligung, so die Annahme, führe zunehmend zu Unzufriedenheit und treibe die Menschen in die Arme von Gruppierungen aus dem populistischen Lager, die sich als Anwälte der kleinen Leute, der Vergessenen und der Benachteiligten ausgäben.[3]

Tatsächlich befinden sich die Regionen mit stark unterdurchschnittlichen Lebensverhältnissen beinahe ausschließlich im Osten Deutschlands.[4] Dort verbuchte die AfD ihre größten Erfolge. Auch in zahlreichen strukturschwachen Regionen Westdeutschlands, wie in Duisburg, Gelsenkirchen oder Essen,

erhielt die Partei um die 15 Prozent der Stimmen. Ähnlich gute Wahlergebnisse erzielte sie in strukturschwachen Regionen in Hessen oder Bayern. Dazu passt, dass sich über die Hälfte der AfD-Wähler bezogen auf ihren Lebensstandard ungerecht behandelt fühlen. Das Gefühl der Benachteiligung ist stärker verbreitet als unter den Anhängern aller anderen Parteien. Nicht einmal in der Gruppe der Nichtwähler finden sich anteilig so viele Menschen, die so empfinden.[5]

Dieses auf den ersten Blick einleuchtende Erklärungsmuster musste in Medien und Politik vielfach für den Aufstieg rechtspopulistischer Kräfte herhalten. Die Frage ist, ob die subjektiv empfundene Wahrnehmung von Benachteiligung einer objektiven Überprüfung standhält. Schließlich haben auch in vielen wohlhabenden Regionen, zum Beispiel in Baden-Württemberg, vergleichsweise viele Menschen ihr Kreuz bei der AfD gemacht. Leben die unzufriedenen Menschen also tatsächlich mehrheitlich in benachteiligten oder abgehängten Regionen?

Um diese Fragen zu beantworten, untersuchen wir in dieser Studie, welche gesellschaftlichen Teilhabechancen die Menschen in ihrem jeweiligen Wohnort haben. Zeigen sich dabei Unterschiede in Abhängigkeit davon, ob sie in einer Stadt oder auf dem Land leben, an der Küste im Norden, im Westen an Rhein und Ruhr, im Alpenvorland im Süden oder im Osten an Unstrut und Oder? Auf welche Regionen in Deutschland könnte am ehesten die Bezeichnung „abgehängt" zutreffen?

Zunächst aber stellt sich die Frage, was unter gesellschaftlicher Teilhabe zu verstehen ist und wie sich Teilhabechancen definieren lassen.

1.2 Gleiche Chancen für alle?

Der Begriff der gesellschaftlichen Teilhabe bezieht sich auf alle Lebensbereiche und bezeichnet den Zugang der Menschen zum sozialen Gemeinwesen und dessen Errungenschaften. Dazu zählt etwa, eine der eigenen Familiensituation angemessene und bezahlbare Wohnung zu finden oder eine gute, der erworbenen Ausbildung entsprechende Arbeit. Auch die Möglichkeit, seinen Kindern eine gute Schulbildung zukommen zu lassen, ohne sich dabei übermäßig verausgaben zu müssen, gehört zum gesellschaftlichen Teilhabeversprechen. Seit einiger Zeit gewinnt, bedingt durch die Alterung der Gesellschaft, auch die Frage nach einer ausreichenden Gesundheitsversorgung an Bedeutung, wie gut etwa die nächste Arztpraxis für ältere und weniger mobile Menschen erreichbar ist. Und nicht zuletzt spielen für die Menschen auch Freizeiteinrichtungen eine wichtige Rolle – vom Schwimmbad über den Sportverein bis zum Kino oder Theater. Gesellschaftliche Teilhabe ermöglicht es den Menschen, sich selbst zu verwirklichen und ein Leben nach individuellen Vorstellungen zu führen.

Im digitalen Zeitalter gewinnt ein zusätzlicher Faktor für Teilhabe an Bedeutung: der schnelle Zugang zum Internet. Gerade in ländlichen Regionen können Innovationen im digitalen Bereich Defizite in anderen Teilhabebereichen ausgleichen. Telemedizin, Online-Banking oder die Möglichkeit, Lebensmittel, Bücher oder Möbel im Netz zu kaufen, ersetzen viele lokal nicht vorhandene Angebote.

Generell ist die Forderung nach Teilhabechancen eng verknüpft mit dem politischen Ziel der flächendeckenden Herstellung gleichwertiger Lebensverhältnisse, wie es in Artikel 72 des Grundgesetzes verankert ist.[6] Im Rahmen der Daseinsvorsorge, also der Bereitstellung von lebenswichtigen Gütern und Dienstleistungen, sollen die Kommunen den Menschen die Gestaltung ihres Lebens und die Teilhabe an der Gesellschaft ermöglichen. Dabei sind laut dem Raumordnungsgesetz in allen Regionen ausgeglichene Verhältnisse anzustreben.[7]

Ob die Lebensverhältnisse in Deutschland zurzeit gleichwertig sind oder nicht, lässt sich kaum beantworten. Denn eine Definition der (Mindest-)Versorgungsstandards hat der Gesetzgeber nie vorgenommen. Daseinsvorsorge ist grundsätzlich eine Aufgabe der Länder und Kommunen. Der Bund darf die Kompetenzen der Länder nur dann übernehmen, wenn das bundesstaatliche Rechtsgut gleichwertiger Lebensverhältnisse dergestalt bedroht ist, dass „sich die Lebensverhältnisse in den Ländern der Bundesrepublik in erheblicher, das bundesstaatliche Sozialgefüge beeinträchtigender Weise auseinander entwickelt haben oder sich eine derartige Entwicklung konkret abzeichnet".[8]

Die Bundesregierung geht davon aus, dass nicht überall gleichwertige Lebensverhältnisse herrschen. Im aktuellen Koalitionsvertrag zwischen CDU, CSU und SPD wird ausdrücklich das Ziel der Herstellung gleichwertiger Lebensverhältnisse formuliert, nicht deren Erhaltung.[9] Auch die Kommission „Gleichwertige Lebensverhältnisse" sollte Vorschläge erarbeiten, um gleichwertige Lebensverhältnisse zu schaffen, nicht sie zu erhalten.[10]

Gleichwertig heißt nicht gleich

Aus juristischer Sicht ist die Gleichwertigkeit ein unbestimmter Rechtsbegriff, dessen Verständnis sich im Verlauf der Zeit wandelt. Das wird schon daraus deutlich, dass der ursprüngliche Passus im Grundgesetz, der eine „Einheitlichkeit der Lebensverhältnisse" forderte, nach der Wiedervereinigung im gesamtdeutschen Grundgesetz 1994 durch die „Herstellung gleichwertiger Lebensverhältnisse" ersetzt wurde, ohne zu konkretisieren, wie diese auszusehen hätten.[11] Im Jahr 2004 ging der damalige Bundespräsident Horst Köhler noch einen Schritt weiter und forderte, die Unterschiede in den Lebensverhältnissen zu akzeptieren, um einen Subventionsstaat zu vermeiden.[12] Kurz darauf betonte der brandenburgische Ministerpräsident Matthias Platzeck: „Gleichwertig ist nicht gleich".[13] Dies war eher eine Feststellung als eine neue Erkenntnis angesichts der Tatsache, dass die U-Bahn in Berlin im Fünf-Minuten-Takt kommt, während in der Uckermark oder im Erzgebirge kaum ein Bus fährt und auch die Dichte an Ärzten, Geschäften oder Briefkästen deutlich geringer ist. Dafür entschädigen die Landbewohner aber die Nähe zur Natur, frischere Luft und günstigerer Wohnraum.

Die Regionen entwickeln sich unterschiedlich

Das Bundesinstitut für Bau-, Stadt- und Raumplanung (BBSR) ermittelte bislang für die Jahre 2000, 2009 und 2015 Regionen mit stark unterdurchschnittlichen Lebensverhältnissen.[14] Diese seien gegeben, wenn eine Region in mindestens drei der Kategorien Demografie, Wirtschaftskraft, Arbeitsmarkt, Wohlstand, Infrastruktur und Wohnungsmarkt deutlich unter dem bundesweiten Mittelwert liegt.* Das Bundesinstitut untersucht dabei, wie sich die Bevölkerung entwickelt, wie wohlhabend die Menschen sind, wie gut die Infrastruktur ausgebaut ist und ob die Mieten bezahlbar sind. Das Ergebnis war stets eindeutig: In Deutschland existieren flächendeckend keine gleichwertigen Lebensverhältnisse und in zahlreichen Regionen müssen sich die Menschen mit stark oder sehr stark unterdurchschnittlichen Lebensverhältnissen zufriedengeben.

Mittlerweile zeichnet sich eine Angleichung ab. Die letzte Untersuchung ergab, dass im Jahr 2015 von den 361 analysierten Regionen noch 26 stark unterdurchschnittliche Lebensverhältnisse aufwiesen** – im Jahr 2000 waren es noch fast doppelt so viele gewesen.[15] Dieser Befund ist jedoch nicht so eindeutig, wie es zunächst scheint. Wirtschaftlich entwickeln sich etwa die Regionen in den neuen und den alten Bundesländern seit einigen Jahren wieder auseinander.[16] Dass die neuere Untersuchung zu einem anderen Ergebnis kommt als die vorangegangene, liegt auch daran, dass einige Regionen bei manchen Indikatoren bessere Werte aufwiesen, obwohl sich ihre Lage kaum verändert hat. So

* Ein Wert wurde dann als stark unterdurchschnittlich bezeichnet, wenn er mindestens eine Standardabweichung unter dem Mittelwert aller Regionen lag. Standardabweichung bezeichnet dabei die durchschnittliche Abweichung der einzelnen Werte vom jeweiligen Mittelwert. Die Ausprägungen der einzelnen Regionen variieren durchschnittlich eine Standardabweichung nach oben oder nach unten um den jeweiligen Mittelwert herum.

** Aufgrund verschiedener Kreisreformen und der analytischen Zusammenfassung einiger kreisfreier Städte mit angrenzenden Landkreisen gingen in die 2017 durchgeführten Analysen für die Jahre 2000 und 2015 weniger Regionen ein als in die Untersuchung für das Jahr 2009. Die Ergebnisse sind daher nur bedingt vergleichbar. Bei der Untersuchung für das Jahr 2009 wurden 41 von insgesamt 412 Regionen identifiziert, die stark unterdurchschnittliche Lebensverhältnisse aufwiesen. Anteilig betrachtet liegt dieser Wert zwischen den Werten aus den Jahren 2000 und 2015.

sank die Arbeitslosigkeit in den ostdeutschen ländlichen Regionen nicht, weil auf einmal viele Jobs entstanden wären, sondern weil viele Arbeitslose abgewandert oder in Rente gegangen waren. Auch dass sich das Bruttoinlandsprodukt je Erwerbstätigen zwischen Ost und West angleicht, ist kein Beleg für eine schneller wachsende Wirtschaft im Osten. Es besagt lediglich, dass jene, die im Osten einen Job haben, bei der Produktivität den Abstand zu ihren westlichen Kollegen etwas verkleinern konnten. Und dies müsste noch nicht mal ihr eigenes Verdienst sein. Denn es könnten auch Geringqualifizierte ihren Job verloren haben, was die durchschnittliche Produktivität steigen lässt.

Unabhängig davon, ob sich die Regionen in ihrer Entwicklung angleichen oder nicht, die Untersuchungen bestätigen ein seit langem bekanntes Bild: Neben dem West-Ost-Gefälle besteht in Deutschland ein Süd-Nord-Gefälle. Auch viele Regionen im Norden und in der Mitte der Republik haben mit hohen Arbeitslosenzahlen, steigenden Armutsraten und leeren kommunalen Kassen zu kämpfen. Dabei sind es vor allem die ländlichen Räume fernab der wirtschaftsstarken Ballungsräume und Metropolregionen, deren Infrastruktur deutlich schlechter ausgebaut ist, die weniger Wohlstand bieten und aus denen viele Menschen abwandern.[17]

Doch auch in prosperierenden Städten droht eine soziale und wirtschaftliche Spaltung der Gesellschaft.[18] Rasant steigende Mieten und Kaufpreise für Wohnungen in einstigen Arbeitervierteln verdrängen ärmere Bewohner in weniger beliebte Stadtteile. Hier trifft ein hoher Anteil an Transferempfängern, Zugewanderten und vielfältigen sozialen Schieflagen auf klamme öffentliche Kassen. Die Politik kann auch in solchen städtischen Gebieten die Daseinsvorsorge nicht mehr vollumfänglich gewährleisten.[19] Hiervon sind vor allem Kinder und Jugendliche betroffen, die dann schlechtere Bildungschancen als ihre Altersgenossen in gut situierten Stadtteilen haben. Auch schaffen es diese Quartiere kaum, der steigenden Zahl an älteren Bewohnern ein altersfreundliches Umfeld zu bieten.[20]

1.3 Gibt es abgehängte Regionen in Deutschland?

Auch wenn die Lebensverhältnisse in Deutschland regional vielfältig sind und ihre komplette Angleichung kaum möglich und sinnvoll erscheint, so bleibt ein gleichberechtigter Zugang zur gesellschaftlichen Teilhabe ein wichtiges Ziel politischen Handelns. Doch wie ist es um die Erfüllung dieses Ziels bestellt?

Die vorliegende Studie analysiert und bewertet die gesellschaftlichen Teilhabechancen in den 401 kreisfreien Städten und Landkreisen in Deutschland. Sie untersucht, inwieweit der Wohnort – ob in der Stadt oder auf dem Land, ob in Ost- oder Westdeutschland, ob wachsend oder schrumpfend – beeinflusst, wie jeder und jede Einzelne am gesellschaftlichen Leben teilhaben kann. Dabei geht es vor allem um die Frage, ob es in Deutschland Regionen gibt, deren Bewohner in ihren Möglichkeiten der Teilhabe und in ihrer persönlichen Entfaltung in einer Weise eingeschränkt sind, dass die Regionen berechtigterweise als „abgehängt" bezeichnet werden können.

Mittels einer Clusteranalyse haben wir die kreisfreien Städte und Landkreise in sechs Gruppen zusammengefasst, die sich bei einer Reihe von ausgewählten demografischen, sozioökonomischen und strukturellen Indikatoren ähneln. Das Ergebnis liefert einen Überblick und zeigt, wie gut es um die Teilhabechancen zwischen Rügen und dem Bodensee bestellt ist.

Unterschiedliche Teilhabechancen in Deutschlands Regionen

Die Clusteranalyse deckt Ähnlichkeiten zwischen den 401 kreisfreien Städten und Landkreisen auf. Diese regionalen Einheiten lassen sich in sechs Gruppen (Clustern) zusammenfassen, die sich in den Teilhabechancen ihrer Bürger unterscheiden. Dabei bilden sich grob jeweils drei städtische und drei ländliche Cluster heraus. Cluster 1 umfasst städtische und Cluster 4 ländliche Regionen, die ihren Einwohnern gute Teilhabechancen ermöglichen. Im städtischen Cluster 2 sowie im ländlichen Cluster 5 stehen die Menschen vor vereinzelten Hürden bei der gesellschaftlichen Teilhabe. Die Regionen, die sich in städtischen Cluster 3 sowie im ländlichen Cluster 6 befinden, bieten den Menschen die im bundesweiten Vergleich geringsten Chancen zur Teilhabe.

Clusteranalyse der Kreise und kreisfreien Städte in Deutschland

städtisch
- Cluster 1 (19)
- Cluster 2 (51)
- Cluster 3 (51)

ländlich
- Cluster 4 (89)
- Cluster 5 (133)
- Cluster 6 (58)

(Datengrundlage: Statistische Ämter des Bundes und der Länder, BBSR, eigene Berechnungen[21])

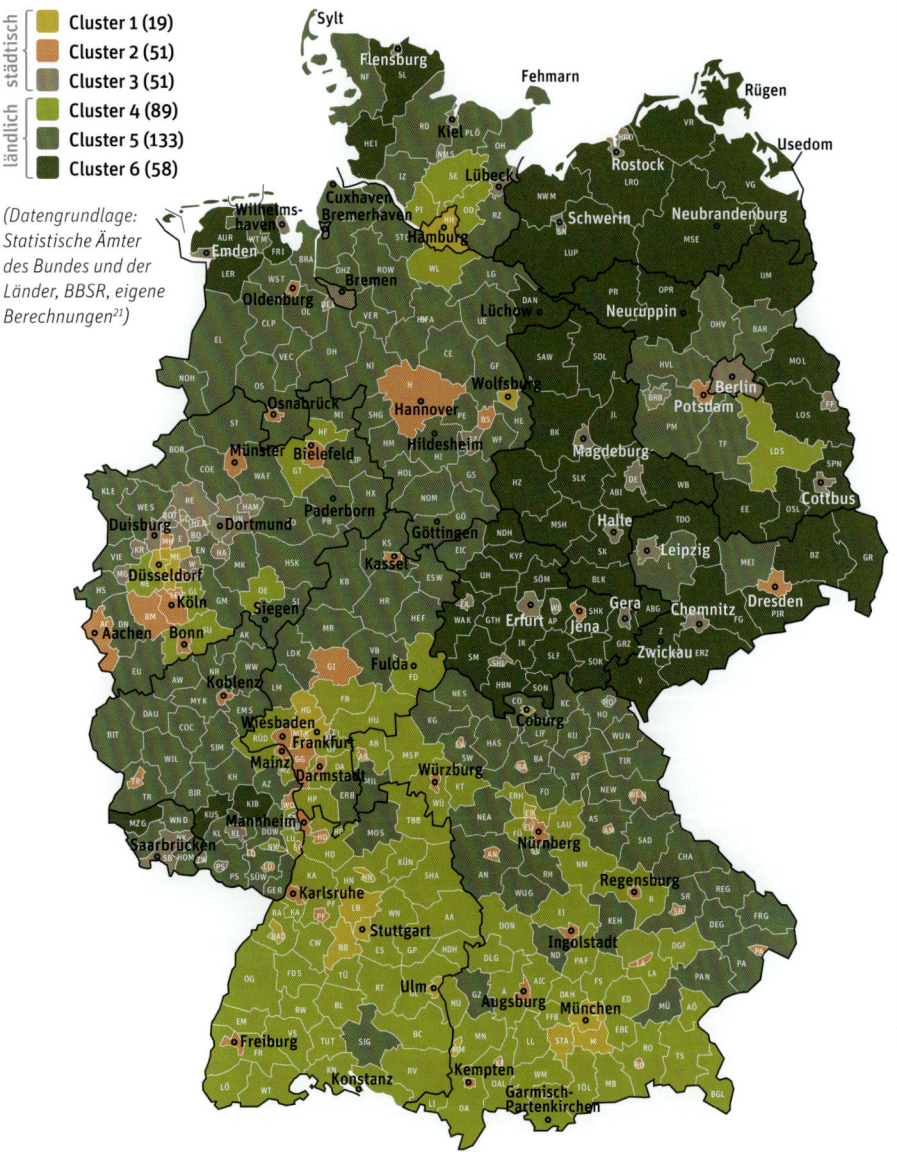

Wirtschaftliche Teilhabe

SGB II-Quote: Sie beziffert den Anteil der Leistungsberechtigten nach dem Zweiten Buch des Sozialgesetzbuchs (SGB II; Grundsicherung für Arbeitsuchende, besser bekannt als Hartz 4) an der Bevölkerung unter 65 Jahren. Die Quote bildet ab, in welchem Ausmaß die Einwohner einer Region von Hilfebedürftigkeit betroffen und damit in ihren Möglichkeiten eingeschränkt sind, durch Teilhabe am Arbeitsmarkt ihren Lebensunterhalt zu bestreiten. Je höher der Wert, desto geringer die wirtschaftlichen Teilhabechancen. Erhebungsjahr: 2017.

Jährliches verfügbares Haushaltseinkommen je Einwohner: Gemeint ist das Einkommen, das jedem Mitglied privater Haushalte pro Jahr im Durchschnitt zur Lebensführung zur Verfügung steht. Je höher der durchschnittliche Wert liegt, desto besser die wirtschaftlichen Teilhabechancen. Erhebungsjahr: 2016.

Kommunale Steuereinnahmekraft: Sie gibt die finanziellen Möglichkeiten einer Region wieder. Steuern stellen eine der wichtigsten Einnahmequellen der Kommunen dar. Diese vereinnahmen die Grund- und Gewerbesteuern sowie die örtlichen Verbrauch- und Aufwandsteuern. Dazu kommen Anteile an der Einkommen- und der Umsatzsteuer. Insbesondere die Höhe der Gewerbesteuereinnahmen hängt stark von der lokalen Wirtschaftskraft ab. Während Kommunen mit geringer Steuereinnahmekraft nicht viel mehr als die Grundversorgung sicherstellen können, vermögen Kommunen mit einer hohen Steuereinnahmekraft auch Projekte zu finanzieren, die darüber hinausgehen, wie Schwimmbäder oder Theater. Je höher also die kommunale Steuereinnahmekraft in einer Region, desto größer die gesellschaftlichen Teilhabechancen ihrer Einwohner. Erhebungsjahr: 2017.

Soziale Teilhabe

Schulabgänger ohne Hauptschulabschluss: Der Indikator beschreibt den Anteil der Personen, die ihre Schullaufbahn ohne einen Abschluss beenden, an der Gesamtzahl der Schulabgänger in der jeweiligen Region. Er verweist damit auf die Qualität des regionalen Schulsystems. Personen ohne Schulabschluss haben deutlich weniger Chancen auf einen Ausbildungsplatz, schlechte Aussichten auf dem Arbeitsmarkt und damit geringe Perspektiven, unabhängig von staatlichen Transferleistungen zu leben. Je höher der Anteil der Schulabgänger ohne Hauptschulabschluss, desto geringer die sozialen Teilhabechancen. Erhebungsjahr: 2017.

Lebenserwartung: Mit diesem wichtigen Querschnittsindikator lässt sich nicht nur das gesundheitliche Wohlergehen der Menschen in einer Region bewerten, sondern auch die Lebensverhältnisse. Die durchschnittliche Lebenserwartung steigt mit einer besseren Versorgung, höherem Sozialstatus und Bildungsgrad. Wer länger lebt und bis ins hohe Alter fit bleibt, hat größere Chancen, am gesellschaftlichen Leben teilzuhaben. Erhebungszeitraum: 2013 bis 2015.

Wanderungssaldo der 18- bis 29-Jährigen: Die Differenz zwischen Zu- und Abwanderung von Personen im Alter zwischen 18 und 29 Jahren dient als Indikator für die Attraktivität einer Region. Regionen, die ihren Einwohnern größere gesellschaftliche Teilhabechancen bieten, weisen tendenziell einen positiven Wanderungssaldo auf, während in Regionen mit geringeren Teilhabechancen die Abwanderung überwiegt. Die Untersuchung beschränkt sich auf die 18- bis 29-Jährigen, da Personen in dieser Altersgruppe sehr mobil sind und sich für Regionen mit guten Ausbildungs- oder Arbeitsmarktchancen entscheiden. Je höher der (positive) Wanderungssaldo, desto größer die sozialen Teilhabechancen. Erhebungszeitraum: 2013 bis 2017.

Versorgung

Versorgungsindex: Dieser Indikator fasst die Versorgung mit Gütern und Dienstleistungen des alltäglichen Lebens im engeren Umfeld zusammen. Eingeflossen sind die Erreichbarkeiten von Apotheken, Hausärzten, Supermärkten respektive Discountern, Grundschulen, Oberschulen sowie von Haltestellen des öffentlichen Personennahverkehrs mit mindestens zehn Abfahrten am Tag. Beläuft sich die durchschnittliche Entfernung zu einer der genannten Einrichtungen vom Wohnort auf unter einen Kilometer, erhalten die Kreise dafür den Wert „1", ist die Entfernung größer, erhalten sie den Wert „0". Für alle sechs Typen von Einrichtungen zusammengenommen kann der Versorgungsindex für eine Region einen Wert zwischen 0 und 6 aufweisen. Je höher der Wert des Index, desto kürzer die Wege, desto besser ist also die Nahversorgung in einer Region und desto größer sind die gesellschaftlichen Teilhabechancen. Erhebungsjahre: 2014, 2015, 2016.

Breitbandversorgung: Sie beschreibt den prozentualen Anteil der Haushalte in einer Region, die über einen Internetanschluss mit einer Übertragungsrate von mindestens 50 Megabit pro Sekunde verfügen. Die Verfügbarkeit schneller Internetzugänge ist ein wichtiger Standortfaktor und sorgt für wirtschaftliches Wachstum sowie neue Arbeitsplätze. Für private Haushalte bedeutet Breitbandzugang mehr Komfort und eine höhere Qualität der Inhalte. Eine flächendeckende Breitbandversorgung ermöglicht es gerade abgelegenen Regionen, Defizite bei der Erreichbarkeit zu kompensieren und Versorgungslücken zu schließen und erhöht damit ganz direkt die Teilhabechancen. Erhebungsjahr: 2017.

Die Regionencluster im Überblick

Reiche Großstädte und ihre Speckgürtel

- mittlere SGB II-Abhängigkeit
- sehr hohes Einkommen
- sehr hohes Steueraufkommen
- mittlerer Anteil Schulabbrecher
- hohe Lebenserwartung
- sehr viele Zuzüge
- sehr gute Breitbandversorgung
- sehr gute Nahversorgung

Cluster 1, mit 19 Kreisen das kleinste, vereint die Wirtschaftszentren der Republik, die wohlhabenden Großstädte München, Stuttgart oder Frankfurt sowie Teile von deren Umland. Unter den städtischen Clustern (1 bis 3) weist Cluster 1 hinsichtlich der wirtschaftlichen Indikatoren die höchsten Durchschnittswerte auf und auch die Indikatoren sozialer Teilhabe weisen im Schnitt gute bis sehr gute Werte auf. Die Rahmenbedingungen für gesellschaftliche Teilhabe lassen sich – soweit Stadt und Land vergleichbar sind – am ehesten mit denen im ebenfalls gut abschneidenden ländlichen Cluster 4 vergleichen.

Attraktive Großstädte

- hohe SGB II-Abhängigkeit
- mittleres Einkommen
- hohes Steueraufkommen
- mittlerer Anteil Schulabbrecher
- mittlere Lebenserwartung
- sehr viele Zuzüge
- sehr gute Breitbandversorgung
- sehr gute Nahversorgung

In Cluster 2 befinden sich 51 überwiegend kreisfreie Städte oder Landkreise mit großen Kreisstädten. Hannover, Aachen oder Braunschweig sind typisch für dieses Cluster. Cluster 2 liegt bei den meisten Indikatoren im guten Mittelfeld und weist die für Städte und Ballungsgebiete typische gute Versorgung auf. Die SGB II-Quote von knapp zehn Prozent weist allerdings darauf hin, dass für bestimmte Personengruppen wirtschaftliche Hürden bestehen, am gesellschaftlichen Leben teilzuhaben. Einschränkungen der gesellschaftlichen Teilhabe dürften hier weniger durch ein strukturelles „Abgehängtsein" begründet sein als durch die individuellen Lebensumstände der Menschen.

Großstädte mit Problemlagen

- sehr hohe SGB II-Abhängigkeit
- geringes Einkommen
- mittleres Steueraufkommen
- hoher Anteil Schulabbrecher
- geringe Lebenserwartung
- viele Zuzüge
- sehr gute Breitbandversorgung
- sehr gute Nahversorgung

Die 51 Kreise – fast ausschließlich kreisfreie Städte – in Cluster 3 verteilen sich nahezu über das gesamte Bundesgebiet, mit Ausnahme von Süddeutschland, wo nur das oberfränkische Hof in dieses Cluster fällt. Lübeck, Dortmund oder Saarbrücken sind typisch für dieses Cluster. Viele der Großstädte liegen im Ruhrgebiet und in den neuen Bundesländern, aber auch in Norddeutschland, in der Pfalz und im Saarland. Es sind vor allem Städte, die einen harten Strukturwandel hinter sich haben und bislang nicht zu den attraktiven Ballungsräumen wie Hamburg, Köln oder Frankfurt aufschließen konnten. In dieses Cluster fallen auch die Städte, die aufgrund ihrer sozioökonomischen Probleme regelmäßig ins öffentliche Blickfeld geraten – etwa Gelsenkirchen, Offenbach am Main, Bremerhaven oder Berlin.

Die Durchschnittswerte der Indikatoren in den sechs Clustern im Überblick

	1	2	3	4	5	6
Anteil der Leistungsberechtigten nach dem SGB II an der Bevölkerung unter 65 Jahren, in Prozent, 2017	7,1	9,7	16,1	4,3	6,4	9,9
jährliches verfügbares Haushaltseinkommen je Einwohner, in Euro, 2016	27.032	21.450	19.133	23.950	21.697	19.106
kommunale Steuereinnahmekraft je Einwohner in Euro, 2017	1.498	1.007	720	1.039	773	577
Anteil der Schulabgänger ohne Hauptschulabschluss an allen Absolventen, in Prozent, 2017	6,0	5,8	8,5	5,3	6,0	9,0
Lebenserwartung von Neugeborenen, in Jahren, auf Basis der Jahre 2013 bis 2015	81,7	80,8	79,6	81,7	80,5	79,7
durchschnittlicher jährlicher Wanderungssaldo der 18- bis 29-Jährigen je 1.000 Einwohner der Altersgruppe, 2013 bis 2017	41,5	46,1	27,9	9,9	-2,1	-11,2
Anteil der Haushalte mit mindestens 50 Megabit pro Sekunde, in Prozent, 2017	90,1	92,7	88,4	73,2	64,9	50,8
Versorgungsindex: Anzahl verschiedener Versorgungseinrichtungen, die durchschnittlich in einem Umkreis von einem Kilometer vom Wohnort entfernt liegen	5,3	5,4	5,4	2,2	1,2	1,0
Anzahl der Kreise im Cluster	19	51	51	89	133	58

Erfolgreiche ländliche Regionen

• geringe SGB II-Abhängigkeit
• hohes Einkommen
• hohes Steueraufkommen
• geringer Anteil Schulabbrecher
• hohe Lebenserwartung
• wenige Zuzüge
• gute Breitbandversorgung
• geringe Nahversorgung

Die 89 Kreise von Cluster 4 liegen vorwiegend im wirtschaftsstarken Süden der Republik, in Baden-Württemberg und im Südwesten Bayerns. Nördlich davon finden sich nur vereinzelt Kreise in diesem Cluster, die den Speckgürtel größerer Städte bilden. In Ostdeutschland schafft es nur der Landkreis Dahme-Spreewald in Cluster 4. Der Ostalbkreis, Schwäbisch Hall oder der Schwarzwald-Baar-Kreis sind typisch für dieses Cluster. Die Mehrheit der Menschen dürfte hier nicht durch sozioökonomische Rahmenbedingungen an der Teilhabe gehindert sein. Aufgrund der ländlichen Prägung der Regionen sind Versorgungsangebote jedoch weniger gut fußläufig zu erreichen als in urbanen Räumen.

Ländliche Regionen mit vereinzelten Problemen

• mittlere SGB II-Abhängigkeit
• mittleres Einkommen
• mittleres Steueraufkommen
• mittlerer Anteil Schulabbrecher
• mittlere Lebenserwartung
• leichte Abwanderung
• mittlere Breitbandversorgung
• sehr geringe Nahversorgung

Die Regionen des mit 133 Kreisen größten Clusters 5 konzentrieren sich vor allem in den westlichen Bundesländern sowie im Osten Bayerns. In den östlichen Bundesländern fallen nur einzelne Kreise, die etwa an die Städte Berlin, Dresden oder Leipzig angrenzen, in dieses Cluster. Typisch für Cluster 5 sind zum Beispiel die Landkreise Rotenburg (Wümme), Osnabrück und Oldenburg.
Diese ländlichen Regionen können ihren Bewohnern nicht die gleiche Versorgung bieten, wie sie in den Städten vorhanden ist. Dennoch lassen sich mit Blick auf Cluster 5 aus der Analyse der sozialen und wirtschaftlichen Indikatoren keine flächendeckenden oder besonders alarmierenden Herausforderungen in Bezug auf die sozialen Teilhabechancen ableiten.

„Abgehängte" Regionen

• hohe SGB II-Abhängigkeit
• geringes Einkommen
• geringes Steueraufkommen
• sehr hoher Anteil Schulabbrecher
• geringe Lebenserwartung
• stärkere Abwanderung
• geringe Breitbandversorgung
• sehr geringe Nahversorgung

In Cluster 6 fallen 58 ländliche Kreise, die überwiegend in den ostdeutschen Bundesländern liegen sowie vereinzelt in Schleswig-Holstein, Niedersachsen, Rheinland-Pfalz und im Saarland – ländliche Regionen, die wirtschaftlich wie auch bei der Bereitstellung der Versorgungsinfrastruktur vor Problemen stehen. Cluster 6 hat bei fast allen Indikatoren den schlechtesten Durchschnittswert. Nur bei den Leistungsberechtigten nach SGB II und der Lebenserwartung weisen die durch den Strukturwandel gebeutelten Großstädte von Cluster 3 noch schlechtere Werte auf.

1.4 Stadt, Land, Kluft

Es fällt zunächst ins Auge, dass sich städtische und ländliche Regionen hinsichtlich der gesellschaftlichen Teilhabechancen grundlegend voneinander unterscheiden. Städte bieten ihren Einwohnern andere Lebensbedingungen und damit auch andere Möglichkeiten sozialer Teilhabe als ländlich geprägte Regionen. Während Großstädte mit einer Fülle an sozialen und kulturellen Angeboten und vor allem mit kurzen Wegen punkten können, entschädigen auf dem Land Freiraum, Kulturlandschaft, Natur und Wälder für lange Fahrten zur Arbeit oder zum Einkaufen. Diese Unterschiede schlagen sich auch in der Clusteranalyse nieder.

Bessere Versorgung in den Städten

Wer in der Großstadt lebt, hat es meist nicht weit zum nächsten Supermarkt, zur nächsten Schule oder auch zum Arzt. Es überrascht wenig, dass Städte ihren Einwohnern eine bessere Versorgung mit Gütern und Dienstleistungen des alltäglichen Bedarfs bieten als ländlich geprägte Regionen. Städte zeichnen sich dadurch aus, dass Wohngebiete und Versorgungseinrichtungen konzentriert beieinander liegen. Zudem verfügen Städte über ein gut ausgebautes öffentliches Nahverkehrsnetz, Busse und Bahnen fahren häufig im Zehn-Minuten-Takt. Entsprechend zeigen sich bezogen auf die Versorgung zwischen den urbanen Clustern 1 bis 3 keine bedeutenden Unterschiede.

Auf dem Land sieht es meist ganz anders aus. Die Menschen müssen weitere Wege zurücklegen, um die nächste Schule zu erreichen, um einzukaufen oder zu ihrem Hausarzt zu gelangen. Bis auf wenige besser versorgte Ausnahmen in wirtschaftlich starken Regionen Baden-Württembergs sowie in manchen Landkreisen mit großen Kreisstädten unterscheiden sich die ländlichen Regionen in diesem Aspekt kaum. Und dies unabhängig davon, ob sie in das Cluster 4, 5 oder 6 fallen.

Kürzere Wege in den Städten

Es überrascht wenig, dass die Erreichbarkeit von Einrichtungen des alltäglichen Bedarfs in den Städten besser ist als auf dem Land. Der Versorgungsindex errechnet sich aus der Erreichbarkeit von Apotheken, Hausärzten, Supermärkten, Grundschulen, Oberschulen und Haltestellen des öffentlichen Verkehrs mit mindestens zehn Abfahrten pro Tag. Je mehr von diesen Einrichtungen in einem Umkreis von einem Kilometer liegen, desto höher fällt der Indexwert aus.

Ein weiterer Unterschied zwischen Stadt und Land, der nicht nur über die Zukunftsfähigkeit von Regionen, sondern zunehmend auch über Teilhabechancen mitentscheiden wird, ist der Anschluss an digitale Netze – und damit an die globale Wissensgesellschaft. Während es für die meisten Stadtbewohner selbstverständlich ist, mit 50 Megabit pro Sekunde oder mehr durchs Internet zu surfen, erinnern in einigen ländlichen Regionen die Übertragungsraten noch an die frühen Zeiten der Digitalisierung.

Dass sich bei der Breitbandversorgung auf dem Land immer noch große Lücken zeigen, liegt an den hohen Kosten. Denn für Telekommunikationsunternehmen lohnt es sich wirtschaftlich nicht, lange Glasfaserkabel unter die Erde zu legen, wenn an deren Ende nur wenige Menschen auf einen schnellen Internetzugang warten. Entsprechend sind in den drei städtischen Clustern durchweg neun von zehn Haushalten mit dem Zugang zu schnellen Internetanschlüssen mit einer Übertragungsrate von mindestens 50 Megabit pro Sekunde versorgt. Im Gegensatz dazu findet sich in allen ländlichen Clustern im Schnitt eine schlechtere Breitbandversorgung. Am besten schneiden noch die Landkreise in Cluster 4 ab, in denen immerhin drei von vier Haushalten ein leistungsfähiger Internetanschluss zur Verfügung steht. In den ländlichen Regionen von Cluster 5 sind es dann nur noch zwei von drei Haushalten und in Cluster 6 mit den generell schlechtesten Teilhabechancen nur noch jeder zweite Haushalt.

Anzahl ausgewählter Einrichtungen des täglichen Bedarfs, die durchschnittlich weniger als einen Kilometer Luftlinie vom Wohnort entfernt sind, 2014, 2015, 2016

- 0
- 1
- 2
- 3
- 4
- 5
- 6

(Datengrundlage: BBSR[22], eigene Berechnung)

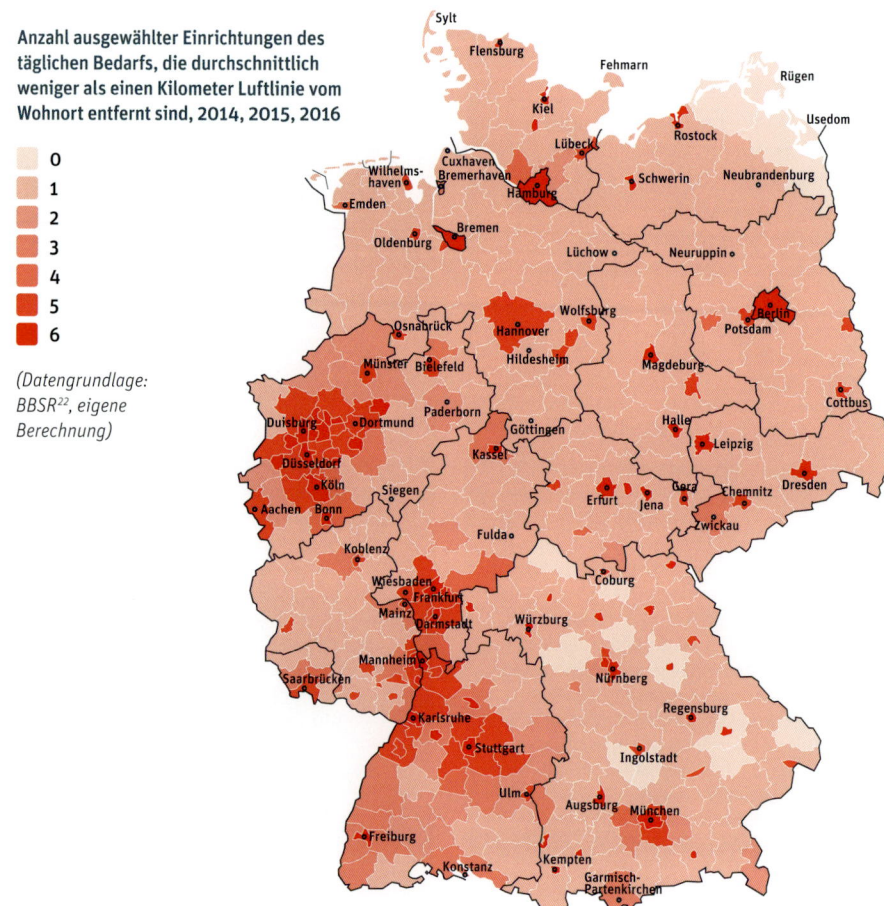

Wanderungsverlierer Land – Wanderungsmagnet Großstadt

Junge Menschen zieht es auf der Suche nach einem Ausbildungs- oder Studienplatz in der Regel in die großen Städte. Auch später, wenn sie einen Abschluss in der Tasche haben, suchen sich viele einen Arbeitsplatz in den urbanen Zentren. Während die kreisfreien Städte aus den Clustern 1 bis 3 ausnahmslos Wanderungsgewinne in der Altersgruppe von 18 bis 29 Jahren verbuchen, erleben viele ländliche Kreise unterm Strich eine Abwanderung. Die Cluster 5 und 6 mit mittleren beziehungsweise eher geringen Teilhabechancen verlieren im Schnitt 2 beziehungsweise 11 Personen je 1.000 Einwohner dieser Altersgruppe durch Abwanderung. Einzig die

Regionen im ländlichen Cluster 4 mit guten Teilhabechancen, von denen viele im wirtschaftlich erfolgreichen Süden der Republik liegen, können den Bildungs- und Berufswanderern eine Perspektive bieten und verzeichnen im Schnitt einen Wanderungsgewinn von 10 Personen je 1.000 Einwohner dieser Altersgruppe.

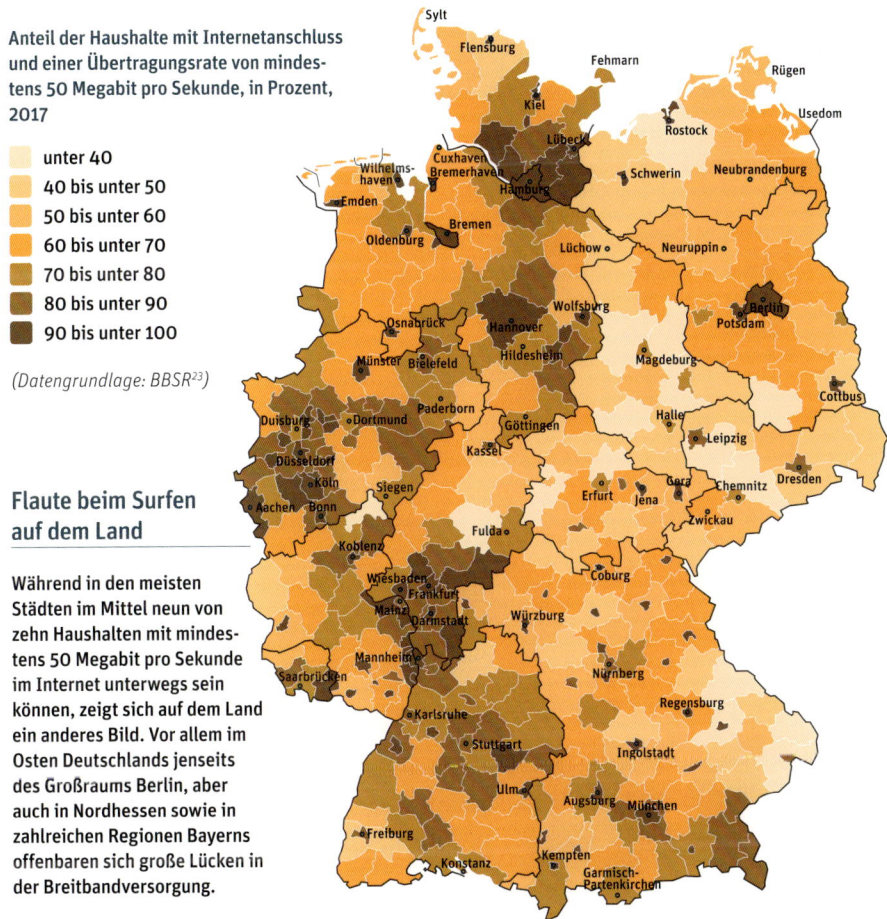

Anteil der Haushalte mit Internetanschluss und einer Übertragungsrate von mindestens 50 Megabit pro Sekunde, in Prozent, 2017

- unter 40
- 40 bis unter 50
- 50 bis unter 60
- 60 bis unter 70
- 70 bis unter 80
- 80 bis unter 90
- 90 bis unter 100

(Datengrundlage: BBSR[23])

Flaute beim Surfen auf dem Land

Während in den meisten Städten im Mittel neun von zehn Haushalten mit mindestens 50 Megabit pro Sekunde im Internet unterwegs sein können, zeigt sich auf dem Land ein anderes Bild. Vor allem im Osten Deutschlands jenseits des Großraums Berlin, aber auch in Nordhessen sowie in zahlreichen Regionen Bayerns offenbaren sich große Lücken in der Breitbandversorgung.

Vor allem Universitäten und Hochschulen wirken wie Magnete auf die jungen Wanderungswilligen. Denn nach der Schule steht für viele die Suche nach einem Studienplatz an und zumeist auch ein Umzug. Um die Gunst der Abiturienten werben dann Städte, die mit einer Universität oder Hochschule aufwarten können. Neben einigen mittelgroßen Städten sind dies zumeist Großstädte. Auch Berufseinsteiger finden in großen Städten oft ein breiteres Angebot an attraktiven Jobs, die ihren Qualifikationen entsprechen. Denn in einer Wissensgesellschaft entstehen neue Jobs dort, wo sich eine kritische Masse aus Unternehmen, Forschungseinrichtungen und klugen Köpfen auf engem Raum tummelt. Dies bietet den besten Nährboden für Innovationen, aus denen dann neue Dienstleistungen und Produkte entstehen und damit auch Arbeitsplätze.[24]

Städte mit mehreren Hunderttausend Einwohnern können dieses kreative Milieu eher bieten als dünn besiedelte Regionen. Daher zieht es viele junge Landbewohner in die Städte, wo sie sich größere Chancen für ihr Leben und mehr Möglichkeiten der Selbstverwirklichung erhoffen.[25] Neben den Ausbildungs- und Arbeitsmöglichkeiten können die Städte aber auch mit kurzen Wegen, einem guten Nahverkehr, vielen Geschäften und einem vielseitigen Freizeit- und Unterhaltungsangebot bei den 18- bis 29-Jährigen punkten.[26]

Durch diese Angebote können Defizite in anderen Bereichen gesellschaftlicher Teilhabe oftmals ausgeglichen werden. Niedrige Einkommen und hohe Arbeitslosenzahlen schrecken die jungen Zuwanderer meist nicht ab. Im untersuchten Zeitraum hat keine kreisfreie Stadt junge Leute verloren. Stattdessen verzeichnen zahlreiche Städte aus allen drei städtischen Clustern hohe Zahlen junger Zuwanderer, etwa Leipzig (91,3 je 1.000 in der Altersgruppe der 18- bis 29-Jährigen; Cluster 3), Darmstadt (73,1; Cluster 2) oder München (75,3; Cluster 1).

Abwanderung entlastet den ländlichen Arbeitsmarkt

Auf der Suche nach Arbeit zieht es viele junge Menschen vom Land in die Städte. Dies bedeutet für die ländlichen Regionen zwar den Verlust von Einwohnern und trübt auch die demografischen und wirtschaftlichen Zukunftsaussichten ein, kurzfristig entlastet diese Entwicklung allerdings den ländlichen Arbeitsmarkt. In den meisten ländlichen Kreisen ist ein geringerer Anteil der Menschen arbeitslos und von Transferleistungen nach SGB II, im Volksmund auch „Hartz 4" genannt, abhängig als in den nahegelegenen Städten.

Jährlicher Wanderungssaldo der 18- bis 29-Jährigen je 1.000 Einwohner dieser Altersgruppe, Durchschnitt der Jahre 2013 bis 2017

- ■ unter –15
- ■ –15 bis unter –2
- ■ –2 bis unter 2
- ■ 2 bis unter 15
- ■ 15 und mehr

(Datengrundlage: Statistische Ämter des Bundes und der Länder 2019²⁷)

Der Hochschule und den Jobs nach

Die kreisfreien Städte locken mit ihren Bildungseinrichtungen zahlreiche junge Menschen an, während viele ländliche Regionen Einwohner der Altersgruppe 18 bis 29 Jahre verlieren. Ausnahmen bilden Regionen in den Speckgürteln attraktiver Städte sowie die prosperierenden Regionen im Süden Deutschlands.

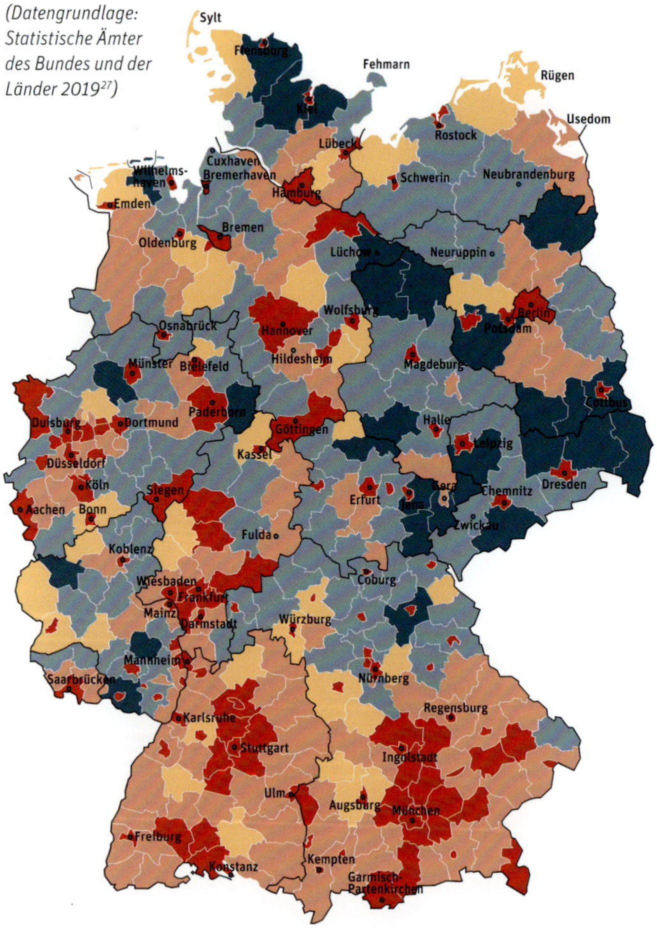

Anteil der Leistungsberechtigten nach SGB II an der Bevölkerung unter 65 Jahren, in Prozent, 2017

- ■ unter 5
- ■ 5 bis unter 10
- ■ 10 bis unter 15
- ■ 15 bis unter 20
- ■ 20 und mehr

(Datengrundlage: Statistische Ämter des Bundes und der Länder 2018²⁸)

Weniger Sozialhilfeempfänger auf dem Land

Auf dem Land leben im Schnitt weniger Leistungsberechtigte nach SGB II als in den Städten. Doch auch hier zeigt sich wieder das bereits bekannte West-Ost- sowie das Süd-Nord-Gefälle. Während in vielen süddeutschen Landkreisen im Grunde Vollbeschäftigung herrscht, ist in vom Strukturwandel hart getroffenen Städten wie Gelsenkirchen und Bremerhaven beinah jede vierte Person unter 65 Jahren von Sozialleistungen abhängig, in Städten wie Berlin, Duisburg oder Wilhelmshaven rund jede fünfte.

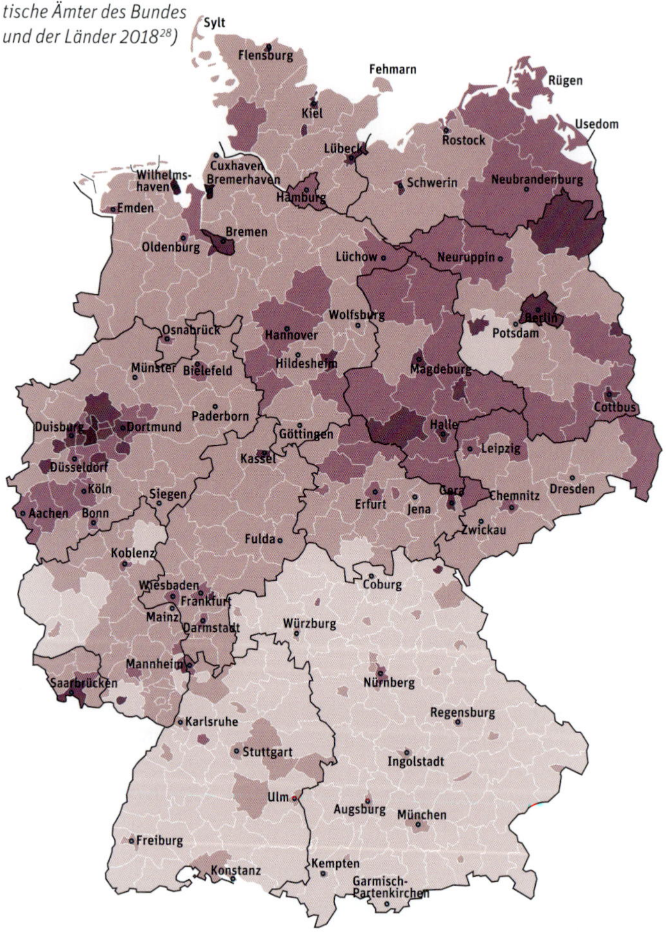

Die Beschäftigungsverhältnisse in den Städten sind zwar vielfältiger, dafür aber auch oft unsicher oder befristet. Außerdem existieren häufig zu wenige Erwerbsmöglichkeiten für Geringqualifizierte, was sich in höheren städtischen Arbeitslosenquoten niederschlägt.²⁹

In den Städten leben mehr Personen, die gemeinhin sogenannten Risikogruppen zugerechnet werden, da sie tendenziell häufiger von Arbeitslosigkeit betroffen sind. Zu diesen zählen neben jungen Menschen auch Alleinerziehende, Geringqualifizierte und Personen ohne deutsche Staatsangehörigkeit.³⁰

Mit einer Quote von durchschnittlich vier beziehungsweise sechs Prozent Leistungsberechtigten an der Bevölkerung unter 65 Jahren liegen die beiden erfolgreichen ländlichen Cluster 4 und 5 noch vor dem urbanen Cluster 1 (sieben Prozent Leistungsberechtigte) mit den besten Teilhabechancen. Das insgesamt am schlechtesten bewertete Cluster 6 liegt mit zehn Prozent Hartz-IV-Empfängern in etwa gleichauf mit dem mittleren städtischen Cluster 2. Weit abgeschlagen folgen die Großstädte in Cluster 3 mit im Schnitt 16 Prozent Leistungsberechtigten nach SGB II.

Ein hoher Anteil an Sozialhilfeempfängern mindert aber nicht zwangsläufig die Attraktivität einer Stadt. Ein prominentes Beispiel dafür ist die Hauptstadt Berlin. Fast jeder Fünfte ist von Transferleistungen abhängig. Die Stadt fällt in das urbane Cluster 3 mit den geringsten sozialen Teilhabechancen. Dennoch zieht die Stadt erlebnisorientierte Kreative und andere aus der ganzen Republik und dem Rest der Welt an. Mit rund 64 Zugewanderten je 1.000 Einwohner zwischen 18 und 29 Jahren liegt Berlin beim Wanderungssaldo in der Spitzengruppe. Auf der anderen Seite verlor ein Landkreis wie Olpe in Nordrhein-Westfalen zwischen 2013 und 2017 pro Jahr im Schnitt mehr als 10 von 1.000 Einwohnern zwischen 18 und 29 Jahren. Olpe fällt in das Cluster 4 der ländlichen Regionen mit den besten Teilhabechancen. Bei nur fünf Prozent SGB II-Abhängigen unter 65 Jahren steht den Einwohnern ein überdurchschnittliches jährliches Haushaltseinkommen von 27.132 Euro pro Kopf zu Verfügung.

Städtischer und ländlicher Raum unterscheiden sich in vielerlei Hinsicht. Städte weisen eine bessere Versorgung auf, dafür ist ein größerer Anteil der Menschen von Transferleistungen abhängig. Dennoch haben sie eine deutlich höhere Anziehungskraft auf junge Menschen, die auf der Suche nach einer attraktiven Ausbildung oder einem spannenden Job sind. Doch natürlich sind die Städte untereinander genauso wenig homogen wie die ländlichen Regionen, wenn man auf die Teilhabechancen ihrer Bewohner blickt.

1.5 Unterschiede auch zwischen Nord, Süd, Ost und West

Ländliche und städtische Regionen mit ähnlichen Teilhabechancen konzentrieren sich meist in Landesteilen, die geschichtlich eine ähnliche Entwicklung durchgemacht haben. Das folgende Kapitel beschreibt, wie die sechs Cluster über die Landkarte Deutschlands verteilt sind.

Die besonders erfolgreichen Regionen (Cluster 1 und 4)

Die besonders erfolgreichen Regionen ballen sich im Süden Deutschlands. In Baden-Württemberg, in Teilen Bayerns und im südlichen Hessen finden sich zahlreiche Regionen aus dem ländlichen Cluster 4. Und auch eine Vielzahl der kreisfreien Städte in diesem Gebiet fällt in das urbane Cluster 1 mit den besten Teilhabechancen.

Nördlich davon finden sich nur vereinzelt Regionen im urbanen ersten und im ländlichen vierten Cluster, die ihren Bewohnern einen sehr guten Zugang zu gesellschaftlicher Teilhabe bieten. Mit Ausnahme des brandenburgischen Kreises Dahme-Spreewald, der direkt an die Hauptstadt Berlin grenzt, liegen diese ausschließlich im alten Bundesgebiet. Ins Cluster 1 fallen Hamburg, Wolfsburg sowie Düsseldorf und der daran angrenzende Landkreis Mettmann im Bergischen Land. Die meisten der nördlichen Regionen in Cluster 4 liegen im Umland attraktiver urbaner Zentren.

Im Ostalbkreis ist die Welt ziemlich in Ordnung. Am Rande der Metropolregion Stuttgart gelegen und geprägt durch die Mittelstädte Aalen und Schwäbisch Gmünd, ist der Kreis wirtschaftlich erfolgreich. Ansässige Unternehmen wie zum Beispiel RUD Ketten oder LOBO electronic gehören weltweit zu den führenden Unternehmen ihrer Branche. Die Menschen haben Arbeit und können davon gut leben. Nur etwa vier Prozent der hier lebenden Bevölkerung unter 65 Jahren ist von Transferleistungen abhängig. Je Einwohner belief sich 2016 das Haushaltseinkommen im Schnitt auf fast 24.000 Euro. Die gute wirtschaftliche Lage im Landkreis sorgt zudem für volle kommunale Kassen. Die Gemeinden erzielten im Jahr 2017 im Schnitt Steuereinnahmen von über 1.000 Euro pro Einwohner. Die Kommunen sind damit in der Lage, gut für ihre Einwohner zu sorgen. Das Schulsystem funktioniert und nur einer von 20 Schulabgängern verpasst den Abschluss. Die insgesamt gute Lage spiegelt sich auch in der Lebenserwartung wider: In den Jahren 2013 bis 2015 geborene Kinder können mit einer Lebenszeit von fast 82 Jahren rechnen.

Aufgrund seiner ländlichen Prägung sind im Ostalbkreis viele Wege zwar etwas länger als in den Städten, aber der öffentliche Nahverkehr funktioniert und die Menschen müssen im Schnitt keine 1.000 Meter zur nächsten Haltestelle des Verkehrsverbundes OstalbMobil laufen, an der mindestens zehnmal am Tag auch ein Bus hält. Und auch viele der Kleinsten können zur Schule laufen, da die Grundschulen im Schnitt weniger als einen Kilometer entfernt sind. Die Verlegung von Glasfaserkabeln könnte allerdings noch etwas stärker vorangetrieben werden. Jeder vierte Haushalt hatte 2017 noch keinen Zugang zu Breitband-Internetanschlüssen mit mindestens 50 Megabit pro Sekunde Übertragungsrate.

Die insgesamt guten wirtschaftlichen und sozialen Teilhabechancen machen den Ostalbkreis auch für junge Leute vergleichsweise attraktiv. Im Gegensatz zu vielen anderen ländlichen Kreisen verzeichnet er einen leicht positiven Wanderungssaldo von etwas mehr als acht Personen je 1.000 Einwohner im Alter von 18 bis 29 Jahren. Der Ostalbkreis ist damit typisch für die Regionen, die in Cluster 4 zusammengefasst werden und ihren Einwohnern die besten Teilhabechancen bieten.

Der Ostalbkreis steht auch stellvertretend für die Landkreise und kreisfreien Städte in Baden-Württemberg: Fast alle ländlichen Gebiete in diesem Bundesland fallen in das besonders chancenstarke Cluster 4 und die meisten Städte finden sich im stärksten urbanen Cluster 1 wieder. Dies ist wenig überraschend, denn Baden-Württemberg zählt zu den wirtschaftsstärksten Regionen Europas und ist mit den zahlreichen mittelständischen und großen Betrieben vor allem aus den Bereichen Maschinen- und Fahrzeugbau die mit Abstand innovationsstärkste Region in der Europäischen Union.[31] Eine ganze Reihe von „Hidden Champions", also in der Öffentlichkeit relativ unbekannten Weltmarktführern und anderen erfolgreichen Unternehmen sitzt hier – und viele davon nicht in den großen Städten, sondern in kleineren Orten auf dem Land.[32] Die starke Wirtschaft schafft beste Voraussetzungen auch in anderen gesellschaftlichen Bereichen. Die Steuereinnahmen sind fast überall hoch, sodass die Kommunen ihren Einwohnern eine gute Bildung und Versorgung bieten können. Viele Kreise stehen ähnlich gut da wie der Ostalbkreis und können eine Zuwanderung junger Menschen verbuchen – einzig der Enzkreis im Nordschwarzwald weist einen geringen negativen Wanderungssaldo auf.

Jährliches verfügbares Haushaltseinkommen je Einwohner, in Euro, 2016

- unter 17.500
- 17.500 bis unter 20.000
- 20.000 bis unter 22.500
- 22.500 bis unter 25.000
- 25.000 bis unter 27.500
- 27.500 und mehr

(Datengrundlage: Statistische Ämter des Bundes und der Länder[33])

Mehr Geld im Süden als im Westen als im Osten

Bei den Einkommen, die Haushalten pro Jahr zu Verfügung stehen, zeigen sich kaum Unterschiede zwischen Stadt und Land, sondern viel mehr zwischen Regionen mit allgemein besseren, mittleren oder geringeren sozialen Teilhabechancen. In den neuen Bundesländern sind zudem die Einkommen im Schnitt geringer als in den alten. Die besonders einkommensstarken Landkreise und kreisfreien Städte finden sich im Süden und Westen des Landes.

In vielen Kreisen Bayerns zeigt sich ein ähnlich positives Bild, die gesellschaftlichen Teilhabechancen sind hier oft ähnlich hoch. Auch hier haben viele erfolgreiche Unternehmen ihren Sitz, häufig im ländlichen Raum. Der wirtschaftlich blühende Großraum München, aber auch die ländlichen Regionen im Südwesten Bayerns ähneln in Bezug auf die Teilhabechancen, die sie ihren Einwohnern bieten, den erfolgreichen Regionen Baden-Württembergs. Innerhalb Bayerns zeigt sich in der Clusteranalyse allerdings ein Gefälle vom sehr erfolgreichen Süden des Freistaats zu dessen etwas weniger erfolgreichem Norden. Auch im Osten entlang der tschechischen Grenze schaffen es die Regionen nicht in eines der beiden besten Cluster 1 und 4.

> **Cluster 1:** **Nur wenige besonders erfolgreiche Städte liegen nördlich des Weißwurstäquators**

Auch die kreisfreien Städte, die ihren Bewohnern im deutschlandweiten Vergleich die besten gesellschaftlichen Teilhabechancen bieten, liegen mehrheitlich in Süddeutschland. Die baden-württembergische Landeshauptstadt Stuttgart ist ein Beispiel für die in Cluster 1 zusammengefassten urbanen Zentren. Die Stadt ist bekannt für ihren wirtschaftlichen Erfolg. Global Player wie Daimler, Porsche oder Bosch haben hier ihren Sitz. Entsprechend gut ist die wirtschaftliche Situation der Stadt. Mit etwa acht Prozent liegt die Quote von SGB II-Transferleistungsempfängern etwa im Durchschnitt

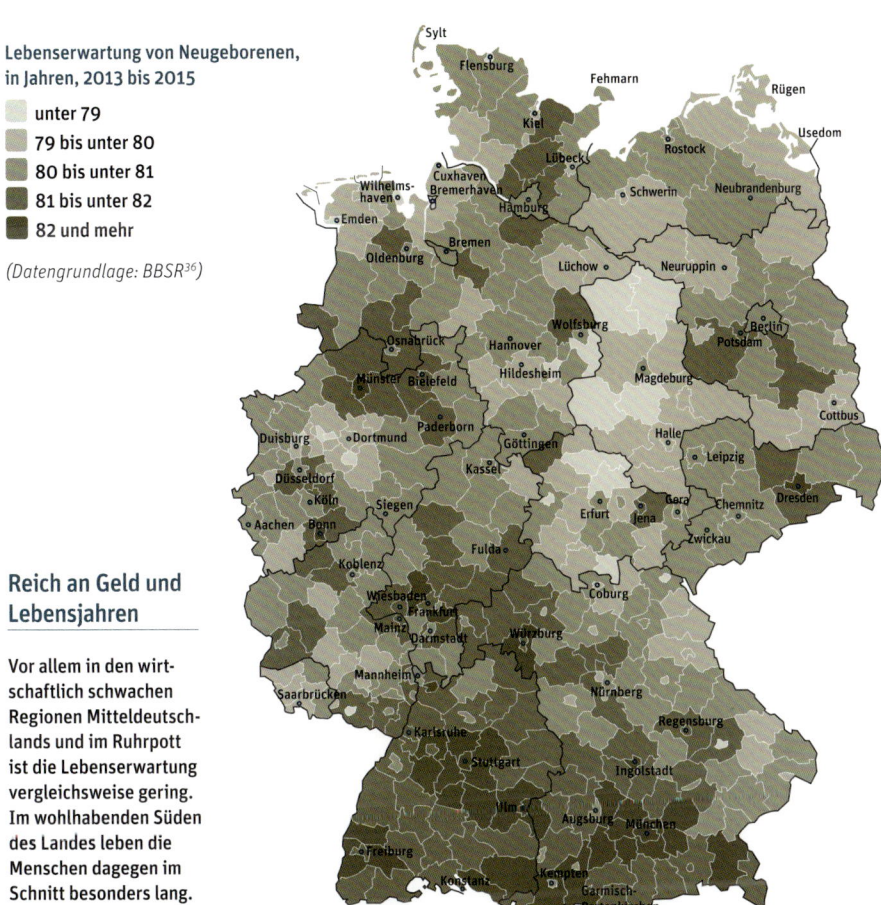

Lebenserwartung von Neugeborenen, in Jahren, 2013 bis 2015

- ☐ unter 79
- ☐ 79 bis unter 80
- ☐ 80 bis unter 81
- ☐ 81 bis unter 82
- ☐ 82 und mehr

(Datengrundlage: BBSR[36])

Reich an Geld und Lebensjahren

Vor allem in den wirtschaftlich schwachen Regionen Mitteldeutschlands und im Ruhrpott ist die Lebenserwartung vergleichsweise gering. Im wohlhabenden Süden des Landes leben die Menschen dagegen im Schnitt besonders lang.

Mehr Teilhabe = längeres Leben

Je besser es den Menschen finanziell geht, je besser gebildet sie sind und je mehr Möglichkeiten zur Teilhabe und zur Selbstverwirklichung sie haben, desto länger leben sie im Schnitt auch. Sie arbeiten unter besseren Bedingungen, ernähren sich gesünder, treiben mehr Sport, sind besser sozial abgesichert und können sich eine bessere gesundheitliche Versorgung leisten.[34] Das bestätigt auch die vorliegende Clusteranalyse: Die Menschen in den Clustern 1 und 4 mit den besten wirtschaftlichen und sozialen Teilhabechancen leben am längsten. Neugeborene aus den Jahren 2013 bis 2015 haben die Aussicht auf ein durchschnittlich fast 82 Jahre währendes Leben. In den Clustern mit mittleren und geringen Teilhabechancen sterben die Menschen im Vergleich immer noch mehr als ein respektive zwei Jahre früher – obwohl die regionalen Unterschiede in den vergangenen Jahren geschrumpft sind.[35] Zwischen einzelnen Kreisen weichen die Werte noch stärker voneinander ab. Während Neugeborene im äußerst wohlhabenden Landkreis Starnberg im Münchner Speckgürtel eine durchschnittliche Lebenserwartung von 83,4 Jahren haben, beträgt diese im rheinland-pfälzischen Pirmasens (Cluster 3) nur 77,4 Jahre.

Die Regionen mit mittleren Teilhabechancen (Cluster 2 und 5)

Jene Regionen, die ihren Bewohnern mittlere Teilhabechancen bieten, ballen sich im Nordwesten und im Westen der Republik, aber auch im Norden Bayerns sowie in den bayerischen Kreisen entlang der tschechischen Grenze. Zwischen Flensburg und Saarbrücken sowie zwischen Schweinfurt und Passau findet sich der Großteil der ländlich geprägten Regionen im ländlichen Cluster 5. In diesen Landstrichen fällt außerdem ein Großteil der Städte in das urbane Cluster 2. In den östlichen Bundesländern gehören Kreise und kreisfreie Städte, die in diese beiden Cluster fallen, eher zu den erfolgreicheren, während sie im wohlhabenden Süden vergleichsweise schlecht aufgestellt sind.

des Clusters. Die Menschen haben mit über 25.000 Euro jährlichem Haushaltseinkommen pro Kopf relativ viel Geld zur Verfügung. Die gute wirtschaftliche Lage schlägt sich auch in den hohen kommunalen Steuereinnahmen von jährlich rund 1.350 Euro pro Einwohner nieder. Die Stadt kann ihren Einwohnern eine gute Versorgung und gute Schulen finanzieren. Das zahlt sich durch relativ wenige Schulabbrecher und eine hohe Lebenserwartung aus. Stuttgart ist sehr attraktiv für junge Menschen. Mit einer Zuwanderung von über 69 je 1.000 in der Altersgruppe der 18- bis 29-Jährigen liegt der Wanderungssaldo in Stuttgart sogar höher als im Mittel aller Städte in seinem Cluster.

Vereinzelt liegen teilhabestarke Städte in Cluster 1 auch nördlich des Weißwurstäquators. Dazu zählen der Großraum Frankfurt am

Main mit seinem Banken- und Finanzsektor sowie das wirtschaftsstarke Düsseldorf und der angrenzende Landkreis Mettmann. Dank Volkswagen befindet sich auch Wolfsburg in diesem Cluster. Noch weiter nördlich fällt nur noch Hamburg in diese Gruppe. Die Hansestadt zählt mit ihrem Hafen und dem internationalen Flughafen zu den wichtigsten Logistikstandorten Europas und ist auch darüber hinaus wirtschaftlich sehr erfolgreich.

Aufgrund der guten wirtschaftlichen Lage dieser Städte sind vergleichsweise wenige Menschen von Transferleistungen abhängig, die durchschnittlichen Einkommen sind gut, die städtischen Kassen gefüllt. Die Städte können ihren Bewohnern sehr gute gesellschaftliche Teilhabechancen bieten.

Rotenburg (Wümme) ist typisch für die
Regionen, die sich im ländlich geprägten
Cluster 5 sammeln. In dem niedersächsischen Landkreis geht es den Menschen gut,
auch wenn ihre gesellschaftliche Teilhabe
teilweise eingeschränkt ist. Die Quote von
Leistungsberechtigten nach SGB II im Landkreis ist mit knapp sechs Prozent relativ
gering, der Großteil der Menschen hier findet
eine Arbeit, deren Lohn auch zum Leben
reicht. Jedem Einwohner stehen in Rotenburg jährlich durchschnittlich knapp 21.500
Euro Haushaltseinkommen zur Verfügung.
Der Landkreis Rotenburg (Wümme) ist der
wichtigste deutsche Standort der Erdgas-
und Erdölförderung. Die Steuereinnahmen
sind mit etwa 740 Euro je Einwohner ver-
hältnismäßig gering, was auch daran liegt,
dass kleine bis mittelgroße Unternehmen
dominieren. In Rotenburg verlässt nur knapp
jeder zwanzigste Schulabgänger die Schule
ohne einen Abschluss. Die Lebenserwartung
liegt mit 80,3 Jahren im deutschen Mittelfeld.
Die ländliche Prägung des Landkreises im
Zentrum des Elbe-Weser-Dreiecks macht
sich in der Versorgung bemerkbar. Nur etwa
sechs von zehn Haushalten können mit mindestens 50 Megabit pro Sekunde im Internet
unterwegs sein. Um Geschäfte, Schulen und
Ärzte zu erreichen, müssen die Menschen im
Schnitt mehr als einen Kilometer von ihrem
Wohnort zurücklegen. Einzig zur nächsten
Bushaltestelle haben sie es meist nicht so
weit. Wie für Cluster 5 typisch, ist der Landkreis weniger attraktiv für junge Leute als die
prosperierenden Kreise im ländlichen Cluster
4. Die jungen Leute aus Rotenburg zieht
es zum Studium oder zum Berufsstart tendenziell in die nahegelegenen Stadtstaaten
Hamburg oder Bremen oder weiter weg. Der
Kreis Rotenburg verlor in den Jahren 2013 bis
2017 jährlich etwa fünf Einwohner im Alter
zwischen 18 und 29 Jahren je 1.000 in dieser
Altersgruppe.

Cluster 2: Die Städte mit durchschnittlichen Teilhabechancen finden
sich überall

Braunschweig ist eine sehr durchschnittliche deutsche Stadt. Die kreisfreie Stadt im
Osten von Niedersachsen spiegelt daher das
städtische Cluster 2, dessen Kreise ihren
Einwohnern durchschnittliche bis gute Teilhabechancen bieten, gut wider. Die Quote
von Transferabhängigen ist in Braunschweig
mit etwas über neun Prozent moderat und
im Schnitt kann jeder Braunschweiger über
mehr als 21.000 Euro Haushaltseinkommen
im Jahr verfügen. Ebenso weisen die durchschnittliche Schulabbrecherquote und die
Lebenserwartung moderate bis gute Werte
auf. Die kommunalen Steuereinnahmen
in Braunschweig liegen bei 994 Euro pro
Kopf und Jahr. Sie entsprechen in etwa dem
Durchschnitt von Cluster 2. Als Standort
des Volkswagen-Konzerns ist Braunschweig
geprägt durch den Automobilbau. Auch eines der traditionsreichsten Siemens-Werke
befindet sich in der Stadt. Die Versorgung
mit alltäglichen Gütern und Dienstleistungen
sowie mit schnellen Internetanschlüssen
ist hier städtetypisch sehr gut. Mit seinen
drei Hochschulen und einer Vielzahl an Forschungseinrichtungen ist Braunschweig sehr
attraktiv für junge Menschen und kann in der
Altersgruppe von 18 bis 29 Jahren einen positiven Wanderungssaldo von 50 pro 1.000
Personen in dieser Altersgruppe verzeichnen.
Der durchschnittliche Wanderungssaldo in
dieser Altersgruppe liegt in Cluster 2 bei 46
pro 1.000 Personen im Jahr.

Die Mehrzahl der 51 Städte und Landkreise
mit großen Kreisstädten in Cluster 2 liegt
in den Gegenden Deutschlands, in denen
sich auch die ländlichen Regionen in Cluster
5 konzentrieren: in Nordwest- und Westdeutschland sowie in einigen Regionen
Bayerns. In den neuen Bundesländern fallen
die im ostdeutschen Vergleich erfolgreichen Städte Potsdam, Dresden und Jena in
Cluster 2.

Deutschland uneinig Teilhabeland (Cluster 3 und 6)

Mitte des Jahres 1990 versprach der damalige Bundeskanzler Helmut Kohl, die neuen
Bundesländer „schon bald wieder in blühende Landschaften zu verwandeln, in denen es
sich zu leben und zu arbeiten lohnt".[37] Dieses
Versprechen konnte nur teilweise eingelöst
werden. Fast drei Jahrzehnte später zeigt
sich bei den wirtschaftlichen wie sozialen
Indikatoren noch immer der Verlauf der der
innerdeutschen Grenze – vom Ratzeburger
See über Harz und Rhön bis in das Erzgebirge. Die Karte (S. 12), welche die Verteilung
der verschiedenen Cluster zeigt, ähnelt einer
Landkarte aus den 80er Jahren des vergangenen Jahrhunderts. Dunkelgrün zeichnet sich
das Gebiet der ehemaligen DDR ab, dessen
Landkreise sich fast ausschließlich in Cluster
6 befinden. Auch die meisten ostdeutschen
kreisfreien Städte sammeln sich im städtischen Cluster 3. Nach wie vor haben die Menschen damit in den beiden Teilen Deutschlands unterschiedliche Teilhabechancen.[38]

Das Gros der Landkreise in den neuen Bundesländern ähnelt sich bezüglich der Teilhabechancen, die sich den Einwohnern bieten.
Die Landkreise Mecklenburg-Vorpommerns,
Sachsen-Anhalts sowie Thüringens finden
sich ausnahmslos in Cluster 6 wieder. Nur
zwei sächsische und sechs brandenburgische
Landkreise haben den Sprung in Cluster 5
oder sogar Cluster 4 geschafft. Diese befinden sich allesamt in den Speckgürteln
attraktiver Großstädte. Umgekehrt haben nur
wenige Landkreise in den alten Bundesländern mit ähnlich großen strukturellen Problemen zu kämpfen und bieten ihren Bewohnern
vergleichbar geringe Teilhabechancen.

Über die Defizite bei der Versorgung hinaus, die typisch für ländliche Regionen sind, weisen die Kreise in Cluster 6 auch bei den meisten anderen Indikatoren die schlechtesten Werte auf. Die Quote von Transferleistungsempfängern ist mit durchschnittlich zehn Prozent höher als anderswo auf dem Land, die Menschen verdienen weniger Geld und die Kommunen treiben das geringste Steueraufkommen ein – im Schnitt jährlich nur knapp über 550 Euro pro Einwohner. Darunter leidet auch das Bildungssystem, sodass hier im Schnitt mehr als jede elfte Schulkarriere ohne einen Abschluss endet. Und nicht zuletzt können die Menschen hier mit den durchschnittlich wenigsten Lebensjahren rechnen. Viele junge Menschen kehren diesen benachteiligten Regionen auf der Suche nach einem besseren Leben den Rücken.

Ein Kreis, der dem Clusterdurchschnitt vieler der Indikatoren nahekommt, ist der Landkreis Nordsachsen. Der dünn besiedelte Landkreis mit Delitzsch und Torgau als größten Städten ist vor allem landwirtschaftlich geprägt. Größere, überregional bekannte Unternehmen finden sich hier nicht. Entsprechend angespannt ist die wirtschaftliche Lage im Landkreis und entsprechend gering fallen die Teilhabechancen der Einwohner aus.

> **Cluster 3:** In Ost- wie in Westdeutschland bieten auch viele Städte ihren Einwohnern geringe Teilhabechancen

Die Mehrzahl der Städte im Osten fällt in Cluster 3. Die Hauptstadt Berlin zählt hierzu, sowie – mit Ausnahme von Potsdam, Dresden und Jena – alle kreisfreien Städte in den ostdeutschen Bundesländern. Sie weisen ähnliche Teilhabedefizite auf wie die sie umgebenden benachteiligten ländlichen Regionen, nur die Versorgung mit Dienstleistungen des alltäglichen Bedarfs sowie der Anteil der Haushalte mit schnellen Internetanschlüssen fallen typischerweise

deutlich besser aus. Obwohl diese Städte mit 16 Prozent Leistungsberechtigten nach SGB II die mit Abstand höchste Quote von Transferleistungsempfängern aufweisen, sind sie attraktiv für junge Menschen – im Schnitt wanderten in den vergangenen Jahren jedes Jahr 28 je 1.000 Menschen im Alter zwischen 18 und 29 Jahren zu. Die Städte ziehen dabei vor allem die jungen Leute aus ihrem Umland an, die auf der Suche nach besseren und vielfältigeren Bildungs- und Berufschancen sind. So war zum Beispiel die Universitätsstadt Leipzig, die im Allgemeinen nicht mit guten Teilhabechancen aufwarten kann und entsprechend in Cluster 3 fällt, im deutschlandweiten Vergleich die (gemessen an ihrer Größe) für junge Menschen mit Abstand attraktivste Stadt im Schnitt der Jahre 2013 bis 2017.

Cluster 3 umfasst neben 16 kreisfreien Städten in den neuen Bundesländern auch 35 Städte und städtisch geprägte Kreise in Nord- und Westdeutschland. Die Städte des Ruhrgebiets gehören fast ausnahmslos dazu. Mit der Schließung der Zechen und dem Erlöschen der Hochöfen gingen zwischen Duisburg und Hamm viele Jobs verloren. Die Städte konnten sich von dem tiefgreifenden strukturellen Wandel bislang nicht vollends erholen. Auch Städte in Rheinland-Pfalz und im Saarland leiden noch unter dem Niedergang der produzierenden und der Montanindustrie. Außerdem fallen viele küstennahe Städte an Nord- und Ostsee in Cluster 3, sowie als einzige hessische Stadt Offenbach am Main und als einzige bayerische die kreisfreie Stadt Hof. Diese westdeutschen Städte befinden sich in ähnlichen Problemlagen wie die Mehrzahl der ostdeutschen Städte. Sie haben mit hohen Quoten an Transferleistungsempfängern, mit niedrigen Durchschnittseinkommen, geringen kommunalen Steuereinnahmen und vergleichsweise hohen Schulabbrecherquoten zu kämpfen.

Immer noch weniger Teilhabechancen in den neuen Bundesländern

Fast alle Landkreise aus Cluster 6 befinden sich in den neuen Bundesländern und die meisten ostdeutschen Städte fallen in das schlecht aufgestellte Cluster 3. Dass so viele Regionen mit geringen Teilhabechancen in den neuen Bundesländern zu finden sind, ist eine Spätfolge der langjährigen deutschen Teilung. Dieses West-Ost-Gefälle verdient damit eine nähere Betrachtung, denn es geht einher mit den immer noch regional unterschiedlichen Lebensstandards in Deutschland.

Obwohl die ostdeutschen Regionen seit der Wiedervereinigung in mancher Hinsicht eine positive Entwicklung erlebt haben, war eine Angleichung bei Wirtschaft und Wohlstand bislang nicht zu erreichen. Und der Osten scheint mittlerweile sogar wieder an Boden zu verlieren. So profitierten von dem steigenden Bruttoinlandsprodukt je Erwerbstätigen der vergangenen Jahre vor allem die wirtschaftlich erfolgreichen Regionen im Westen. Strukturschwachen Regionen im Osten fehlte es weiterhin an Wachstum und Dynamik.[39]

Die Hartz-IV-Quoten von Ost und West nähern sich langsam an

Der Arbeitsmarkt der Regionen in Cluster 6 bietet vergleichsweise geringe Aussichten, einen attraktiven Job zu finden. Mit durchschnittlich zehn Prozent ist die Quote der Leistungsberechtigten nach dem Zweiten Sozialgesetzbuch deutlich höher als im ebenfalls ländlichen Cluster 5. Noch schlechter sieht es in den ostdeutschen kreisfreien Städten aus, die mehrheitlich zu Cluster 3 gehören. Hier sind anteilig noch mehr Menschen von Transferleistungen abhängig. Die Regionen im Osten Deutschlands leiden noch immer an den Folgen des wirtschaftlichen Strukturwandels nach der Wiedervereinigung. Tausende von Unternehmen konnten der neuen Konkurrenz aus dem Westen nicht standhalten und mussten schließen. Viele Jobs gingen verloren.[40]

Anteil der Transferleistungsberechtigten gleicht sich an

Die Quoten von Leistungsberechtigten nach SGB II in den neuen und den alten Bundesländern gleichen sich seit 2006 einander an. Dennoch sind in Ostdeutschland anteilig noch immer fast anderthalbmal so viele Menschen auf Hilfe vom Staat angewiesen wie im Westen.

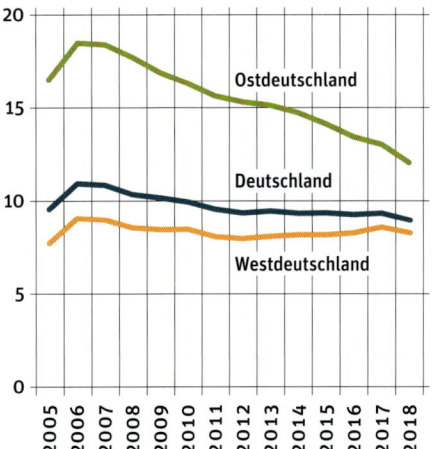

Entwicklung des Anteils von Leistungsberechtigten nach dem SGB II an der Bevölkerung unter 65 Jahren, in Prozent, 2005 bis 2018
(Datengrundlage: Bundesagentur für Arbeit[41])

Allerdings verbessert sich die Lage im Osten seit etwas mehr als einem Jahrzehnt und die Lücke zum Westen wird allmählich kleiner. Während die Quote von Leistungsberechtigten im alten Bundesgebiet im vergangenen Jahrzehnt stagnierte, ist sie in den neuen Bundesländern inklusive Berlin seit ihrem Höchststand im Jahr 2006, als hier fast jede fünfte Person unter 65 von Transferleistungen abhängig war, kontinuierlich gesunken. Dennoch lag der Anteil von Transferleistungsempfängern an der Bevölkerung unter 65 Jahren in Ostdeutschland 2018 mit 12 Prozent noch immer um rund die Hälfte höher als in Westdeutschland.[42]

Die Einkommen bleiben verschieden

Der Abstand bei den verfügbaren Einkommen bleibt nahezu konstant. So stieg das Einkommensniveau in den neuen Bundesländern gemessen am West-Niveau zwischen 1995 und 2017 um sechs Prozentpunkte – von 79,5 Prozent auf 85,5 Prozent. Die Menschen im alten Bundesgebiet verdienen damit noch immer deutlich mehr als ihre Mitbürger in den neuen Bundesländern. Absolut gesehen hat sich die Einkommensschere im gleichen Zeitraum sogar weiter geöffnet – von 3.147 Euro auf 3.375 Euro pro Jahr.[43]

Kaum finanzielle Spielräume bei ostdeutschen Kommunen

Doch nicht nur die Menschen haben weniger Geld in ihrer Lohntüte, auch die kommunalen Steuersäckel sind weniger prall gefüllt. Die vergleichsweise schwache Wirtschaft, die hohen Abhängigkeitsquoten von Arbeitslosengeld und Sozialhilfe sowie die relativ geringen Einkommen gehen einher mit niedrigen kommunalen Steuereinnahmen. Viele der betroffenen Kommunen sind damit nicht oder nur sehr eingeschränkt in der Lage, über die Grundversorgung hinausgehende Möglichkeiten der sozialen und kulturellen Teilhabe zu finanzieren.

Einkommensschere zwischen alten und neuen Bundesländern nach wie vor geöffnet

Die verfügbaren Einkommen steigen sowohl in den alten wie in den neuen Bundesländern. In Westdeutschland fällt der Zuwachs allerdings etwas stärker aus. Die Ungleichheit bleibt bestehen und vergrößert sich absolut sogar leicht.

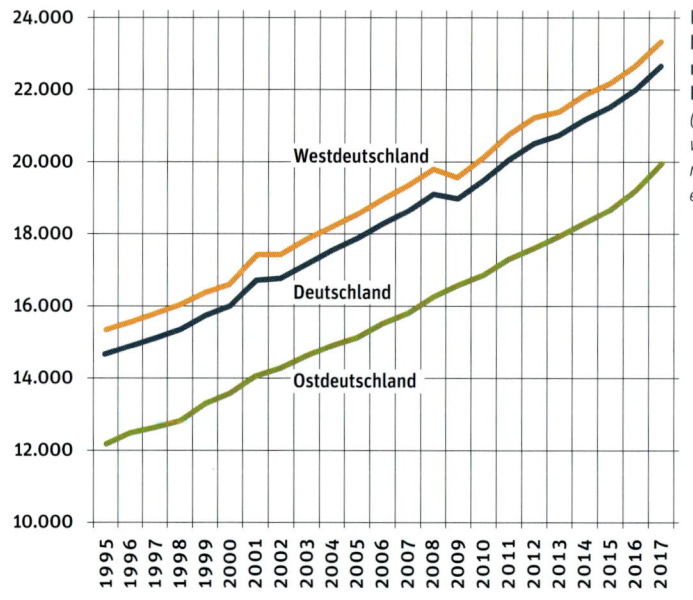

Entwicklung des verfügbaren Haushaltseinkommens je Einwohner, in Euro, 1995 bis 2017
(Datengrundlage: Volkswirtschaftliche Gesamtrechnungen der Länder[44], eigene Berechnung)

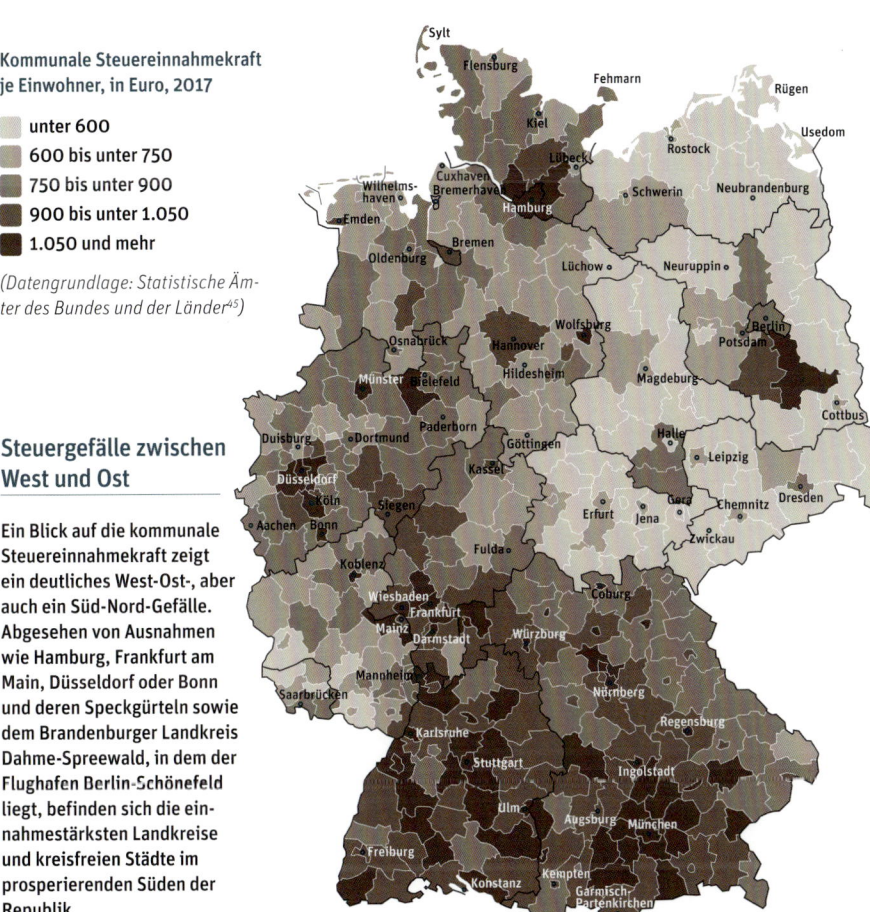

Kommunale Steuereinnahmekraft je Einwohner, in Euro, 2017

- unter 600
- 600 bis unter 750
- 750 bis unter 900
- 900 bis unter 1.050
- 1.050 und mehr

(Datengrundlage: Statistische Ämter des Bundes und der Länder[45])

Steuergefälle zwischen West und Ost

Ein Blick auf die kommunale Steuereinnahmekraft zeigt ein deutliches West-Ost-, aber auch ein Süd-Nord-Gefälle. Abgesehen von Ausnahmen wie Hamburg, Frankfurt am Main, Düsseldorf oder Bonn und deren Speckgürteln sowie dem Brandenburger Landkreis Dahme-Spreewald, in dem der Flughafen Berlin-Schönefeld liegt, befinden sich die einnahmestärksten Landkreise und kreisfreien Städte im prosperierenden Süden der Republik.

In den ostdeutschen Flächenländern erreichten die kommunalen Steuereinnahmen je Einwohner im Jahr 2017 nur rund 70 Prozent des Niveaus der finanzschwachen westdeutschen Flächenländer (Niedersachsen, Nordrhein-Westfalen, Rheinland-Pfalz, Saarland und Schleswig-Holstein). Viele ostdeutsche Kommunen sind daher deutlich stärker als im Westen auf die finanzielle Unterstützung durch die Bundesländer angewiesen. Die Zuweisungen liegen im Osten rund ein Drittel höher als in den alten Bundesländern. Durch diese Transfers erreichen die Einnahmen der Kommunen in den ostdeutschen Flächenländern rund 85 Prozent des Niveaus der westdeutschen Flächenländer. Ohne die Unterstützung durch Länderfinanzausgleich, Solidarpakt II und weitere Fördermaßnahmen wären die Kommunen in den neuen Bundesländern kaum in der Lage, die Grundversorgung ihrer Einwohner sicherzustellen.[46] Für Einrichtungen wie etwa Theater oder Schwimmbäder, für gut ausgestattete Schulen oder einen häufig verkehrenden Personennahverkehr fehlt aber häufig das Geld.

Ungleiche Verteilung der Bildungschancen

Dass alle Kinder und Jugendlichen die gleichen Bildungschancen haben, dürfte wohl das wichtigste Teilhabeversprechen des Staates sein. Allerdings bleibt zweifelhaft, ob dies auch überall eingelöst wird. Denn in den ostdeutschen Kreisen in Cluster 6 brechen viele junge Menschen die Schullaufbahn nach der Pflichtzeit ab und stehen dann ohne Abschluss da. Ähnlich sieht es in den ostdeutschen Städten des Clusters 3 aus. In Städten wie Chemnitz, Halle, Magdeburg oder Eisenach verlässt mehr als jeder zehnte Schulabgänger die Schule ohne Abschluss.

Ohne Schulabschluss sind die Aussichten auf einen Arbeitsplatz düster. Und selbst wenn junge Menschen dann einen Job finden, verdienen sie deutlich weniger als jene, die ihre Schul- und Berufsausbildung erfolgreich zu Ende gebracht haben. Eine Benachteiligung bei der Bildung führt damit nahtlos zu einer auf dem Arbeitsmarkt.

Eine Schulabbruchquote von maximal zehn Prozent ist daher auch eines der von der Bundesregierung formulierten Ziele in der Nachhaltigkeitsstrategie.[47] Während dieses Ziel in den meisten westdeutschen Regionen bereits erreicht ist, rückt es in einigen ostdeutschen Landkreisen und kreisfreien Städten wieder in weitere Ferne.[48] Denn während zwischen 2009 und 2012 im Westen die Abbruchquoten in den allermeisten Landkreisen und kreisfreien Städten sanken, stiegen sie in Ostdeutschland in den meisten Landkreisen weiter an.[49]

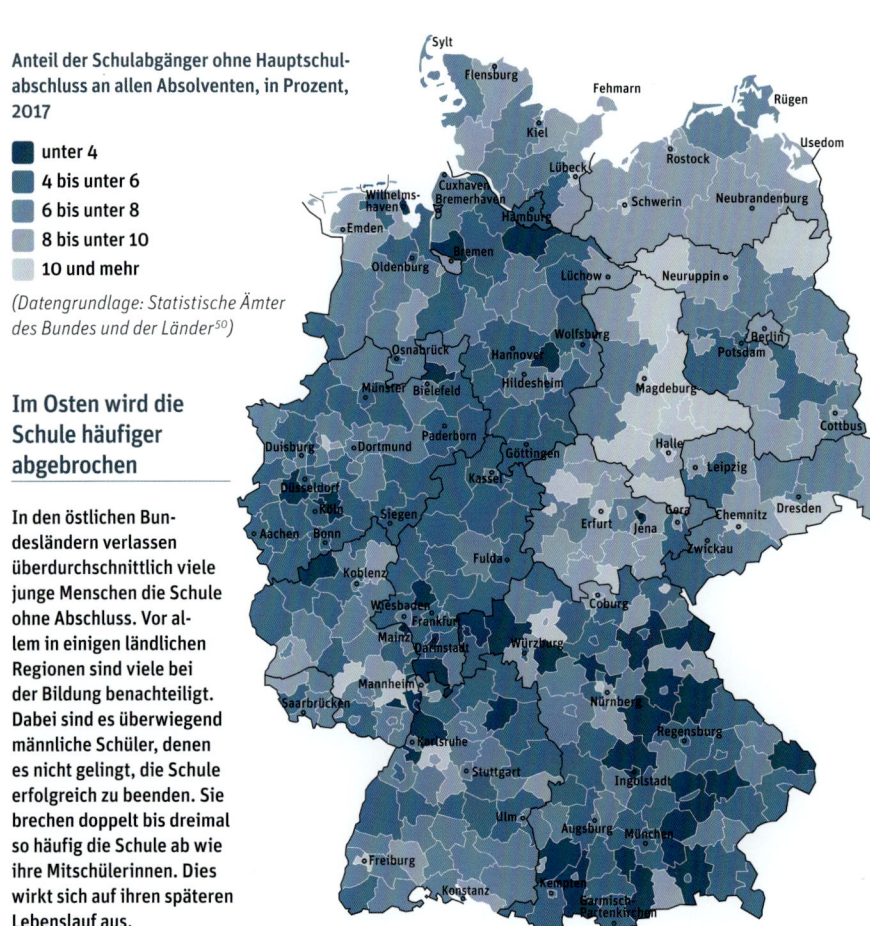

Anteil der Schulabgänger ohne Hauptschulabschluss an allen Absolventen, in Prozent, 2017

- ■ unter 4
- ■ 4 bis unter 6
- ■ 6 bis unter 8
- ■ 8 bis unter 10
- □ 10 und mehr

(Datengrundlage: Statistische Ämter des Bundes und der Länder[50])

Im Osten wird die Schule häufiger abgebrochen

In den östlichen Bundesländern verlassen überdurchschnittlich viele junge Menschen die Schule ohne Abschluss. Vor allem in einigen ländlichen Regionen sind viele bei der Bildung benachteiligt. Dabei sind es überwiegend männliche Schüler, denen es nicht gelingt, die Schule erfolgreich zu beenden. Sie brechen doppelt bis dreimal so häufig die Schule ab wie ihre Mitschülerinnen. Dies wirkt sich auf ihren späteren Lebenslauf aus.

1.6 In der Abstiegsfalle

Es sind vor allem ländlich geprägte Regionen abseits der prosperierenden Ballungsräume, in denen die Menschen geringere Teilhabechancen haben und von der gesellschaftlichen Entwicklung abgeschnitten sind. Dies betrifft auch die Versorgung mit gut erreichbaren Supermärkten, mit Hausärzten, Apotheken und Schulen sowie mit einem regelmäßig verkehrenden öffentlichen Personennahverkehr. Doch in welche Zukunft blicken diese Regionen? Wenn es schlecht läuft, könnte sich eine Abwärtsspirale aus sinkenden Einwohnerzahlen und schwindender Versorgung in Gang setzen und die Situation weiter verschärfen. Erste Anzeichen dafür sind bereits erkennbar.

Landärzte dringend gesucht

Die Versorgung auf dem Land wird schwieriger. Das erleben die Bewohner konkret, wenn etwa Arztpraxen schließen. Junge Nachwuchsmediziner wollen sich kaum noch in bestimmten ländlichen Regionen niederlassen. Dort tätige Ärzte, die in Rente gehen, haben daher Schwierigkeiten, Nachfolger für ihre Praxen zu finden.[52] Allein in Sachsen-Anhalt fehlen rund 1.400 Landärzte. Während im Bundesschnitt 67,5 Hausärzte 100.000 Einwohner behandeln, kümmern sich im sachsen-anhaltinischen Altmarkkreis Salzwedel (Cluster 6), aber auch im nordrheinwestfälischen Landkreis Gütersloh (Cluster 4) oder im rheinland-pfälzischen Eifelkreis Bitburg-Prüm (Cluster 5) nur jeweils rund 50 Hausärzte um 100.000 Einwohner.[53]

Wie kommt es zu einer so unterschiedlichen Entwicklung? Die Abbruchquoten sind dort am höchsten, wo auch die Arbeitslosigkeit sowie der Anteil der niedrig qualifizierten Beschäftigung besonders hoch sind.[51] Kinder aus einfachen Verhältnissen erfahren zuhause meist weniger Unterstützung als Kinder, deren Eltern beruflich erfolgreich sind. Auch fehlen ihnen positive Vorbilder, an denen sie sich orientieren können, und die sie anspornen, einen Schulabschluss anzustreben.

In Regionen, in denen die Arbeitslosigkeit hoch ist, erleben die Kinder und Jugendlichen in ihrem sozialen Umfeld zudem, dass auch ein Leben ohne Schulabschluss und ohne reguläre Arbeit möglich ist. Die Ziele werden weniger hoch gesteckt. Zusätzlich zementiert das Schulsystem diese sozialen Unterschiede. In den meisten Regionen mit den höchsten Schulabbruchquoten gibt es eine besonders hohe Zahl an Förder- und Sonderschulen. Diese tragen aber in der Regel nur wenig dazu bei, mehr Jugendlichen zum Schulabschluss zu verhelfen. Von den Schülern, die eine solche Schule besuchen, geben stattdessen besonders viele auf, ohne einen Hauptschulabschluss zu schaffen.

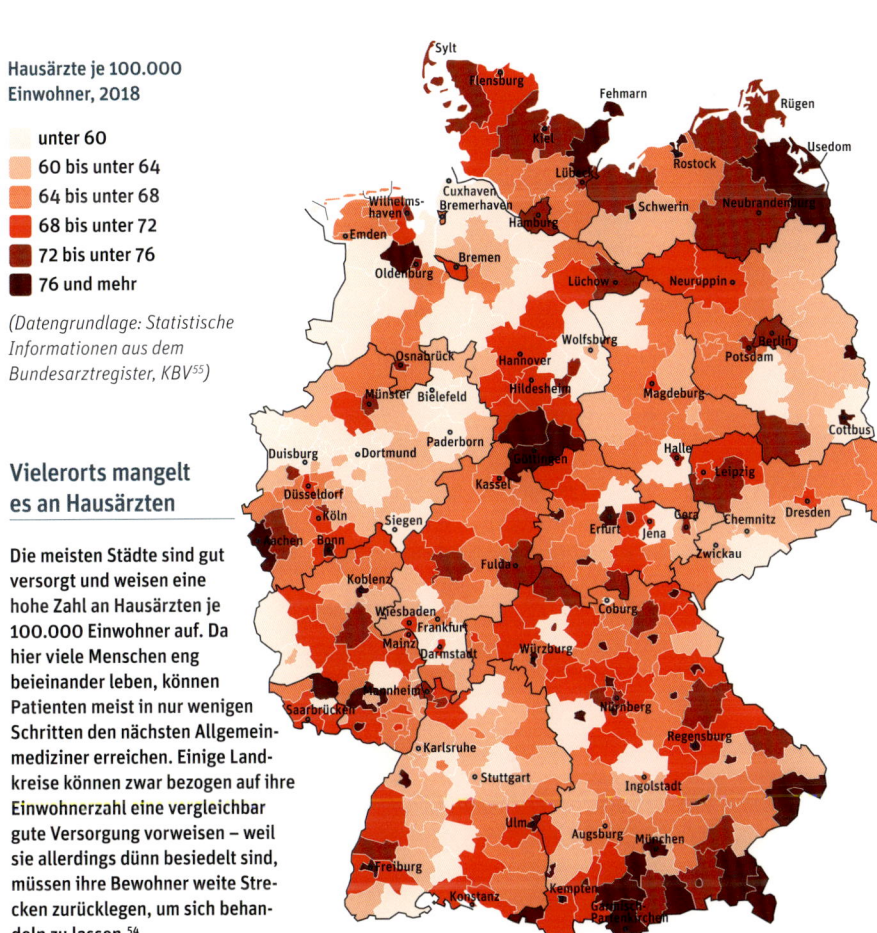

Hausärzte je 100.000 Einwohner, 2018

	unter 60
	60 bis unter 64
	64 bis unter 68
	68 bis unter 72
	72 bis unter 76
	76 und mehr

(Datengrundlage: Statistische Informationen aus dem Bundesarztregister, KBV[55])

Vielerorts mangelt es an Hausärzten

Die meisten Städte sind gut versorgt und weisen eine hohe Zahl an Hausärzten je 100.000 Einwohner auf. Da hier viele Menschen eng beieinander leben, können Patienten meist in nur wenigen Schritten den nächsten Allgemeinmediziner erreichen. Einige Landkreise können zwar bezogen auf ihre Einwohnerzahl eine vergleichbar gute Versorgung vorweisen – weil sie allerdings dünn besiedelt sind, müssen ihre Bewohner weite Strecken zurücklegen, um sich behandeln zu lassen.[54]

Kleinstädte büßen ihre Versorgungsrolle ein

Es finden sich weitere Anzeichen für eine bröckelnde Versorgungslandschaft. So können immer mehr Kleinstädte ihre Versorgungsfunktion für ihr ländliches Umfeld kaum noch erfüllen. Als Grundzentrum sollten sie eine gute Nahversorgung bieten. Doch immer mehr von ihnen verlieren ihren zentralörtlichen Status zugunsten weiter entfernter, größerer Städte. Von den in einer aktuellen Studie untersuchten 478 deutschen Kleinstädten zwischen 10.000 und 20.000 Einwohnern

konnte im Zeitraum von 2001 bis 2017 nicht einmal jede zehnte ihre Bedeutung als regionales Zentrum vergrößern. Dagegen hat sich in beinahe jeder dritten Kleinstadt das Angebot verringert.[56] Gerichte und Ämter verlassen die kleinen Städte. Krankenhäuser werden in größere Ballungszentren verlegt. Und um Bildungseinrichtungen wie Gymnasien oder Volkshochschulen zu erreichen, müssen die Menschen vom Dorf immer weitere Wege in Kauf nehmen. Versorgungseinrichtungen ziehen sich aus der Fläche zurück und konzentrieren sich in den urbanen Regionen, die ihren Bewohnern ohnehin bereits bessere Teilhabechancen bieten.

Schwache Regionen drohen den Anschluss zu verlieren

Strukturschwache Regionen, die bereits heute benachteiligt sind, drohen in eine Abwärtsspirale aus geringer wirtschaftlicher Dynamik, Einwohnerrückgang und schrumpfender Infrastruktur zu geraten. Wenn gerade junge Menschen die strukturschwachen Regionen verlassen, verlieren diese ihr künftiges demografisches und wirtschaftliches Potenzial. Ein Aufholen wird so nahezu unmöglich. Sinken in der Folge die Steuereinnahmen, können viele Kommunen die verbleibenden Bewohner immer schlechter versorgen.

Dies betrifft viele Aspekte des täglichen Lebens. Der Bus fährt vielerorts nur noch zweimal am Tag, um morgens die Kinder zur Schule zu bringen und sie nachmittags abzuholen. Wer zwischendurch von A nach B will, wartet vergebens an der Haltestelle. Das ist vor allem dann ein Problem, wenn auch der letzte Laden im Dorf angesichts mangelnder Kundschaft aufgegeben hat. Verwaiste Post- und Sparkassenfilialen oder Grundschulen, in denen kein morgendliches Läuten mehr Kinder in die Klassen strömen lässt, zeugen ebenfalls von einer schwindenden Versorgung. Die Abwanderung setzt sich fort und neue Zuzügler entscheiden sich eher selten für einen Ort, in dem die Versorgungslandschaft bereits große Lücken aufweist.[60] Ohne qualifizierte Arbeitskräfte und eine funktionierende Infrastruktur verlieren diese Orte auch bei Unternehmen an Attraktivität. Dies mindert wiederum die kommunalen Steuereinnahmen und die Gemeinden können kaum noch mit neuen Investitionen gegensteuern.[61] Die Abwärtsspirale aus schrumpfender Infrastruktur, zunehmender Perspektivlosigkeit und abwandernder Bevölkerung ist vor allem in den benachteiligten Regionen in Cluster 6 vielfach nicht mehr nur ein drohendes Schreckensszenario, sondern längst Realität.

Die demografische Kluft wird größer

Auch wenn sich bis zum Jahr 2035 die Gesamtbevölkerungszahl Deutschlands
kaum verändern dürfte, weiten sich die regionalen Unterschiede aus. Rund 60
Prozent der Kreise und kreisfreien Städte werden der Prognose zufolge bis 2035
an Bevölkerung verlieren. In der Regel sind das Gebiete, die schon zuvor Einwohner verloren haben. Besonders hart trifft es Ostdeutschland, wo neben Berlin
lediglich acht weitere Großstädte mit Wachstum zu rechnen haben, ländliche
Kreise aber durchgängig Einbußen erleiden.

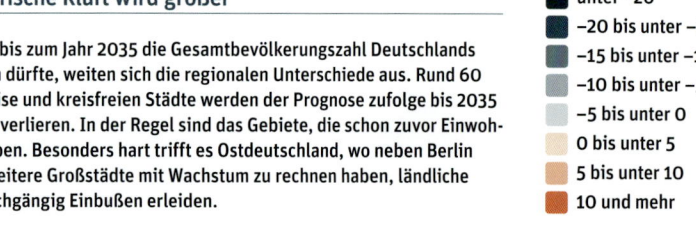

- unter −20
- −20 bis unter −15
- −15 bis unter −10
- −10 bis unter −5
- −5 bis unter 0
- 0 bis unter 5
- 5 bis unter 10
- 10 und mehr

Zensusbereinigte
Bevölkerungs-
entwicklung
zwischen 1995 und
2017, in Prozent

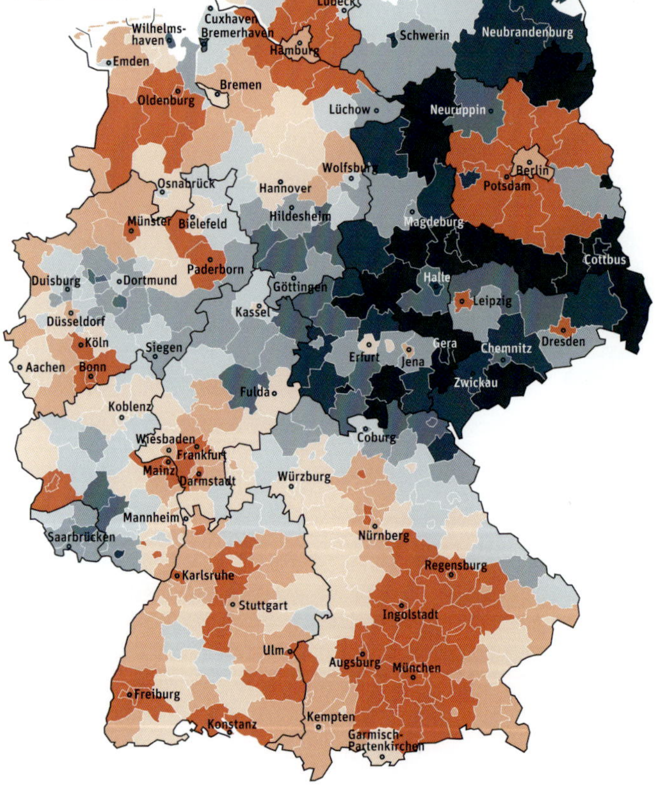

Prognostizierte
Bevölkerungs-
entwicklung
zwischen 2017 und
2035, in Prozent

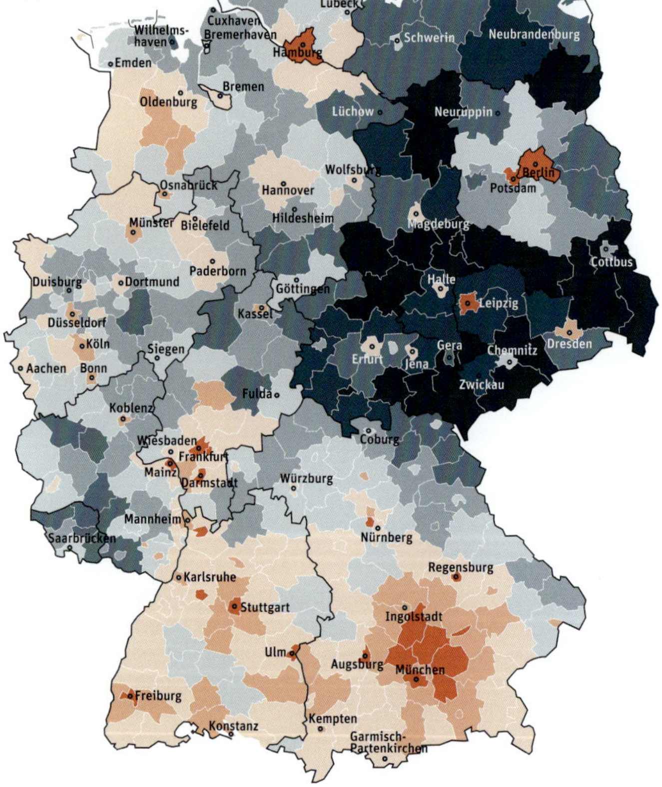

(Datengrundlage: Statistische Ämter des Bundes und der Länder[57], Berlin-Institut[58])

In der Abwärtsspirale

Strukturschwache Regionen drohen in eine Abwärtsspirale zu geraten, in der sich Bevölkerungsrückgang und schwindende Daseinsvorsorge gegenseitig verstärken. Denn die Menschen ziehen der Arbeit und der Versorgung hinterher und heizen damit das Wachstum in den prosperierenden Zentren weiter an, während ihre Herkunftsregionen den demografischen wie wirtschaftlichen Niedergang erleben.

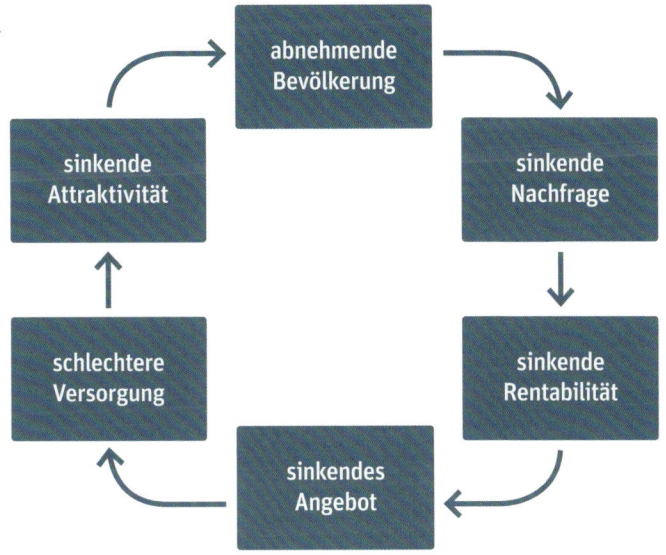

(Quelle: eigene Darstellung nach Hahne 2013 und Tautz 2018[59])

Auch einige westdeutsche Regionen betroffen

Es sind allerdings nicht ausschließlich ostdeutsche Regionen, die vor solchen Problemen stehen. Generell erleben viele ländliche und entlegene Regionen eine schwierige wirtschaftliche und demografische Entwicklung. Auch im Westen können manche Regionen nicht mit den prosperierenden Ballungsräumen mithalten und geraten ins Hintertreffen. Die Mehrzahl der ländlichen Regionen in Deutschland hat mit dem Wegzug vor allem junger Menschen zu kämpfen. Auch einzelne Regionen in Schleswig-Holstein, in Niedersachsen und Rheinland-Pfalz und im Saarland befinden sich in Cluster 6 und stehen damit vor vergleichbaren Problemen wie die meisten ostdeutschen Regionen. Die Arbeitsmarktlage ist angespannt, die Kommunen sind vergleichsweise arm. Die Schulabbrecherquoten sind hoch, die Perspektiven vieler Menschen schlecht.

Auch die Regionen in Cluster 5, die den ländlichen Raum Nord- und Westdeutschlands sowie Nord- und Ostbayerns prägen, weisen bereits einige Hürden beim Zugang zu gesellschaftlicher Teilhabe auf. Zwar stehen sie im Schnitt besser da als die Regionen in Cluster 6, doch sie entfalten nicht annähernd die Anziehungskraft auf junge Menschen, wie es etwa die meisten größeren Städte tun. Diese Regionen müssen aufpassen, dass sich die Probleme, die sich vielerorts auf dem Land stellen, nicht verfestigen und verschärfen. Auch ihnen droht der Abstieg und ihren Einwohnern der Verlust von sozialen Teilhabechancen.

Geringe Teilhabechancen in Städten schrecken junge Leute nicht ab

Zwar weisen auch die Städte, die in Cluster 3 zusammengefasst wurden, in vielerlei Hinsicht Teilhabedefizite auf, dennoch sind für die meisten von ihnen die Zukunftsaussichten besser. Sie schaffen es, junge Leute anzuziehen. Die Städte entwickeln sich und können darauf hoffen, gegenüber den bislang erfolgreicheren Städten aufzuholen. Das beste Beispiel für diesen Prozess ist die Stadt Leipzig. Die größte Stadt in den ostdeutschen Flächenländern erlebt eine rasante Entwicklung und hat sich zu einem Wachstumsmotor für die gesamte Region gemausert. Trotz der noch immer bestehenden Teilhabedefizite übt deutschlandweit kaum eine andere Stadt eine ähnliche Anziehungskraft auf junge Leute aus.

Den seit 2012 insgesamt positiven Wanderungssaldo der ostdeutschen Bundesländer tragen fast ausschließlich die ostdeutschen Städte.[62] Mithilfe der Städtebauförderung konnten sie aufgewertet werden und sind mittlerweile in vielen Aspekten attraktiver als die sie umgebenden Landkreise. Der strukturelle Wandel der Nachwendezeit ist hier zu einem guten Teil bewältigt und viele der Städte verfügen über zukunftsträchtige Arbeitsplätze und moderne Universitäten, die zahlreiche junge Menschen aus den ostdeutschen Ländern, aus Westdeutschland und dem Ausland anziehen.[63] Trotz noch immer bestehender Teilhabedefizite können einige dieser Städte darauf hoffen, bald zu den erfolgreichen Zentren im Westen aufzuschließen.

1.7 Anderer Wohnort – weniger Teilhabe und anderes Wahlverhalten?

Die Analyse zeigt: Der Wohnort spielt eine wichtige Rolle, wenn es darum geht, über welche Teilhabechancen jede und jeder Einzelne verfügt. Die Menschen in der Stadt sind besser angebunden und versorgt mit Dienstleistungen und Gütern des alltäglichen Bedarfs. Das Angebot an Jobs sowie die Möglichkeiten zur Ausbildung sind ebenfalls vielfältiger. Zusammen mit den zuvor genannten Faktoren führt das dazu, dass viele junge Menschen sich entscheiden, vom Land in die Stadt zu ziehen – je nachdem, in welchem Winkel der Republik sie leben, mehr oder weniger.

Benachteiligung ist Realität

In einem reichen, hochentwickelten Land wie Deutschland muss „Abgehängtsein" in einem relativen Sinn verstanden werden. In der Altmark in Sachsen-Anhalt bieten sich den Menschen im globalen Vergleich trotz aller Probleme sehr gute Möglichkeiten, sich zu verwirklichen und an der gesellschaftlichen Entwicklung teilzuhaben. Im Vergleich mit einem der wohlhabenden und erfolgreichen Kreise Süddeutschlands zeigt sich jedoch, dass die Menschen in der Altmark benachteiligt sind.

Dies dürfte auf viele Bewohner der abgelegenen, ländlichen Regionen des Clusters 6 zutreffen. Das bundesweite Wirtschaftswachstum und der steigende Wohlstand kommen häufig nicht bei ihnen an. Auch die Bewohner der Städte in Cluster 3 – und hier vor allem jene, die in sozial benachteiligten Stadtteilen leben – haben geringere Teilhabechancen. Zwar liegen die meisten Versorgungsangebote in der direkten Nachbarschaft und die Kinder können die Schule gut erreichen. Aber gerade in den Schulen sammeln sich die Probleme der Viertel. Unter der fehlenden sozialen Durchmischung leidet oft die Qualität des Unterrichts, was die Zukunftsperspektiven der ohnehin benachteiligten Kinder negativ beeinflusst und soziale Unterschiede verfestigt.[64]

Unterm Strich zählen aber in erster Linie ländliche Regionen des Clusters 6 zu den abgehängten Regionen. Diese Landkreise sind wirtschaftlich schlecht aufgestellt, es fehlt an Geld, Jobs und Perspektiven. Aufgrund ihrer ländlich-peripheren Lage kommt hinzu, dass die Daseinsvorsorge und andere Versorgungsleistungen sich immer weiter aus der Fläche zurückziehen. Wenn dann der letzte Dorfladen schließt und der Bus nicht mehr fährt, hält es immer weniger Menschen im Ort. Die Abwärtsspirale von Abwanderung und schrumpfender Infrastruktur ist vielerorts bereits Realität.

Diese Regionen liegen überwiegend im Osten des Bundesgebiets. Auch nach bald drei Jahrzehnten haben sie den Anschluss an das wirtschaftliche und infrastrukturelle Niveau der meisten Regionen im Westen noch nicht geschafft. Und die Zukunft verspricht kaum Besserung. Denn im Osten sind besonders viele dünn besiedelte und entlegene Landstriche anzutreffen. Solche Gebiete haben es auch im alten Bundesgebiet zunehmend schwer. Gerade sie können mit der Entwicklung in den prosperierenden Zentren nicht mithalten und fallen zurück. Wenn die Teilhabechancen in diesen Regionen sich mittelfristig nicht verbessern, kann dies bei den Menschen zu Resignation oder Frustration führen.

Wählen Abgehängte AfD?

Wie aber äußert sich dieser Frust? Nehmen die Bürgerinnen und Bürger ihr Schicksal selbst in die Hand? Werden sie politisch aktiv? Oder beschränken sie sich auf den stillen Protest und geben ihre Stimme am Wahltag populistischen Kräften?

Diese Frage ist nicht eindeutig zu beantworten. In den neuen Bundesländern befindet sich zwar die Mehrzahl jener Regionen, die am ehesten als abgehängt bezeichnet werden können, und hier haben bei der Bundestagswahl 2017 auch anteilig die meisten Menschen die AfD gewählt. Allerdings fiel auch hier das Ergebnis nicht einheitlich aus. So konnte die Partei in Sachsen mit Abstand die meisten Wähler von sich überzeugen. Sachsen ist aber mitnichten das am stärksten „abgehängte" Bundesland. Und Dresden fällt als Hauptstadt der Pegida-Bewegung sogar in das Cluster 2, bietet seinen Einwohnern also immerhin bundesweit durchschnittliche Teilhabechancen.

Betrachtet man hingegen das alte Bundesgebiet, muss man die Frage, ob geringere Teilhabechancen mit höheren Wahlergebnissen rechtspopulistischer Parteien einhergehen, relativ klar mit nein beantworten. Bei der Bundestagswahl 2017 konnte die AfD im prosperierenden, teilhabestarken Süden des Landes deutlich bessere Ergebnisse einfahren als in den benachteiligten Regionen im Westen und Nordwesten.

Neben den Teilhabechancen scheinen also auch andere Faktoren das Wahlverhalten zu beeinflussen. Beispielsweise Abstiegs- und Verlustängste. Ängste sind stark subjektiv geprägt und müssen nicht mit der objektiven, messbaren Faktenlage übereinstimmen. Auch kulturelle Unterschiede prägen das Wahlverhalten. Die Menschen in den südlichen Bundesländern wählen traditionell konservativer als jene im Norden. In Bayern fuhr mit der CSU eine konservative Partei bei fast jeder Wahl die absolute Mehrheit ein. In Baden-Württemberg konnten die rechtsextremen Republikaner schon in den 1990er Jahren mancherorts zweistellige Ergebnisse verbuchen.

Viele Menschen in den ostdeutschen Bundesländern hatten teilungsbedingt nie eine starke Bindung an die alten Volksparteien der Bundesrepublik. Die SED-Nachfolgepartei PDS und später Die Linke waren hier seit der Wende immer deutlich stärker als in den alten Bundesländern. Auch Die Linke ist eine Partei, die Unzufriedene anzieht, und viele wählen sie aus Protest gegen die etablierten Parteien. Die Tatsache, dass bei der letzten Bundestagswahl gerade die Linke viele Stimmen an die AfD verloren hat, ist ein Hinweis darauf, dass diesen Wählern der Protest wichtiger ist als die Weltanschauung.

Wie schwierig es ist, aus einer Benachteiligung auf das Wahlverhalten zu schließen, zeigt auch eine Analyse der sieben Landtagswahlen zwischen 2014 und 2016. Auf Kreisebene hingen eine hohe Arbeitslosigkeit, wenige Ausländer sowie ein geringer Anteil höher Gebildeter mit einem guten Wahlergebnis der Rechtspopulisten zusammen. Auf individueller Ebene hingegen hing über alle sieben Bundesländer hinweg die Wahlentscheidung für die AfD mit geringer Bildung, einer rechten soziokulturellen Einstellung und der Überzeugung zusammen, dass die Regierung schlechte Arbeit geleistet habe. Daneben gab es in den einzelnen Bundesländern weitere Faktoren für die Wahlentscheidungen. Wählern in Rheinland-Pfalz genügte eine allgemeine Demokratieunzufriedenheit, um das Kreuz bei den Rechtspopulisten zu machen. Für die Menschen aus Baden-Württemberg war ein mangelndes Verbundenheitsgefühl zur Europäischen Union entscheidend.[65] Neue Studien, die sich auf die Bundestagswahl 2017 konzentriert haben, kommen teilweise zu wieder anderen Schlussfolgerungen und zeigen, wie unklar der Zusammenhang zwischen Benachteiligung und Wahlverhalten bislang ist. Bildung und Arbeitslosigkeit hatten demnach keinen signifikanten Effekt auf das Wahlergebnis der AfD. Ein überdurchschnittlicher Anteil von Ausländern wirkte sich hingegen positiv auf das Wahlergebnis der Partei aus. Darüber hinaus erzielte die AfD im Durchschnitt in jenen Wahlkreisen überproportionale Ergebnisse, in denen der Anteil der älteren Bevölkerung, die Dichte von Handwerksunternehmen und der Anteil von sozialversicherungspflichtig Beschäftigten im verarbeitenden Gewerbe hoch waren. Schlechter waren die Ergebnisse der AfD dagegen in Wahlkreisen, in denen die Menschen überdurchschnittliche Haushaltseinkommen zur Verfügung hatten.[66]

Wie reagiert die Politik?

Die Wahlerfolge der AfD waren und sind weiterhin größer und flächendeckender als von anderen rechtsextremen Parteien in den Jahrzehnten zuvor, die nach einer Wahlperiode meist an ihrer eigenen Unfähigkeit scheiterten und wieder aus den Parlamenten verschwanden. Die etablierten Parteien waren also gezwungen, sich anders mit der neuen Partei am rechten Rand des Spektrums auseinanderzusetzen. Die Reaktionen reichten von Entrüstung über Wählerbeschimpfungen

bis hin zur Übernahme von AfD-Themen und Aktionismus. Vergleichsweise spät begann die Politik, nach tatsächlichen Ursachen für Unzufriedenheit und Politikverdrossenheit zu suchen. In dieser Gemengelage haben auch der ländliche Raum und der Begriff der Heimat eine neue Aufmerksamkeit erlangt. Denn dort, in den vermeintlich oder tatsächlich abgehängten Regionen, so das erklärte Ziel, sollen die Wähler zurückgewonnen werden.

Die Grünen fordern eine neue Gemeinschaftsaufgabe „Regionale Daseinsvorsorge", welche die bereits existierenden Förderinstrumente der Gemeinschaftsaufgaben „Verbesserung der regionalen Wirtschaftsstruktur" und „Verbesserung der Agrarstruktur und des Küstenschutzes" ergänzen soll. Die regierende große Koalition aus CDU/CSU und SPD hat die Heimat in den Namen des Innenministeriums unter dem ehemaligen bayerischen Ministerpräsidenten Horst Seehofer aufgenommen. Als Kern seiner Arbeit versteht das „Heimatministerium", gleichwertige Lebensverhältnisse im gesamten Bundesgebiet zu schaffen und den gesellschaftlichen Zusammenhalt zu stärken. Ein neues gesamtdeutsches Fördersystem soll zudem ab 2020 strukturschwachen Regionen helfen.

1.8 Stimmt das Lebensgefühl vor Ort mit der Faktenlage überein?

Doch fühlen sich die Menschen in den Regionen, die objektiv weniger Teilhabechancen bieten, tatsächlich abgehängt? Oder werden die Folgen bestehender Teilhabedefizite durch gesellschaftlichen Zusammenhalt und soziales Engagement abgefedert? Vorstellbar wäre, dass die Menschen in den benachteiligten Regionen bereits flexible Lösungen gefunden haben, um die Lebensqualität in ihren Ortschaften aus eigener Kraft zu erhalten. Möglicherweise haben sie sich auf ihrem Niveau eingerichtet, ihre Erwartungen

angepasst und damit ihr Glück gefunden. Oder ihre Erwartungen waren nie so hoch wie in den prosperierenden Regionen. Es ist denkbar, dass auch in vermeintlich benachteiligten Regionen die Menschen optimistisch in die Zukunft blicken, dass sie dort andere Privilegien wahrnehmen, die sie in wohlhabenden Städten nie haben könnten und so das Gefühl gewinnen, ausreichend an der Gesellschaft teilzuhaben.

Umgekehrt können sich aber auch Menschen subjektiv als abgehängt einstufen, die in prosperierenden Regionen mit objektiv betrachtet hervorragenden Teilhabechancen leben. Womöglich sorgt dort die Angst vor dem finanziellen und sozialen Abstieg und dem Verlust gesellschaftlicher Errungenschaften dafür, dass sich ein pessimistisches Lebensgefühl einstellt. Oder die Menschen haben den Eindruck, dass das, was sie in der Zeitung lesen, im Fernsehen sehen oder aus den sozialen Netzwerken mitbekommen, nichts mehr mit ihrer eigenen Lebenswirklichkeit zu tun hat. Politikverdrossenheit, Demokratiemüdigkeit oder das Gefühl, „die da oben in Berlin" interessierten sich nicht für die Belange der kleinen Bürger, sind fast zwangsläufige Folgen.

Um zu untersuchen, ob messbare und gefühlte Teilhabechancen deckungsgleich oder verschieden sind, haben wir im folgenden zweiten Teil der Studie ausgewählte Regionen besucht und zahlreiche Bewohner befragt. Ziel war zu erfahren, wie die Menschen selbst ihre Situation vor Ort einschätzen. Sehen sie die Entwicklung ihrer Regionen oder Kommunen insgesamt eher positiv oder negativ? Fühlen sie sich abgeschnitten von den großen gesellschaftlichen Trends wie der Globalisierung oder der Digitalisierung? Sehen sie sich in Konkurrenz zu „neuen" gesellschaftlichen Gruppen, denen die Politik gerade viel Aufmerksamkeit schenkt, wie Geflüchteten oder anderen Migranten?

2 | DIE BEFRAGUNG: WAHR-NEHMUNG UND WIRKLICHKEIT

In 15 ausgewählten Kreisen und Städten (rot eingerahmt) haben Bewohner mit und ohne Funktionen in Politik und Gesellschaft Auskunft darüber gegeben, wie es sich in ihrer Region lebt und wie sie die Teilhabechancen einschätzen. Ziel der Befragung war herauszufinden, inwieweit sich die Wahrnehmung der Menschen mit den Daten der Clusteranalyse im ersten Teil der Studie deckt. Die Auswahl der 15 Regionen erfolgte in erster Linie danach, ob sie dem Durchschnitt des jeweiligen Clusters entsprechen.

(Datengrundlage: Statistische Ämter des Bundes und der Länder, BBSR, eigene Berechnungen)

Gütersloh — 1
Landkreis, Cluster 4

SGB II: 6,5 Prozent
Einkommen: 24.271 Euro
Steuereinnahmen: 1.086 Euro
Schulabbrecher: 6,7 Prozent
Lebenserwartung: 81,7 Jahre
Wanderungssaldo: 8,2 je 1.000
Breitband: 71 Prozent
Versorgung: 1
(31.12.2018): 364.083
Fläche: 969 km²
Bevölkerungsdichte: 376 /km²
Porträt S. 72

Gelsenkirchen — 2
Kreisfreie Stadt, Cluster 3

SGB II: 24,9 Prozent
Einkommen: 16.203 Euro
Steuereinnahmen: 682 Euro
Schulabbrecher: 10 Prozent
Lebenserwartung: 78,5 Jahre
Wanderungssaldo: 14,3 je 1.000
Breitband: 97,3 Prozent
Versorgung: 6
(31.12.2018): 260.654
Fläche: 105 km²
Bevölkerungsdichte: 2.484 /km²
Porträt S. 48

Heilbronn — 3
Stadt- und Landkreis, Cluster 1/4

SGB II: 8,9/4,2 Prozent
Einkommen: 32.366/24.123 Euro
Steuereinnahmen: 1.103/1.016 Euro
Schulabbrecher: 6,7/6,2 Prozent
Lebenserwartung: 80,7/81,6 Jahre
Wanderungssaldo: 52/15 je 1.000
Breitband: 82,3/70,1 Prozent
Versorgung: 6/3
(31.12.2018): 125.960/343.068
Fläche: 100/1.100 km²
Bev.dichte: 1.261/312 /km²
Porträt S. 54

Ludwigshafen am Rhein — 4
Kreisfreie Stadt, Cluster 3

SGB II: 15,6 Prozent
Einkommen: 19.390 Euro
Steuereinnahmen: 1.106 Euro
Schulabbrecher: 14,2 Prozent
Lebenserwartung: 80,4 Jahre
Wanderungssaldo: 33,6 je 1.000
Breitband: 94,3 Prozent
Versorgung: 6
(31.12.2018): 171.061
Fläche: 78 km²
Bevölkerungsdichte: 2.206 /km²
Porträt S. 61

Stuttgart — 5
Kreisfreie Stadt, Cluster 1

SGB II: 8,2 Prozent
Einkommen: 25.012 Euro
Steuereinnahmen: 1.347 Euro
Schulabbrecher: 6,9 Prozent
Lebenserwartung: 82,4 Jahre
Wanderungssaldo: 69,2 je 1.000;
Breitband: 85,8 Prozent
Versorgung: 6
(31.12.2018): 634.830
Fläche: 207 km²
Bevölkerungsdichte: 3.062 /km²
Porträt S. 66

Ostalbkreis — 6
Landkreis, Cluster 4

SGB II: 4 Prozent
Einkommen: 23.888 Euro
Steuereinnahmen: 1.044 Euro
Schulabbrecher: 5,2 Prozent
Lebenserwartung: 81,7 Jahre
Wanderungssaldo: 8,3 je 1.000
Breitband: 78,6 Prozent
Versorgung: 2
(31.12.2018): 314.002
Fläche: 1.512 km²
Bevölkerungsdichte: 208 /km²
Porträt S. 38

Tirschenreuth — 7
Landkreis, Cluster 5

SGB II: 3,5 Prozent
Einkommen: 21.082 Euro
Steuereinnahmen: 852 Euro
Schulabbrecher: 3,2 Prozent
Lebenserwartung: 79,6 Jahre
Wanderungssaldo: − 9,8 je 1.000
Breitband: 63,5 Prozent
Versorgung: 1
(31.12.2018): 72.504
Fläche: 1.084 km²
Bevölkerungsdichte: 67 /km²
Porträt S. 45

Schleswig-Flensburg 8

Landkreis, Cluster 6

SGB II: 8,6 Prozent
Einkommen: 21.871 Euro
Steuereinnahmen: 707 Euro
Schulabbrecher: 8,4 Prozent
Lebenserwartung: 80,3 Jahre
Wanderungssaldo: -15,5 je 1.000
Breitband: 49,9 Prozent
Versorgung: 1
(31.12.2018): 200.025
Fläche: 2.071 km²
Bevölkerungsdichte: 97 /km²
Porträt S. 70

Hamburg 9

Kreisfreie Stadt, Cluster 1

SGB II: 12,4 Prozent
Einkommen: 24.421 Euro
Steuereinnahmen: 1.369 Euro
Schulabbrecher: 5,3 Prozent
Lebenserwartung: 80,9 Jahre
Wanderungssaldo: 59,8 je 1.000
Breitband: 96,5 Prozent
Versorgung: 6
(31.12.2018): 1.841.179
Fläche: 755 km²
Bevölkerungsdichte: 2.430 /km²
Porträt S. 58

Ludwigslust-Parchim 10

Landkreis, Cluster 6

SGB II: 8,8 Prozent
Einkommen: 19.149 Euro
Steuereinnahmen: 607 Euro
Schulabbrecher: 8,3 Prozent
Lebenserwartung: 79,8 Jahre
Wanderungssaldo: -12 je 1.000
Breitband: 41,6 Prozent
Versorgung: 1
(31.12.2018): 212.618
Fläche: 4.752 km²
Bevölkerungsdichte: 45 /km²
Porträt S. 51

Cottbus 11

Kreisfreie Stadt, Cluster 3

SGB II: 17 Prozent
Einkommen: 19.983 Euro
Steuereinnahmen: 666 Euro
Schulabbrecher: 8,6 Prozent
Lebenserwartung: 79,9 Jahre
Wanderungssaldo: 16,4 je 1.000
Breitband: 95 Prozent
Versorgung: 5
(31.12.2018): 100.219
Fläche: 165 km²
Bevölkerungsdichte: 607 /km²
Porträt S. 44

Rotenburg (Wümme) 12

Landkreis, Cluster 5

SGB II: 5,8 Prozent
Einkommen: 21.472 Euro
Steuereinnahmen: 741 Euro
Schulabbrecher: 5,6 Prozent
Lebenserwartung: 80,3 Jahre
Wanderungssaldo: − 4,9 je 1.000
Breitband: 61,7 Prozent
Versorgung: 1
(31.12.2018): 163.455
Fläche: 2.070 km²
Bevölkerungsdichte: 79 /km²
Porträt S. 42

Braunschweig 13

Kreisfreie Stadt, Cluster 2

SGB II: 9,1 Prozent
Einkommen: 21.419 Euro
Steuereinnahmen: 994 Euro
Schulabbrecher: 6,3 Prozent
Lebenserwartung: 80,5 Jahre
Wanderungssaldo: 49,7 je 1.000
Breitband: 95,5 Prozent
Versorgung: 5
(31.12.2018): 248.292
Fläche: 192 km²
Bevölkerungsdichte: 1.292 /km²
Porträt S. 35

Mansfeld-Südharz 14

Landkreis, Cluster 6

SGB II: 15,4 Prozent
Einkommen: 18.203 Euro
Steuereinnahmen: 422 Euro
Schulabbrecher: 11,7 Prozent
Lebenserwartung: 79,6 Jahre
Wanderungssaldo: −19,8 je 1.000
Breitband: 38 Prozent
Versorgung: 1
(31.12.2018): 138.013
Fläche: 1.449 km²
Bevölkerungsdichte: 95 /km²
Porträt S. 63

Dresden 15

Kreisfreie Stadt, Cluster 2

SGB II: 10 Prozent
Einkommen: 18.922 Euro
Steuereinnahmen: 754 Euro
Schulabbrecher: 7,8 Prozent
Lebenserwartung: 82,3 Jahre
Wanderungssaldo: 50,4 je 1.000
Breitband: 84,3 Prozent
Versorgung: 6
(31.12.2018): 554.649
Fläche: 328 km²
Bevölkerungsdichte: 1.689 /km²
Porträt S. 41

SGB II: Anteil der Leistungsberechtigten nach dem SGB II an der Bevölkerung unter 65 Jahren, 2017
Einkommen: Jährliches verfügbares Haushaltseinkommen je Einwohner, 2016
Steuereinnahmen: kommunale Steuereinnahmekraft je Einwohner, 2017
Schulabbrecher: Anteil der Schulabgänger ohne Hauptschulabschluss an allen Absolventen, 2017
Lebenserwartung: Lebenserwartung von Neugeborenen auf Basis der Jahre 2013 bis 2015
Wanderungssaldo: durchschnittlicher jährlicher Wanderungssaldo der 18- bis 29-Jährigen je 1.000 Einw. der Altersgruppe, 2013 bis 2017
Breitband: Anteil Haushalte mit mindestens 50 Megabit pro Sekunde, 2017
Versorgung: Anzahl der näher als 1 km gelegenen Arten von Versorgungseinrichtungen (Apotheken, Hausärzte, Supermärkte, Grundschulen, Oberschulen, Haltestellen d. öffentl. Nahverkehrs mit min. 10 Abfahrten am Tag), 2014, 2015, 2016

2.1 Reisen in unterschiedliche Regionen

Spiegelt sich in den Zahlen aus dem ersten Teil dieser Studie wider, was die Menschen wahrnehmen? So lautete die Ausgangsfrage für den zweiten Teil. Um die gefühlten Teilhabechancen mit den erhobenen Daten abzugleichen, sind wir im ersten Quartal 2019 in 15 der insgesamt 401 Kreise und kreisfreien Städten Deutschlands gereist und haben insgesamt fast 300 Einzelinterviews und Gruppengespräche geführt.

Die qualitative Befragung folgte einem Leitfaden. Dieser immer gleiche Fragenkatalog ermöglicht es, Unterschiede in den Einschätzungen zu bestimmten Themen zu erfassen, einzuordnen und zu vergleichen. Im Verlauf der Gespräche ergaben sich darüber hinaus weitere Fragen, wenn zum Beispiel die Gesprächspartner auf Besonderheiten ihrer Region hinwiesen oder wir Auskünfte erhielten, die sich für Außenstehende nicht auf Anhieb erschlossen. Insbesondere die Gruppengespräche, an denen zwischen 2 und 35 Personen teilnahmen, entwickelten meist eine eigene Dynamik, etwa wenn sich eine lebhafte Diskussion um ein Thema entspann, das die Teilnehmer offensichtlich umtreibt, zu dem aber die Meinungen auseinander gingen. Je nach Auskunftsfreudigkeit der Interviewten dauerten die Einzelgespräche zwischen 30 und 60 Minuten, die Gruppengespräche bis zu 90 Minuten. Um den Gesprächspartnern den Einstieg zu erleichtern, lautete die erste Frage stets: Was finden Sie gut an der Region, in der Sie leben? (zur Methodik und zu den Fragen siehe S. 80)

In allen 15 Regionen haben wir einige Wochen vor dem jeweils festgelegten Termin möglichst breit gestreut zum Gespräch eingeladen. Auf Anschreiben an Politik, Verwaltung, Wirtschafts- und Wohlfahrtsverbände, weiterführende und Berufsschulen, Kirchengemeinden, zivilgesellschaftliche Organisationen und Medien meldeten sich deren Vertreter zurück. Auf die Bitte an diese, die Einladung weiter zu verbreiten, gingen auch Anmeldungen von Bürgern ohne spezielle Funktionen ein. Interviews sagten schließlich insgesamt 87 Personen in politischen und Verwaltungsfunktionen zu: Landräte, Bürgermeister, Stadtverordnete, Kreistagsabgeordnete, Parteimitglieder, Referenten für Soziales, Jugendhilfe oder Arbeit, Stadtentwickler, Senioren- und Jugendbeiräte und andere mehr. Dazu kamen 87 Haupt- und Ehrenamtliche aus verschiedenen Bereichen, die als Experten über regionale Teilhabechancen und Befindlichkeiten ihrer Zielgruppen Auskunft gaben. Darunter waren Pfarrer, Geschäftsführer von Wirtschaftsorganisationen, Leiter von Schulen und Jugendhäusern, Vertreter von Sozialeinrichtungen, von Bürgerinitiativen und Vereinen sowie Journalisten.

87 Personen in öffentlichen Funktionen und 87 andere Experten bildeten zusammen somit die Mehrheit gegenüber insgesamt 118 Bürgern, die sich zu Einzel- oder Gruppengesprächen eingefunden haben. Letztere füllten jeweils auch anonyme Fragebögen aus, denen zu entnehmen war, dass es sich mehr-

heitlich um relativ gut gebildete, beruflich aktive und häufig ehrenamtlich engagierte Bürger handelte. Ebenso wie die Experten sprachen sie nicht nur über ihre individuellen Teilhabechancen, sondern gaben uns auch einen Einblick in die Möglichkeiten und Einschränkungen anderer, benachteiligter gesellschaftlicher Gruppen in ihrer Region. Letztere waren weder über unseren Verteiler noch auf spontane Einladung zu gewinnen – sei es aus Mangel an Zeit oder Interesse, sei es aus Skepsis oder Scham. Die stellvertretenden Aussagen konnten diese Befragungslücke teilweise schließen. Sie bereicherten somit das Gesamtbild davon, wie sich die Teilhabechancen in dem Kreis oder der Stadt ausdifferenzieren.

In einigen Städten hatten die angesetzten Termine für Gruppengespräche gar keinen Zulauf, sodass diese ausfielen. Ein Grund mag darin liegen, dass im urbanen Umfeld häufig eine Vielfalt an Podiumsdiskussionen, Bürgerdialogen und ähnlichen Veranstaltungen um Aufmerksamkeit buhlt und ein Gefühl der Übersättigung erzeugt. Ein weiterer Grund könnte sein, dass in Städten meist eine gute Versorgung vorhanden ist und diese auch als selbstverständlich wahrgenommen wird. Anders in ländlichen Regionen: Hier zeigte sich ein großes Bedürfnis, gerade über diesen Aspekt der Teilhabechancen zu sprechen. Das äußerte sich in meist zahlreicher und sehr reger Beteiligung an den Diskussionsrunden.

Die Auswahl der 15 Regionen folgte nicht etwa einer Rangliste, wie manche Interviewpartner vermuteten, sondern geschah systematisch nach folgenden Kriterien: Aus jedem der sechs Cluster haben wir zwei Regionen ausgesucht, die mit ihren Daten den Durchschnitt des jeweiligen Clusters abbilden und somit exemplarisch für dieses stehen. Dabei haben wir darauf geachtet, dass die Regionen möglichst gleichmäßig über das ganze Bundesgebiet verteilt sind. Zu diesen insgesamt zwölf Regionen kamen drei Ausreißer, die bei einzelnen Werten deutliche Auffälligkeiten zeigten (siehe Methodik, S. 80).

2.2 „Heimatgefühle" in Stadt und Land

Wer geblieben ist, lebt meist gerne da

Eine qualitative Befragung ergibt keine repräsentativ auswertbaren Ergebnisse, sondern sammelt verschiedene subjektive Aussagen. Diese liefern in ihrer Gesamtheit jedoch einen guten Einblick in das Lebensgefühl einer Region: Welche Themen treiben die Menschen in Stadt und Land um? Wie nehmen sie die Entwicklung wahr und in welcher Stimmung blicken sie in die Zukunft?

Was die Menschen beschäftigt und über ihre Teilhabechancen bestimmt, ist je nach Wohnort unterschiedlich. In eher strukturschwachen Regionen machen den Gesprächspartnern vor allem die ausgedünnte Daseinsvorsorge und der Mangel an Perspektiven zu schaffen. In Städten klagen die Bewohner dagegen über steigende Mieten und Verkehrsstau. Der Blick auf die Teilhabe-Landkarte im ersten Teil dieser Studie (S. 12) zeigt, dass es Regionen mit objektiv guten sozialen und wirtschaftlichen Indikatoren gibt und solche mit schlechten. Das legt die Vermutung nahe, die Bewohner objektiv schlecht eingestufter Gebiete müssten längst ihre Koffer gepackt haben und in Kreise oder Städte umgezogen

> „Heimat ist da, wo man Familie hat, wo man aufgewachsen ist. Wenn du rausgehst und eine halbe Stunde lang keinen Menschen siehst, dann bist am Land. Das ist etwas, was wo ich sehr schätze. Es gibt auf der ganzen Welt nix Krasseres und Schöneres als hier zu wohnen."*
> (Tirschenreuth)

* Die Auswahl von Originalzitaten aus den Gesprächen in den 15 Regionen im Folgenden gibt die Vielfalt übereinstimmender, aber auch abweichender Einschätzungen wieder.

sein, die ihnen ein besseres Leben versprechen. Doch in fast allen Regionen, selbst in objektiv strukturschwachen, sagen die Interviewten, dass sie gerne dort leben – auch wenn es so manches zu bemängeln gibt.

Eine Erklärung liegt auf der Hand: Wir haben nur diejenigen angetroffen, die dort geblieben, zurückgekehrt oder aber hingezogen sind und Gründe fanden, zu bleiben. In Stadt und Land, selbst in schlecht eingestuften Regionen wie Gelsenkirchen oder Mansfeld-Südharz war häufig zu hören: „Das ist meine Heimat" oder „Ich bin hier geboren und wollte nie weg". In einer Region aufgewachsen zu sein, Familie und langjährige Freunde um sich zu haben, schafft bei vielen ein starkes Gefühl der Bindung. Am deutlichsten ausgeprägt zeigen sich solche Heimatgefühle im wirtschaftlich gut aufgestellten bayerischen Landkreis Tirschenreuth, zusammengefasst in der Aussage: „So richtig schlecht läuft hier nix. Wenn man hier lebt, schaut ma eh positiv auf die Sache." Besonders diejenigen, die eine Zeitlang für Studium und Beruf in Städten unterwegs waren, preisen die Vorzüge des Lebens in Tirschenreuth: zum einen die Beschaulichkeit und Übersichtlichkeit, zum anderen, dass man wegen niedriger Lebenskosten besser mit dem Gehalt zurechtkomme als in den Großstädten. Ein Berufssoldat meinte: „Wenn mein Dienstgrad in Tirschenreuth lebt, ist er gut situiert, wenn der gleiche Mensch in München lebt, ist er eine Kirchenmaus."

In grellem Kontrast dazu steht die Aussage, die in Ludwigshafen, der Industriestadt am Rhein mit ihren vielen Problemlagen, häufig zu hören war: In der Ludwigshafener Innenstadt wohne nur, wer es sich nicht leisten könne, in bessere Stadtviertel oder nach Mannheim zu ziehen. Das deutet schon darauf hin, dass es nicht nur zwischen den Regionen, sondern auch innerhalb einer Stadt oder eines Landkreises große Unterschiede gibt, sowohl bei den realen Teilhabechancen als auch bei der empfundenen Verbundenheit mit dem Wohnort.

Braunschweig: Überschaubare „Großstadt der kurzen Wege"

Die Residenzstadt Heinrichs des Löwen blickt auf eine wechselvolle Geschichte. Wegen der vielen Industriebetriebe erlebte sie im Zweiten Weltkrieg verheerende Bombenangriffe. Die Innenstadt lag fast vollständig in Trümmern, vom Schloss war nur eine Ruine übrig. Sie wurde 1960 abgerissen, im Zuge des Wiederaufbaus zu einer „modernen", das heißt autogerechten Stadt. Noch heute gelangen Autofahrer auf mehrspurigen Straßenschneisen bis ins Herz Braunschweigs. Dort finden sie nicht nur die übliche Fußgängerzone mit Geschäften und Restaurants, sondern seit 2007 auch ein gigantisches Einkaufszentrum mit Parkhaus – hinter der rekonstruierten Fassade des Schlosses.

Braunschweig ist kein Touristenziel. Aber alteingesessene wie zugezogene Braunschweiger schätzen ihre „Großstadt der kurzen Wege": Diese verbinde ein urbanes Versorgungs- und Freizeitangebot mit Überschaubarkeit, viel Grün und hoher Wohnqualität, gerade in den dörflichen Bezirken am Stadtrand. Vor allem aber bietet die 250.000-Einwohner-Stadt hervorragende Ausbildungs- und Arbeitsmöglichkeiten. Dank der Technischen Universität, einer ganzen Reihe renommierter Forschungsinstitute sowie verschiedener High-Tech-Unternehmen weist Braunschweig eine überdurchschnittliche Wissenschaftlerdichte auf. Und im Dreieck Wolfsburg-Salzgitter-Braunschweig bieten viele große und mittelständische Unternehmen der Branchen Fahrzeugbau, Stahl und Elektronik zumindest gut bis sehr gut qualifizierten Kräften Arbeitsplätze in Hülle und Fülle.

Braunschweig ist attraktiv. Wie in anderen erfolgreichen Städten hat dies zur Folge, dass es eng wird auf dem Wohnungsmarkt. Zudem fehlt es auf dem nur 19 mal 16 Kilometer großen Stadtgebiet an Platz für Wohnungsbau und weitere Industrieansiedlungen. Vom Mangel an bezahlbarem Wohnraum sind sozial schwache Stadtteile wie das Westliche Ringgebiet besonders betroffen, wo „nur wenige mehr haben, als sie zum Leben brauchen", wie ein Experte dort sagt. Auch viele Interviewpartner beklagen, es werde schwerer, günstig zu wohnen. Insgesamt geben sich jedoch die meisten Befragten zufrieden mit dem Leben in Braunschweig. Selbst ein AfD-Politiker antwortet auf die Frage, wo die Bürger – neben dem Mangel an bezahlbarem Wohnraum – am meisten der Schuh drücke, das seien im Wesentlichen „Luxusprobleme".

Zufriedenheit äußern viele Gesprächspartner auch darüber, dass mit dem Oberbürgermeister, der 2014 ins Amt gewählt wurde, ein frischer Wind eingezogen sei. Sein langjähriger Vorgänger habe „von oben herab" regiert, habe städtische Betriebe und anderes „Tafelsilber" privatisiert, um die Verschuldung abzubauen, und den Neubau des Einkaufszentrums mit der Schlossfassade gegen heftige Widerstände durchgesetzt. Der Neue hingegen beziehe die Bürger viel mehr in Pläne und Entscheidungen ein. Ein recht gutes Echo fanden etwa die Bürgerwerkstätten, mit denen die Stadt Meinungen und Ideen für ihr Integriertes Stadtentwicklungskonzept 2030 sammelte.

Die Zivilgesellschaft sei in Braunschweig sehr aktiv, betonen Gesprächspartner: Bewohner der dörflichen Stadtteile engagieren sich vor allem in Vereinen. Engagierte Freiwillige betreiben von der Schließung bedrohte Freibäder weiter oder setzen sich für die Umnutzung des alten Ringgleises zum Fahrradweg ein. Und ein Zusammenschluss verschiedener Bürgerinitiativen und Einzelpersonen wirkt seit 2006 in der Kommunalpolitik mit.

„Für mich ist Gelsenkirchen erst einmal mein Zuhause, ich bin hier geboren und kenne nichts anderes als diese Stadt. Meine Familie hat immer hier gewohnt und gearbeitet, meine sämtlichen Sozialkontakte sind hier. Als es anfing, dass Freunde weggezogen sind, und ich die besucht habe, habe ich erstmals etwas vom Leben anderswo mitbekommen." (Gelsenkirchen)

„Mein Enkel sagt immer: Rotenburg ist halb so groß wie der New Yorker Friedhof, aber doppelt so tot. Wir sind richtig düstere Provinz, mit den Vor- und Nachteilen, die das mit sich bringt. Wir haben Ruhe und Ordnung, die Grundversorgung ist da. Aber wenn die Leute was Besonderes haben wollen, dann müssen sie in die Großstadt oder ins Internet. Mir gefällt es sehr gut hier." (Rotenburg)

„Ich lebe ganz gern in Gelsenkirchen, auch weil das hier so ein Schmelztiegel ist. Mit dem klassischen Heimatbegriff kann ich nichts anfangen. Menschen aus so vielen Regionen sind hier zugewandert. Ich empfinde das als Bereicherung – auch wenn es nicht immer kompatibel ist, wenn Menschen aus anderen Kulturen ihre Kultur leben." (Gelsenkirchen)

Hier Natur, da Kultur

Neben den Heimatgefühlen in der Stadt wie auch auf dem Land sind es gerade die spezifisch städtischen respektive ländlichen Angebote, die Befragte als Gründe dafür nennen, dass sie gerne da sind, wo sie leben – und bereit sind, dafür auch Einschränkungen in Kauf zu nehmen. Das hat die Befragung in allen Regionen gezeigt, unabhängig davon, ob es erfolgreiche oder eher schlechter gestellte waren. Manche, die von sich selbst als typischen Landmenschen sprechen, können sich schlicht nicht vorstellen in der Stadt zu wohnen. Umgekehrt bekunden einige Städter Mühe mit dem Gedanken an das Leben auf dem Dorf.

Landbewohner schätzen tatsächlich die Ruhe, die Natur und die gute Luft. Sie finden gut, dass man sich kennt und die Gemeinschaft pflegt, dass die Mieten bezahlbar sind und es viel Platz gibt: „Manche fühlen sich vielleicht einsam bei uns", sagt ein Bewohner von Tirschenreuth, „aber wir können uns frei bewegen, wir sind in der freien Natur, wenn wir rausgehen."

Natur ist indessen auch Stadtmenschen wichtig. Befragte in urbanen Regionen loben durchweg das Vorhandensein von Bäumen, Parks und Grünflächen, die sie vermissen würden, wenn diese aus welchen Gründen auch immer wegfielen. Ansonsten legen Städter großen Wert auf die Arbeitsmöglichkeiten und die Vielfalt an kulturellen Angeboten. Sie heben die Toleranz als Merkmal städtischen Zusammenlebens hervor, nur vereinzelt erfolgt der Hinweis auf die Kehrseite, die Gleichgültigkeit der Mitmenschen. In mittelgroßen Städten finden viele positiv, dass diese eine Art Mittelding zwischen Stadt und Land darstellen, urban und doch überschaubar. In Dresden, mit fast 550.000 Einwohnern schon mehr als mittelgroß, sagt eine Bewohnerin: „Berlin oder andere Großstädte wären mir zu groß". Im nur halb so großen Braunschweig loben Bewohner ihren Lebensort, weil er eine „Großstadt der kurzen Wege" sei, die vieles biete, aber ohne die Belastungen, die es woanders gebe: „In München muss man sich für Opernkarten ein halbes Jahr vorher bewerben, in Braunschweig können Sie jeden Tag ins Theater gehen und sich erst um 16 Uhr entscheiden."

„Das große Kulturangebot auf kleinem Raum ist einzigartig. Das geht schon im Kindesalter los. Wenn man in Dresden aufwächst, kriegt man automatisch eine Kulturklatsche. Man geht selbstverständlich regelmäßig in Theater, in die Oper, in Ausstellungen. Das ist anderswo nicht so." (Dresden)

„Ich habe in Berlin gewohnt, aber die Hektik der Großstadt wurde mir zu viel. Ich bin auch nie ohne Arbeit gewesen. Das ist eine Grundvoraussetzung, um hier zu leben." (Ludwigslust-Parchim)

„Es ist ländlich. Und ruhig. Die Flieger (vom Luftwaffenstützpunkt) kommen erst um Mittag zurück, abends nochmal, dazwischen hören Sie die nicht. Alles in allem können wir diese Beeinträchtigung rechtfertigen, denn wir haben hier eine hohe Lebensqualität." (Schleswig-Flensburg)

„Mir fehlt nix hier. Ich habe ein hervorragendes Umfeld, Freizeitmöglichkeiten von Blasmusik bis zum tollen Theaterabend. Ich vergleiche das immer mit München: In der Stadt muss ich eine Stunde fahren, das muss ich auch, wenn ich von hier nach Regensburg fahre." (Tirschenreuth)

„Ich lebe in einem kleinen Ort mit etwa 600 Einwohnern. Dort lebt es sich gut, weil die Menschen aktiv sind, in Kirche, Vereinen und Institutionen. Die engagieren sich für ihren Ort, ihre Region." (Mansfeld-Südharz)

> *„Ich fühle mich hier sehr wohl. Es gibt intensiven Kontakt unter Bewohnern. Man kennt sich, weiß voneinander. Hier wird noch anders Gemeinschaft gepflegt als in einer größeren Stadt. Man hat Leute, die man ansprechen kann, wenn es Probleme gibt."*
> *(Gütersloh)*

„Trotz der Bauoffensive, die in Hamburg läuft, überwiegt das Grün. Das ist ein prägendes Merkmal. Dazu gehört auch die Alster, ein See mitten in der Innenstadt. Mit den Flussläufen zusammen ist das sehr schön. Das Angebot im kulturellen und sozialen Bereich ist überwältigend, manchmal sogar erschlagend. Woanders mag da Mangel herrschen, das haben wir im Überfluss, sodass wir sogar die Qual der Wahl haben." (Hamburg)

Trotz der naturgemäß gegebenen Unterschiede zwischen Stadt und Land finden die Menschen also hier wie dort Gründe, warum ihre Region lebenswert ist. Theoretisch könnten sich somit die Teilhabechancen in städtischen und ländlichen Regionen der entsprechenden Cluster gleichwertig anfühlen. Denn Gleichwertigkeit lässt sich nicht objektiv messen, sondern beruht auf subjektiven Wahrnehmungen: Was bietet mir mein Umfeld? Was vermisse ich? Diese Wahrnehmungen können sich im Zeitverlauf ändern, wenn sich neue Entwicklungen abzeichnen. So war die Breitbandversorgung früher kein Thema, heute ist der Anschluss an das schnelle Internet von grundlegender Bedeutung für die Zukunft einer Region.

2.3 Wo es mit der Versorgung hapert

Gefühlte Verluste

Die Diskussion über „abgehängte" Regionen wird häufig davon bestimmt, welche Versorgungs-Infrastruktur (noch) vorhanden ist. Bilder von einsamen Bushaltestellen oder von leerstehenden Geschäftslokalen stehen sinnbildlich für den Niedergang von Dörfern oder ganzen Landstrichen. „Abgehängt" im Sinne mangelhafter Versorgung sind aber nicht nur dünn besiedelte Regionen fernab der Zentren. Auch in Städten gibt es Bezirke oder Viertel, die nicht an das schnelle S- oder U-Bahnnetz angeschlossen sind, wo es keine weiterführende Schule, kein Kino oder Café und noch nicht einmal einen Bankautomaten gibt.

Wie gut die Versorgung in Wirklichkeit ist, deckt sich dabei nicht immer mit der Wahrnehmung. Wo sich die Menschen an einen gewissen Standard gewöhnt haben, empfinden sie es mitunter als harten Einschnitt, wenn auch nur ein kleiner Teil wegfällt. Über den subjektiven Eindruck entscheidet zudem, welche Entwicklung und welche Perspektiven sie erkennen: Sieht es nach stetigem Rückzug der Daseinsvorsorge aus? Oder gibt es neue, alternative oder zusätzliche Angebote?

Surfen im Schneckentempo – oder gar nicht

Breitbandversorgung wäre ein solches zusätzliches Angebot. In Hamburg, Stuttgart oder Gelsenkirchen ist die Frage nach dem Anschluss ans Internet rasch abgehakt. Eine Dresdnerin freut sich: „Wir sind kein ‚Tal der Ahnungslosen' mehr." Dagegen wissen die meisten befragten Landbewohner, dass Regionen ohne Zugang zum weltweiten Netz keine guten Perspektiven haben.

Umso genauer hören die Menschen besonders in abgelegenen Orten und Ortsteilen hin, wenn die Politik in Berlin über die hohen Kosten für die Erschließung „bis zur letzten Milchkanne" diskutiert, die für große Unternehmen wie die Telekom nicht rentabel sei. Dabei sprechen gute Argumente dafür: Internetanschluss ermöglicht es, wenigstens einen Teil der Versorgungslücken zu schließen und große Distanzen virtuell zu überwinden, etwa mit Telearbeit, e-Learning, medizinischer Beratung übers Internet, Online-Anträgen oder Einkäufen. Mithilfe von Digitalisierung und Vernetzung lässt sich auch die Landwirtschaft effizienter und nachhaltiger gestalten. Und, darauf weisen vor allem Politiker und Wirtschaftsförderer hin: Ein schneller Internetanschluss kann über Niedergang oder Aufstieg einer Region entscheiden, weil davon abhängt, ob ansässige Unternehmen bleiben oder neue sich niederlassen.

In der Frage der Breitbandversorgung deckt sich die Wahrnehmung aller Gesprächspartner mit der Realität: Bund und Länder machen dabei keine gute Figur. Der Bund hat die Fördermittel zum Ausbau der Infrastruktur zu spät und viel zu bürokratisch vergeben, sodass nur ein Bruchteil der bereitgestellten Fördermittel abgerufen wurde. Die Antragsverfahren sind kompliziert und dauern zu lang. Wenn es dann doch ans Bauen ginge, fehlen die Kapazitäten. Dadurch hat die Bundesregierung ihre Zielvorgaben mehrmals verfehlt.[1] Vor allem in den Regionen der Cluster 4 und 5 surfen viele Nutzer nur im Schneckentempo (siehe Karte S. 17).

„Die Internetversorgung ist bescheiden. Am Rand der Kreisstadt Gütersloh ist sie gerade noch okay, aber andere Bereiche sind abgehängt." (Gütersloh)

„Selbständige sind davon abhängig. Wir können doch nicht nur nachts arbeiten, weil es dann schneller geht. Das hat Deutschland einfach verpennt. Die Sauerländer sind besser aufgestellt. In Litauen, wo mein Schwiegersohn war, haben sie überall Internet. Hier heißt es immer: Der Markt wird es schon richten. Ist aber nicht." (Mansfeld-Südharz)

„Unternehmen haben keinen Grund, hier etwas hinzusetzen, solange wir diese Provinzleitung haben. Die sitzen in Baden-Württemberg oder Dänemark." (Schleswig-Flensburg)

„Alle wollen immer mit ‚Bastelstuben' glänzen, also mit innovativen Unternehmen auf dem Land. Aber die finden kein Internet. Wenn die hierherziehen und sich im Home-Office in den Zentralrechner ihres Unternehmens einloggen wollen, funktioniert das nicht." (Rotenburg)

„Wir haben vielleicht auch Fehler gemacht. Aber Projekte wurden so reglementiert, dass vieles zu teuer oder unmöglich wurde. Die Fördermodalitäten waren zu eng. Deshalb sind wir im bundesweiten Vergleich Entwicklungsland. In Norwegen draußen auf den Inseln ist es besser. Da wir keine große Wirtschaft haben, fehlt der Druck, den Ausbau voranzutreiben." (Mansfeld-Südharz)

Ostalbkreis: Unzufrieden trotz Aufschwung

Es herrscht Aufbruchstimmung im einst rückständigen Ostalbkreis – sichtbar im idyllischen Schwäbisch Gmünd: Im Zuge der Bundesgartenschau wurden Gebäude in der 60.000-Einwohner-Stadt aufwendig saniert. Der alte Bahnhof beherbergt nun ein Technikmuseum. Es ziehen zunehmend Menschen zu, auch aus Stuttgart – dessen Zentrum ist nur eine knappe Stunde mit dem Auto entfernt. Vor Ort fehlt es nicht an Arbeit und Innovation. Die mittelständischen Unternehmen im Ostalbkreis buhlen regelrecht um Nachwuchs, die jungen Leute haben auf dem Arbeitsmarkt die freie Wahl. Nirgendwo in Deutschland ist die Patentdichte höher.

Die Gewerbesteuereinnahmen mancher Gemeinden sind so hoch, dass etwa das 7.000-Einwohner-Dorf Abtsgmünd ein Gymnasium aus Gemeindemitteln baut und mehrere Gemeinden Arztpraxen betreiben, um Landärzte über eine Anstellung zu gewinnen. Mehrere Unternehmen finanzieren ein Taxi mit, das junge Leute am Wochenende in die Disko und zurück nachhause bringt. Die Menschen engagieren sich – je kleiner die Gemeinde, desto höher die Dichte an Vereinen. Nirgendwo gibt es so viele Bürgerbusse wie in der Ostalb. Und wo Dorfläden oder Wirtshäuser schließen, bilden sich Genossenschaften, um diese weiter zu betreiben.

Trotzdem haben viele Menschen vor allem im Osten des Kreises das Gefühl, abgehängt zu werden. Sie blicken argwöhnisch auf die Kreisstadt und nach Bayern. Das liegt vor allem an der schlechten Verkehrsanbindung der Dörfer mit ihren oft weit auseinander liegenden Ortsteilen. Da kann die Fahrt mit den Öffentlichen zum Ausbildungsplatz schon mal eine Stunde oder länger dauern. Viele Menschen klagen über eine Internetverbindung, die so schlecht ist, dass etwa das Herunterladen von Schulmaterial nicht funktioniert. In abgelegenen Höfen surfen die Bewohner noch mit 0,5 Megabit pro Sekunde, weil es sich für Betreiber nicht lohnt, Glasfaserkabel zu verlegen.

Insgesamt bemerken die Menschen weniger die positiven Entwicklungen, vielmehr klagen sie, wenn die Bank oder der Metzger auf dem Dorf schließt oder wenn Windräder in Sichtweite aufgestellt werden. Die Bürger glauben, sie müssten die Belastung ertragen, um zum Wohlergehen der Städte beizutragen. Viele empfinden eine strukturelle Benachteiligung. Im Landtag fühlen sie sich als ländliche Region zweitklassig behandelt. Dabei vergleichen sie sich nicht mit Regionen im Osten Deutschlands – höchstens wenn es darum geht, ein Schreckensszenario zu schaffen.

Wenn es in der Region wirklich etwas zu beklagen gibt, dann für die Frauen. Nur 12 von 70 Kreisräten sind weiblich. Die Angebote auf dem Ausbildungs- und Arbeitsmarkt konzentrieren sich auf die Elektromechanik – und interessieren vor allem Männer. Deshalb ziehen viele hochqualifizierte Frauen weg. Wer zum Partner auf die Ostalb zieht, findet oft keinen herausfordernden Job oder muss in Teilzeit arbeiten, weil es nicht genug Kitaplätze gibt. Aber viele Frauen empfinden das nicht als Benachteiligung, sondern als normal für ein Leben auf dem Land.

Was tun, wenn es kein schnelles Internet gibt?

Weil die flächendeckende Versorgung im Hintertreffen ist, versuchen mitunter Politiker oder Verwaltungen, die Sache in die Hand zu nehmen. In Gütersloh habe man zwar früh einen Förderantrag eingereicht, warte aber eine gefühlte Ewigkeit auf den Bescheid. Bei der regionalen Wirtschaftsförderung gibt es jedoch Kritik: „Im Gegensatz zu vielen anderen Kreisen in Nordrhein-Westfalen haben wir keine gemeinsame, abgestimmte Linie zum Breitbandausbau gehabt. Das hat zu deutlichen Verzögerungen im Ausbau geführt. Das holen wir gerade mühsam wieder auf."

In Rotenburg (Wümme) haben Kreis und Gemeinden schon 2011 den Auftrag für den Aufbau einer eigenen, kreisweiten Breitband-infrastruktur ausgeschrieben. Übernommen hat diesen eine Tochter des regionalen Energieversorgers EWE. Dank Bundes- und EU-Fördermitteln rauschen die Daten inzwischen fast flächendeckend mit immerhin 30 Megabit pro Sekunde durch die Leitungen. Bald sollen auch die letzten noch unversorgten Bereiche angeschlossen sein.[2] Noch schnellere Datenübertragung geht allerdings nicht, wie der Landrat bedauert, denn für die eigentlich geforderten 50 Megabit pro Sekunde gebe es keine Fördermittel: „Wir können nichts tun, außer uns um die noch weißen Flecken zu kümmern."

Im Ostalbkreis fordern Bürgermeister, den Anschluss ans Internet als Teil der Daseinsvorsoge anzusehen. Wer keinen Zugang zum Netz habe, so ihre Begründung, sei in seinen gesellschaftlichen Teilhabemöglichkeiten aus strukturellen Gründen eingeschränkt. Anders als immer behauptet, habe der Markt die flächendeckende Versorgung nicht regeln können: „In der Stadt macht das die Telekom, aber am Land müssen Sie draufzahlen", sagt einer. Ein anderer ergänzt, die Kommunen könnten das nicht leisten, oft müssten die Bürger sich für viel Geld erst einmal die Hardware ins Haus legen lassen: „Deshalb muss die ganze Infrastrukturversorgung in staatliche Hand."

Gute Beispiele: Gemeinden sorgen für Internetanschluss

„Wir haben nicht darauf gewartet, dass irgendwann die Telekom vorbeikommt und uns hilft", sagt der ehrenamtliche Vorsteher des Amtes Haddeby im Landkreis Schleswig-Flensburg: „Wir versorgen uns selbst." Die acht amtsangehörigen Gemeinden haben sich Anfang 2017 zu einem Breitbandzweckverband zusammengeschlossen. Dieser hat die Aufgabe, im sogenannten Betreibermodell ein Glasfasernetz in kommunaler Trägerschaft zu schaffen, „gewissermaßen ein Bürgernetz". Es ermöglicht am Ende insgesamt rund 3.900 privaten Haushalten und 120 Unternehmen das Surfen mit mindestens 50 Megabit pro Sekunde. Finanziert wird das ambitionierte Vorhaben zu 60 Prozent aus Fördermitteln des Bundes. Die restlichen 40 Prozent haben die Gemeinden aufzubringen. Das Land Schleswig-Holstein unterstützt sie dabei. Zur Refinanzierung verpachtet der Zweckverband das Netz, wenn die Infrastruktur einmal steht, langfristig an einen Betreiber, in diesem Fall die Schleswiger Stadtwerke. Die Tiefbauarbeiten laufen demnächst an. Der Amtsvorsteher sprüht vor Optimismus: „Ende 2020 ist in jedem Haushalt das Licht an."

Mit Bahn, Tram oder Bus schnell durch die Stadt

Die Qualität und Vielfalt des Versorgungsangebots hängt nicht nur von der Bevölkerungsdichte ab, die über die Nachfrage bestimmt, sondern auch maßgeblich von den kommunalen Mitteln. Das gilt im Prinzip auch für den öffentlichen Personennahverkehr (ÖPNV) auf der Straße.[3] Indessen gibt es ländliche Regionen wie den Landkreis Gütersloh, die wirtschaftlich gut aufgestellt sind, die aber, weil ländlich, beim Takt der Busverbindungen nicht mit den Städten mithalten können. Und es gibt arme Städte wie Gelsenkirchen, die trotzdem mit einem dichten Netz von Straßenbahn-, Stadtbahn- und Buslinien und nahezu 24-Stunden-Betrieb aufwarten können.

Gelsenkirchen kann so Mängel kompensieren. Die Teilnehmer der Gesprächsrunde dort beklagen zwar, dass es in der Stadt keine Universität und kaum Freizeit- und Kulturangebote für junge Menschen gebe. Aber der Verkehrsverbund in der Rhein-Ruhr-Region ist so gut und das Abo günstig genug, dass man zum Studieren nach Bochum, Dortmund oder Duisburg pendeln kann und am Wochenende locker zu den angesagten Treffpunkten in den Nachbarstädten kommt. „Meine sechzehnjährige Tochter sagt: Ich fahr' mal eben nach Düsseldorf", berichtet ein Teilnehmer: „Das ist aus der Not geboren, weil in jedem Dorf in Mecklenburg-Vorpommern mehr los ist als in Gelsenkirchen. Die Jungen fahren zum ‚Bermuda3eck' nach Bochum und kommen erst am nächsten Morgen zurück."

Abseits der Zentren geht nichts ohne Auto

Den ausgedünnten öffentlichen Verkehr auf dem Land nennen dagegen sehr viele Bewohner ländlicher Regionen an erster Stelle, wenn sie nach Lücken in der Versorgung gefragt werden. Von „nicht gerade toll" bis „katastrophal" lauten die Urteile, je nachdem, wie weit entfernt die nächste größere Stadt liegt. Ganz im Norden der Republik, im dünn besiedelten Landkreis Schleswig-Flensburg, wiegelt ein Bewohner ab: „In Berlin oder Hamburg ist ja auch nicht alles um die Ecke. Die Wege dauern eher länger, aber man hat wenigstens überall eine U-Bahn. Bei uns ist es immer so: Fährt überhaupt ein Bus? Und wenn er fährt, dann nicht jede Stunde oder so, sondern mal so, mal so."

Im Osten des Landkreises Ludwigslust-Parchim beklagt ein Bürgermeister, früher seien Busse von Dobbertin nach Goldberg im benachbarten Landkreis gefahren, jetzt endeten die Linien an der Kreisgrenze. In Mansfeld-Südharz berichtet ein Bewohner, seine Enkelin benötige eineinhalb Stunden, um zur Schule zu kommen. Im württembergischen Ostalbkreis ist eine Auszubildende sogar eindreiviertel Stunden zu ihrer Lehrstelle unterwegs. Im niedersächsischen Rotenburg (Wümme) spottet ein Bewohner: „Um einmal mit dem Bus durch den Landkreis zu fahren, muss man schon hartgesotten sein. Da ist man zwei Stunden unterwegs."

Wo der Bus nur selten fährt, machen die meisten so früh wie möglich ihren Führerschein und fahren solange Auto, wie sie noch halbwegs verkehrstauglich sind, um zum Einkaufszentrum oder zum Augenarzt in der Kreisstadt zu gelangen. „Ohne Auto geht gar nichts", sagen etwa im wohlhabenden Gütersloh fast alle Gesprächspartner. Einer behauptet sogar, es gebe mehr Autos als Einwohner. In Wirklichkeit sind es fast so viele zugelassene PKW wie Einwohner über 18 Jahren, was auch nicht wenig ist.* „Das liegt nicht daran, dass Leute gern fahren, sondern die müssen halt pendeln." Gleiches gilt für den weniger gut situierten Kreis Schleswig-Flensburg: „Jeder Achtzehnjährige kriegt gleich ein Auto. Gerne einen Diesel. Wir lachen über die Diesel-Diskussion, wir haben ja keine Großstädte."

Gute Beispiele: Mobilität für alle

Im Ostalbkreis hat die Kommune ein Modell gefunden, um Jugendliche wegen der lückenhaften Busverbindungen an Abenden und Wochenenden nicht ans Auto zu verlieren – und nächtliche Unfälle auf Landstraßen zu vermeiden. Seit 15 Jahren bringt das „fiftyFifty-Taxi" junge Menschen bis zu 25 Jahren an Freitag- und Samstagabenden in die Disko und wieder nachhause. Anfordern lässt sich das Taxi über eine App. Die Fahrgäste zahlen den halben Preis. Wenn sich drei die Fahrt teilen, kostet sie das oft weniger als der Bus. Für die Finanzierung der anderen Hälfte konnte die Kommune die lokale Wirtschaft, die Taxiunternehmen und private Sponsoren gewinnen.

Auch in Tirschenreuth brauchen sich Besucher „süffiger" Dorffeste oder Partys nicht mehr abzustimmen, wer sich als Autolenker zur Verfügung stellt. Auf die mundartliche Frage „und wer foad?" pflegen Oberpfälzer zu scherzen: „Der mim Board" (Wer fährt? Der mit dem Bart). Vor einigen Jahren hat das Landratsamt einen eigenen Bus auf diesen Namen getauft. Veranstalter können „Der mim Board" für ihre Feier buchen. Für 100 Euro bringt er ihre Gäste auf zuvor festgelegten Routen heran und sicher wieder nachhause. Die Passagiere selbst entrichten zwei Euro je Wegstrecke. Des Weiteren hat der Landkreis Tirschenreuth mit dem „Baxi" einen ausschließlich nachfrageorientierten Linienverkehr geschaffen, ein sogenanntes On-Demand-System: Der Bus kommt nur, wenn Fahrgäste eine Stunde vor der fahrplanmäßigen Abfahrtszeit bei der Fahrtwunschzentrale angemeldet haben, von welcher Haltestelle sie zu welchem Ziel gelangen wollen. Vielen potenziellen Nutzern ist das allerdings noch nicht flexibel genug, das Einzugsgebiet innerhalb des Landkreises zu beschränkt.

In verschiedenen städtischen und ländlichen Kommunen hat sich bereits der Gedanke etabliert, dass sich Mobilität nicht auf die Alternative Privatfahrzeug oder ÖPNV beschränken kann. Mobil bleibt künftig nur, wer zwischen allen Möglichkeiten wählen kann, um zu einem beliebigen Zeitpunkt von A nach B zu kommen. Der Landrat von Schleswig-Flensburg weist stolz auf das Modellvorhaben „Langfristige Sicherung von Versorgung und Mobilität in ländlichen Räumen" (LaSiVerMob). Dabei entwickelt der Kreis „neue Formen der Zusammenarbeit, um die Lebensqualität für alle Bürger zu erhalten". Je nach Lage einer Gemeinde stehen künftig neben dem klassischen Bus- und Schienenverkehr auch e-Bike-Verleihstationen, Mitfahrbänke, Carsharing oder Bürgerbusse zur Verfügung.

Ähnliches plant die Stadt Borgholzhausen im Norden des Landkreises Gütersloh mit dem „tarifliniengebundenen E-Carsharing": Fahrgäste in den weit verstreut liegenden, kaum an den Nahverkehr angeschlossenen Ortsteilen können künftig die „letzte Meile" mit gemeinschaftlich genutzten Elektroautos zurücklegen, auf festgelegten Strecken und zu Preisen, die im ÖPNV-Tarif enthalten sind.

* Am 31.12.2016 kamen 265.916 PKW auf 361.828 Einwohner, davon rund 65.000 unter 18 Jahren.[4]

Die meisten befragten Landbewohner sind sich bewusst, dass sie damit eine Abwärtsspirale in Gang setzen: Wenn immer mehr Menschen das private Auto nutzen, weil das öffentliche Angebot nicht genügt, rollen bald nur noch „Geisterbusse" durch die Gegend. Wenn aber die Nachfrage sinkt, lohnt sich der Betrieb für die Kommunen immer weniger und das Angebot dünnt weiter aus. Wo es Ansätze zu Verbesserungen oder Alternativen gibt, etwa das „Baxi" in Tirschenreuth (siehe Kasten S. 40), Rufbusse oder Mitfahrbänke, werden diese zwar einhellig gelobt, aber kaum genutzt – weil eben alle Auto fahren. Der Wunsch nach Verbesserungen ist zwar da, aber die wenigsten können sich vorstellen, selbst dazu beizutragen.

> „Bürgerbus? Wir haben uns das angesehen, das ist mit unglaublichen Schwierigkeiten verbunden. Hier (im Landkreis Mansfeld-Südharz) gibt es keine Lösungen. Aus meiner Sicht gibt es nur durchhalten und in zehn Jahren autonome Fahrzeuge nutzen."
> (Mansfeld-Südharz)

„2017 hat der Landkreis (Ludwigslust-Parchim) das Rufbussystem eingeführt. Das hat eine deutliche Angebotsverbesserung gebracht: Die Linie hat eine Taktung, fährt aber nur, wenn es eine Nachfrage gibt. Das muss man zwei Stunden vorher ansagen. Die es kennen, nutzen es auch. Das Problem ist, dass es eine ganze Zeit dauert, bis es bei jedem angekommen ist."
(Ludwigslust-Parchim)

„Je näher man an der Stadt ist, desto besser die Verkehrsanbindung. Im Hinterland fahren nur ein paar Schulbusse. Ohne Auto ist man abgeschnitten. Es gibt das Ruftaxi. Problem erkannt. Aber das Ruftaxi ist teuer. In Alderbach steht ein Mitfahrbänkle. Wenn da jemand sitzt, wird er mitgenommen. Ich habe aber Zweifel, dass das funktioniert. Nicht alle wissen davon."
(Ostalbkreis)

Dresden: Gesellschaftliche Spaltung in der barocken Residenzstadt

Die Dresdner sind stolz auf das architektonische Erbe ihrer Stadt, auf Semperoper, Zwinger und die wiederaufgebaute Frauenkirche. Das kulturelle Angebot sei Spitze, loben sie. Eine Vielzahl an Parks, Natur und Kultur im nahen Umland tragen zum insgesamt positiven Lebensgefühl bei. Die einstige Residenzstadt beherbergt aber auch eine Technische Universität, drei Max-Planck-Institute sowie mehrere Hochschulen und ist damit ein bedeutender Wissenschaftsstandort. Und der Arbeitsmarkt entwickelt sich positiv. Kurz: Dresden ist attraktiv.

Das schafft aber auch Probleme. Da die Bevölkerung seit rund einem Jahrzehnt wieder wächst, sinkt das Angebot an bezahlbaren Wohnungen und die Mieten steigen. Die Stadt hat 2006 den gesamten kommunalen Wohnungsbestand, rund 48.000 Wohnungen, an ein privates Unternehmen verkauft, um Schulden abzulösen, in Schulen und andere städtische Einrichtungen zu investieren. Damit hat sie sich jedoch der Möglichkeit einzugreifen beraubt.

Tief sitzende Unzufriedenheit

„Weltoffenheit, Toleranz und den Dialog von Mensch zu Mensch", forderte der Schlagersänger Roland Kaiser, der sich in Dresden außergewöhnlicher Beliebtheit erfreut, im Januar 2015 in einer Rede. Dazu herausgefordert hatte ihn der große Zulauf zu den Demonstrationen der selbst ernannten „Patriotischen Europäer gegen die Islamisierung des Abendlandes" (Pegida) mit fremdenfeindlichen und völkischen Parolen. Und, wie manche unserer Gesprächspartner beklagen, auch die Tatsache, dass bis dahin kein Politiker öffentlich seine Stimme dagegen erhoben hatte.

Pegida und die schwache Reaktion der Politik darauf haben dem Ruf der Stadt auch über die Grenzen Deutschlands hinaus geschadet. In Dresden selbst ist das Flüchtlingsthema längst durch andere verdrängt, Pegida spielt kaum noch eine Rolle. Aber die Bewegung habe eine tief gespaltene Gesellschaft hinterlassen, sagen übereinstimmend fast alle Befragten: Viele redeten nicht mehr miteinander, die Stimmung sei vergiftet. Einzelne vertreten die Meinung, die Flüchtlinge seien nur der Auslöser gewesen. Der wahre Grund für die Proteste liege in einer tiefer sitzenden Unzufriedenheit seit der Wende – die bei den kommenden Wahlen der AfD Aufwind verschaffen werde, wie ein Interviewpartner annimmt. Andere blicken zurück: Schon Mitte der 1990er Jahre, bei der Kontroverse um den Bau einer neuen Brücke und den Entzug des Welterbestatus für die Kulturlandschaft Elbtal, habe sich eine starke Polarisierung der Gesellschaft gezeigt. Die zeige sich weiterhin bei fast allen Themen, wenn auch nicht immer entlang der gleichen sozialen Trennlinien, und werde wohl auch bei der Bewerbung um die Kulturhauptstadt 2025 unter dem Motto „Neue Heimat" zutage treten.

Die Politik unternimmt inzwischen einiges, um die Bürger (wieder) ins Gespräch zu bringen und an Entscheidungen zu beteiligen. Dresden lädt zu Bürgerdialogen ein, bei denen alle möglichen Themen zur Debatte stehen, vom Kunstprojekt bis zur Rolle Europas in der Welt. Und im Projekt „Zukunftsstadt" ruft die Stadt zur Mitwirkung auf, damit sich die Bürger künftig „im demokratischen und respektvollen Miteinander mit lokalen, regionalen und globalen Fragestellungen beschäftigen und in praxisnahen Reallaboren nach Lösungen suchen."

Gut angebunden heißt weniger abgehängt

Die Nähe zur Autobahn oder zum Bahnhof ist für die Teilhabechancen der Landbevölkerung essenziell. Nicht nur, damit die Menschen zur Arbeit kommen, wenn es vor Ort kaum Jobs gibt, zum Einkaufen oder zum Kulturgenuss in größeren Städten. Auch für die Frage, ob sich Unternehmen in der Region ansiedeln, kann eine gute Verkehrsanbindung entscheidend sein. Entlang von Autobahnen oder großen Bahnlinien entwickeln sich Gemeinden oft günstiger, sowohl wirtschaftlich als auch demografisch. Eine solche Hauptverkehrsader kann Landkreise in gut angeschlossene und abgehängte Gebiete teilen. Diese Teilung war bei den Gesprächen in Schleswig-Flensburg und Ludwigslust-Parchim häufig ein Thema, aber auch im Ostalbkreis.

Die gute Verkehrsanbindung hat jedoch eine Kehrseite: Sie erleichtert es qualifizierten Arbeitskräften, in die Großstadt zu pendeln, wo sie besser verdienen, und auf dem Land relativ günstig und naturnah zu wohnen. In Rotenburg (Wümme) sagen jene, die es nicht weit zum nächsten Bahnhof oder Autobahnanschluss haben, das Beste sei, dass man schnell nach Hamburg oder Bremen gelange. In Ludwigshafen am Rhein wird die gute Verkehrsanbindung an die Gemeinden entlang des Flussufers und an die andere Rheinseite als Manko gesehen: „Die Leute gehen lieber nach Mannheim zum Einkaufen oder Ausgehen, deshalb entwickelt sich in Ludwigshafen kein Stadtleben und keine Kneipenszene."

> „Autobahnanbindung und Bahnanschluss machen auch kleine Dörfer sehr lebenswert. Mulmshorn, ein kleiner Ortsteil von Rotenburg, hat Zuzug vieler junger Rückkehrer-Familien. Oder Bothel, da mangelt es auch an nichts, es gibt Ärzte und Läden, es lebt sich gut da."
> (Rotenburg)

Rotenburg (Wümme): Die Autobahn macht den Unterschied

Wer weder Meer noch Berge brauche, der sei mit Rotenburg gut bedient, so beschreibt ein Bewohner den Landkreis. Felder, Wälder, Pferdekoppeln und Biogasanlagen dominieren die dünn besiedelte Region zwischen Hamburg und Bremen. Hier und dort finden sich gepflegte alte Ortschaften mit Fachwerkhäusern und roten Klinkerbauten oder Neubaugebiete. Leerstand scheint hier kaum eine Rolle zu spielen.

Die Wirtschaft entwickelt sich überdurchschnittlich, in vielen Branchen gibt es mehr Arbeitsplätze als Arbeitskräfte. In der prosperierenden Kreisstadt Rotenburg sitzt mit dem Agaplesion Diakonieklinikum der größte Arbeitgeber des Kreises. Das Krankenhaus gehört zu den größten in Niedersachsen und bietet den Patienten Maximalversorgung. Als zweitgrößter Arbeitgeber im Kreis prägen die traditionsreichen Rotenburger Werke das Leben in der Stadt. Die Bewohner der Einrichtung für Menschen mit Behinderungen sind ganz selbstverständlich Teil der Stadtbevölkerung. Außerhalb bieten die Landwirtschaft und die vor- und nachgelagerten Industrien vielen Menschen Arbeit. Rotenburg ist zudem ein Zentrum der deutschen Erdgasförderung.

Die Lage zwischen Hamburg und Bremen macht die Region für Pendler attraktiv. Wegen der guten wirtschaftlichen Entwicklung pendeln mittlerweile sogar manche Hanseaten nach Rotenburg ein. Auch für Firmen, vor allem im Logistikgewerbe, ist die gute Verkehrsanbindung ein Standortfaktor. Erst vor kurzem spielte Amazon mit dem Gedanken, sich hier niederzulassen, entschied sich am Ende aber wegen des leergefegten Fachkräftemarkts für einen anderen Standort.

Die Autobahn A1 und die Bahnstrecke teilen den Kreis in eine Nord- und eine Südhälfte. Die Nähe zu den Verkehrsadern bestimmt maßgeblich den Erfolg der Gemeinden. Zentral gelegene Gemeinden wie Zeven, Sittensen oder die Kreisstadt Rotenburg gewinnen an Attraktivität, abgelegene Gemeinden wie Bremervörde sind dagegen verkehrstechnisch wie wirtschaftlich „schon etwas abgehängt".

Nord- und Südhälfte entsprechen etwa den alten Landkreisen Bremervörde und Rotenburg/Hannover, die bereits Mitte der 1970er Jahre zum jetzigen Landkreis zusammengefasst wurden. Doch noch immer fühlt man sich nicht wirklich zusammengehörig. Die Kreisverwaltung ist stets darauf bedacht, keinen der alten Kreise zu bevorzugen, da das schnell Befindlichkeiten wecke. Die Schließung des Krankenhauses im nördlichen Zeven ist ein gutes Beispiel hierfür, denn die Zevener müssen nun ins Diakonieklinikum im südlichen Rotenburg fahren. In der Bevölkerung wurde dies als Benachteiligung wahrgenommen.

Dennoch existiert zumindest im näheren Umfeld ein guter sozialer Zusammenhalt. Die Bevölkerung ist bemerkenswert engagiert. Etliche Bürgerbus-Initiativen tragen dazu bei, Lücken im öffentlichen Nahverkehr auszugleichen. Vereine prägen das Zusammenleben. Und wenn den Menschen etwas nicht passt, bringen sie das auch zum Ausdruck. Bürgerinitiativen protestieren seit Jahren gegen den Einsatz von Fracking in der Erdgasförderung.

„Gemeinden in Verkehrsadernähe haben teilweise fünfmal so hohe Gewerbesteuereinnahmen wie die abgelegenen mit derselben Größe." (Ostalbkreis)

„Nach Süderbrarup zum Beispiel ziehen ganz viele Leute hin, weil man da nur eine Viertelstunde mit dem Zug nach Flensburg fährt." (Schleswig-Flensburg)

Urbanes Chaos

In den Städten ermöglicht ein funktionierender öffentlicher Nahverkehr im Allgemeinen Teilhabe im Sinne bestmöglicher Mobilität. Zusammen mit einem gut ausgebauten Radwegenetz bietet er die Lösung für jene Probleme, die der motorisierte Individualverkehr in Ballungsräumen verursacht: Stau, Platznot, Lärm sowie Belastungen für Umwelt und Gesundheit. Städte stehen somit vor der Herausforderung, die Mobilität ihrer Bewohner intelligent zu organisieren. Besonders, wenn sie wachsen. In Hamburg strapaziert die Geduld der Bewohner, dass die Stadt und ihre Metropolregion mit dem Ausbau der notwendigen Infrastruktur nicht hinterherkomme: „Wir haben einen riesigen Nachholbedarf. Zum Beispiel soll die S-Bahn-Strecke bis Kaltenkirchen verlängert werden. Das dauert aber noch."

Ludwigshafen am Rhein, das planerisch mit einem schwierigen Erbe zu kämpfen hat, muss sich etwas einfallen lassen: „Die Stadt ist auf das Auto ausgerichtet. Die Fahrradwege sind eine Katastrophe. Und der ÖPNV hat keine Priorität." Auch in Stuttgart gibt es Klagen über Verkehrschaos und dicke Luft, was dort unter anderem durch die Kessellage bedingt ist, über zu viele Autos und lückenhafte Busnetze. In der Stadt Heilbronn beschweren sich Bürger über den Dauerstau am Autobahnkreuz Weinsberg. In Braunschweig fragt sich ein Bewohner, ob es noch zeitgemäß sei, vierspurige Straßen mitten durch die Stadt zu führen.

Wenn die Ärzte in Rente gehen

Sorgen wegen schwindender medizinischer Versorgung kamen bei der Befragung schon bald nach dem Thema Mobilität. Eigentlich regelt die Bedarfsplanung der Kassenärztlichen Vereinigungen und der Kassen auf Grundlage einer bundeseinheitlich gültigen Richtlinie, wie viele niedergelassene Ärzte der verschiedenen Fachbereiche sich in einer Region um die Bevölkerung kümmern.[5] Allerdings entfalten die Vorgaben in der Fläche oft nicht die gewünschte Wirkung, weil sich besonders Fachärzte meist in den größeren Städten der Landkreise konzentrieren. Hinzu kommt, dass viele Allgemeinpraktiker demnächst ins Rentenalter kommen und keinen Nachfolger finden, nicht nur in Dörfern, auch in Städten wie Stuttgart. Kein Wunder also, wenn sich die Menschen in peripheren ländlichen Regionen unterversorgt fühlen. „Die meisten Ärzte gehen in die Kreisstadt", heißt es in Bärnau, einer kleinen Tirschenreuther Gemeinde, die nach langem Suchen einen Doktor aus Tschechien gefunden hat: „Wir müssen zufrieden sein, wenn wir einen ausländischen Arzt haben."

Doch auch wenn Landbewohner die Lebensqualität ihres Umfeldes loben und ausdrücklich bereit sind, dafür auch gewisse Einschränkungen in Kauf zu nehmen – wenn das wohnortnahe Krankenhaus schließt, ist eine Schmerzgrenze überschritten. Rational betrachtet leuchten die Gründe zwar den meisten ein. Vorschriften und mangelnde Bettenauslastung machen es immer schwieriger, kleine Allgemeinkrankenhäuser wirtschaftlich zu betreiben. Zudem mangelt es oft an Pflege- und medizinischem Personal. Dennoch reagiert die Bevölkerung mit heftigen Protesten und Leserbriefen im Lokalblatt auf den drohenden Verlust „ihres" Krankenhauses. Der Landrat von Rotenburg (Wümme) berichtet, die Schließung des Krankenhauses in der Samtgemeinde Zeven habe für erheblichen Unmut gesorgt. Allerdings führen die Leute für größere, planbare Eingriffe in größere, „richtige" Krankenhäuser, in die kleinen gingen sie nur in akuten Fällen oder „wenn Oma und Opa ein bisschen Probleme haben".

Wie gut das medizinische Versorgungsangebot ist, hängt auch vom Engagement und Geschick der Bürgermeister und Landräte ab. Kommunen können zum Beispiel attraktive Bedingungen für Ärzte schaffen, indem sie etwa Praxisräume im Gemeindehaus zur Verfügung stellen wie in Dobbertin (Ludwigslust-Parchim) oder Ärztehäuser bauen wie in Bärnau (Tirschenreuth). In Schleswig-Flensburg versucht das regionale Berufsbildungszentrum dem Pflegenotstand und der Abwanderung junger Menschen etwas entgegenzusetzen, indem es einen eigenen Bildungsgang Pflege eingerichtet hat. Der Tirschenreuther Landrat bringt es auf den Punkt: „Die Bürger auf dem Land haben Anrecht auf eine hochqualitative Versorgung wie in der Stadt."

„Die Stadt Zarrentin hat ein Ärztehaus geplant, um Ärzten attraktive Bedingungen zu bieten. Aber sie ist bei der Kassenärztlichen Vereinigung abgeblitzt, weil das Gebiet bereits abgedeckt ist. Nur sitzen viele dieser Mediziner in Schwerin. Das Problem ist, wie die Leute da hinkommen sollen." (Ludwigslust-Parchim)

„Das Krankenhaus in Brackenheim (Landkreis Heilbronn) musste schließen. Die über Sechzigjährigen haben das sehr kritisch gesehen. Dabei ist das Wunschdenken mit der Realität nicht im Gleichklang: Man will ein Krankenhaus vor Ort, vergisst aber, dass man auch Spezialisten braucht für bestimmte Angelegenheiten. Im kleinen Krankenhaus kann es keinen Spezialisten geben." (Heilbronn)

„Eigentlich sind wir hier gut aufgestellt. Aber da ist der Verlust des Krankenhauses. Wir haben jetzt ein Medizinisches Versorgungszentrum, aber das ist mehr wie eine Arztpraxis. Gefühlt würde die Bevölkerung immer sagen: Wir sind nicht gut versorgt. Denn das nächste Krankenhaus ist 28 Kilometer entfernt. Angehörige haben es teilweise schwer, Patienten zu besuchen, wenn das so weit weg ist."
(Rotenburg)

Cottbus: Wenn die Kohle wegfällt, kommt der Ostsee

Cottbus ist „keine schlechte Stadt" zum Leben, finden alle Gesprächspartner – und das ist ein großes Lob für Bewohner der Lausitz, die sich als „eher zurückhaltend" bezeichnen. Der Nahverkehr funktioniert, Kitas und Schulen gibt es genug, das Wohnen ist bezahlbar und der Weg zum nächsten Arzt kurz. Stolz verweisen manche auf den Drittliga-Fußballverein FC Energie Cottbus und den Olympiastützpunkt. Auch die Brandenburgische Technische Universität Cottbus-Senftenberg, die Studierende aus aller Welt anzieht, gilt als Plus. Weil die Bevölkerung seit dem Fall der Mauer stetig geschrumpft ist, ließ die Stadt in den Randbezirken Neu-Schmellwitz und Sachsendorf-Madlow viele leerstehende Blöcke abreißen und großzügige Grünflächen anlegen. Derweil entstand in der Innenstadt mit der Sanierung der historischen Gebäude ein attraktives Zentrum.

Gefühlte Benachteiligung

Zwei Themen bereiten vielen Cottbussern indessen große Sorgen: die Flüchtlinge und der Strukturwandel. Menschen aus Syrien und anderen Krisengebieten seien in überproportional hoher Zahl nach Cottbus gekommen und verursachten Probleme, heißt es. Wiederholt kam es zu gewalttätigen Zwischenfällen, bei denen häufig Alkohol im Spiel und junge Männer aus Syrien beteiligt waren – als Täter wie auch als Opfer. Daraufhin versammelte sich jeweils eine größere Menschenmenge unter dem Titel „Zukunft Heimat" zu Aufmärschen, bei denen Teilnehmer auch offen fremdenfeindliche Parolen zeigten. In Medienberichten seien diese Ereignisse immer „aufgebauscht" worden, beklagen einige der Befragten. Den schlechten Ruf habe Cottbus aber nicht verdient. Unter den Demonstranten seien kaum Cottbusser, sondern überwiegend eigens dafür Angereiste gewesen.

Allerdings zeigen manche Befragte zumindest Verständnis für die Wut, die in den Demonstrationen zutage trat. Um die Sorgen der Bürger aufzunehmen, lud die Stadt im April 2018 alle Einwohner zu einer außerordentlichen Stadtverordnetenversammlung ein. Unmut wurde dort jedoch kaum geäußert. Bei sieben weiteren „Bürgerdialogen" waren Migration oder Sicherheit nur noch zwei unter vielen, eher alltäglichen Themen wie Sperrmüll, Straßenzustand oder Bauprojekte.

Schwankende Zukunftsaussichten

Die Ursachen der Unzufriedenheit liegen vielen Befragten zufolge tiefer. Es sind die Brüche in den Biografien durch das Ende der DDR – und der anstehende Strukturwandel: Der Braunkohleabbau, von dem die Lausitz seit etwa 150 Jahren lebt, hat keine Zukunft. Aufgrund der internationalen Klimaschutzvereinbarungen und der deutschen Energiewende war selbst den Energiekonzernen längst klar, dass ein Ende der Braunkohle bevorsteht. Obschon sich Landes- und Kommunalpolitik für den Erhalt der gut 7.000 Arbeitsplätze im Lausitzer Revier einsetzten, kam Anfang 2019 das Aus. Doch während der langen Zeit, in der Experten berieten, sank auch bei jenen Cottbussern, die noch Arbeit hatten, der Mut. Verunsicherung und Sorge um die eigenen Perspektiven machten sich breit.

Hoffnungen richten sich derzeit vor allem auf ein Industriekraftwerk, das nach und nach Arbeitsplätze für vormalige Braunkohlekumpel bieten soll. Und auf den Ostsee. Der besteht bis jetzt nur aus einer gigantischen, sandigen Mulde, die der Tagebau Cottbus-Nord hinterlassen hat. Die Flutung wird mehrere Jahre in Anspruch nehmen. Der Plan ist, am Cottbusser Ufer ein neues, energieautarkes Wohnviertel zu errichten. Ein Hafenkai, Strände und Freizeitanlagen sollen dem Gebiet neues Leben verleihen.

Marode Bildungsstätten, fehlendes Personal

Die Stichworte Kindergartenplätze und Schulen lösten bei den Befragungen ganz unterschiedliche Reaktionen aus. Wo die Bevölkerung stark wächst, hinken die Kommunen mit dem Ausbau der Infrastruktur hinterher. In Hamburg müssten sich angehende Eltern schon vor der Geburt des Kindes für einen Kitaplatz anmelden, hat ein Bewohner gehört. Ein besonderes Problem von Ballungsräumen nennen Interviewpartner in Stuttgart. Fertig gebaute Kindergärten stehen leer, weil sich kein Personal findet: „Wir kriegen die Leute nicht. Die sagen: Wir würden gerne für Sie arbeiten, aber finden keine bezahlbare Wohnung." Auch auf dem Land mangelt es an Fachkräften im Bildungsbereich, allerdings mehr, weil es für diese nicht attraktiv genug ist, wie ein Amtsvorsteher in Schleswig-Flensburg feststellt: „Selbst die Kirche findet kein Personal für ihre Einrichtungen."

In prosperierenden Städten wie Dresden merken Eltern an, es gebe im Prinzip genug Schulen, aber auch schon Lehrermangel. Auf dem Land werden dagegen vielerorts Schulen zusammengelegt, weil es an Schülern mangelt. In Schleswig-Flensburg preist die zuständige Verwaltung eine solche Zusammenlegung in einem zentralen Campus als Errungenschaft. Betroffene Bürger lehnen sie jedoch ab, denn unter anderem bringt sie längere Schulwege mit sich. Eine Politikerin meint: „Dann ziehen die Leute lieber gleich dahin, wo die zentrale Schule ist, damit die Kinder am Nachmittag auch mit den anderen spielen können."

In Ludwigshafen am Rhein gebe es zwar mehr als genug Schüler, sagen Gesprächspartner, die Schulen „platzen aus allen Nähten". Aber viele Gebäude seien marode. Und die hoch verschuldete Stadt sei mit Sanieren und Bauen im Rückstand. Auch in Stuttgart wünschen sich Befragte, dass es deutlich schneller ginge mit Sanierungen und dem Errichten zusätzlicher Schulen – immerhin: „Stuttgart gehört zu diesen Städten, in denen Geld da ist und investiert wird."

Tirschenreuth: Die „Ruhe in der Mitte Europas"

Die Menschen im oberpfälzischen Tirschenreuth wirken zufrieden. Man ist stolz darauf, vom rückständigen Zonenrandgebiet zum „Herzen Europas" avanciert zu sein. Hügel, Felder, Zwiebeltürme über den Ortschaften und dazwischen immer wieder Teiche prägen das einstige „Armenhaus Bayerns". Die Fischzucht spielt seit dem Mittelalter eine wichtige Rolle. Die Gasthäuser servieren Karpfen und allerorts erinnern farbenfrohe Skulpturen an die lange Tradition der Teichwirtschaft.

Nach einem Strukturwandel blüht die Wirtschaft heute förmlich auf. Die Porzellan-, Knopf- und Textilindustrie aus der Nachkriegszeit hielt dem Druck der Globalisierung nicht stand. Maschinenbau, Metall- und Kunststoffverarbeitung spielen heute die Hauptrolle. Zahlreiche Firmengründungen von Einheimischen treiben die Entwicklung voran. Entsprechend optimistisch und selbstbewusst blicken die Gesprächspartner in die Zukunft. Viele Jobs sind entstanden, es herrscht nahezu Vollbeschäftigung. Zunehmend entscheiden sich junge, gut ausgebildete Tirschenreuther zurückzukehren. Ohne die Mitarbeiter aus dem benachbarten Tschechien würde nicht nur die Gastronomiebranche zusammenbrechen. Die Verlegung des bayerischen Landesamts für ländliche Entwicklung aus Regensburg 2013 hat sich ebenfalls positiv auf den Landkreis ausgewirkt.

Überhaupt ist man mit der Unterstützung durch die Staatsregierung zufrieden. Die Bürgermeister beschreiben die Zusammenarbeit als unkompliziert. Was auch damit zusammenhängen dürfte, dass man oft das Parteibuch teilt. Lange Zeit herrschte die CSU hier praktisch allein. Heute stellen zwar die Freien Wähler den Landrat. Inhaltlich sind sich die beiden Parteien aber in vielen Punkten einig.

Wenn die Tirschenreuther Unmut äußern, dann bezieht sich das meist auf die Versorgung. Man ist auf das Auto angewiesen. Erst kürzlich wurde der Stadtbus in der Kreisstadt eingestellt. Außerhalb der Ortschaften ist das Internet langsam, das Mobilfunknetz lückenhaft, Ärzte werden händeringend gesucht. Viele kleine Läden weichen den großen Supermärkten an den Ortseingängen.

Doch die Menschen leben gerne hier und haben das Gefühl, durch Eigeninitiative die Dinge verbessern zu können. In ihrem Selbstverständnis als Oberpfälzer packen sie die Probleme an. Stolz ist man auf das „Baxi" (Bus+Taxi), ein Rufbussystem, das mittlerweile von anderen Landkreisen übernommen wird. Bürger haben einen Geschichtspark ins Leben gerufen und kümmern sich jetzt um die Einrichtung eines Coworking-Space im Örtchen Bärnau. Viele finden es selbstverständlich, sich im Sport- oder Schützenverein zu engagieren oder in der Blaskapelle zu musizieren.

Für ein recht kreisspezifisches Problem hat die Verwaltung eine Lösung gefunden: Biber verstopften die Zuflüsse der Teiche, Kormorane und Fischotter fraßen die Fische weg und bedrohten zunehmend die Teichwirtschaft. Inzwischen schafft der bundesweit erste kreisangestellte Wildtiermanager Abhilfe. Die Teichbauern sind zufrieden: „Wir fühlen uns ernstgenommen."

In Gelsenkirchen lobt ein Mitarbeiter der Stadt: „Wir haben ein richtig gutes Schulsystem. Aber dann ziehen die gut Ausgebildeten weg. Wichtig wäre: Wie können wir die halten, die hier gut qualifiziert wurden?" In der Gelsenkirchener Gesprächsrunde sind sich viele einig, eine Universität oder Hochschule könnte helfen. Dieser Wunsch nach einer eigenen höheren Bildungsstätte kommt auch in anderen Regionen, die wir besucht haben, zum Ausdruck. Wenn ein akademisches oder Fachhochschulstudium in der Nähe möglich wäre, so die Hoffnung, würden mehr junge Menschen in ihrer Heimat bleiben und die Gegend beleben. In Heilbronn hat sich diese Hoffnung als berechtigt erwiesen: Die TU München hat in der Stadt eine Außenstelle eingerichtet. Wie der Direktor eines nahegelegenen Gymnasiums berichtet, bleiben jetzt viele Abiturienten in der Region.

Dabei sehen sich jene Landkreise im Vorteil, die zumindest einen oder sogar mehrere Hochschulstandorte in direkter Nachbarschaft haben: In Schleswig-Flensburg sind das die kreisfreie Stadt Flensburg, die vom Landkreis umschlossen wird, und Sonderburg jenseits der dänischen Grenze. Von Rotenburg (Wümme) könnten Studierende im Prinzip nach Bremen oder Hamburg pendeln, nur bleiben sie dort häufig hängen. An Gütersloh grenzt die Universitätsstadt Bielefeld. Immerhin hat die Bielefelder Fachhochschule im Herbst 2018 einen Campus Gütersloh hinter dem Bahnhof der Kreisstadt in Betrieb genommen. Das sehen die befragten Gütersloher durchweg als positiv für die Entwicklung des Kreises.

Im brandenburgischen Cottbus sind die Gesprächspartner stolz auf die Technische Universität, die Studierende aus aller Welt anzieht. Dort herrscht allerdings eine andere Sorge: „Wie kriegt man die Fachkräfte hier gehalten? Die eigenen Leute werden nicht reichen. Mit einer Abiturientenquote von 50 Prozent wird das schwierig. Und das allgemeine Bildungsniveau ist für die Unternehmen oft schockierend."

Nur noch Nagelstudios und Billigbäcker

Was vermissen die Befragten noch? Ob in Städten oder auf dem Land, überall bedauern die Menschen, dass Bäckereien und Metzgereien verschwinden. Dabei sehen sie aber, dass es die allgegenwärtigen Supermärkte und Discounter sind, die dem Einzelhandel das Leben schwer machen, weil die meisten Kunden dort neben dem Haushaltsbedarf auch gleich die Brötchen und die Wurst holen. Obendrein können sie Pakete aufgeben und Geld abheben, während allenthalben die Post- und Bankfilialen geschlossen wurden.

In Ludwigshafen beklagen etliche, der Innenstadt fehle es an attraktiven Einkaufsmöglichkeiten und Gastronomie. So manche Läden stünden leer, seit 2010 das riesige Einkaufszentrum „Rhein-Galerie" eröffnet habe. „Die Innenstadt ist tot", sagt eine Ludwigshafenerin: „Vor 30 Jahren gab es noch interessante inhabergeführte Geschäfte, jetzt nur noch Nagelstudios, Billigbäcker, Ein-Euro-Shops. Das vertreibt einem die Lust." Ein ähnliches Bild bietet das Zentrum von Gelsenkirchen: Schnellimbisse, Discounter und Shisha-Bars reihen sich aneinander. Im Bezirk Gelsenkirchen-Ost lässt sich der Niedergang im Kohlerevier auch am Niedergang der Kneipenszene festmachen: „Zu Bergbauzeiten hatten wir hier über hundert Kneipen. Jetzt sind es nur noch vier. Die Wirtin vom ‚Türmchen' geht auf die siebzig zu. Die will dat Ding loswerden, findet aber keinen Nachfolger." In Rotenburg (Wümme) erzählen sie, der Einzelhandel in den Kleinstädten habe sich beschwert, das größte Kaufhaus im Norden im Nachbarlandkreis, Dodenhof, ziehe die Kundschaft ab. Aber: „Heute beschwert sich Dodenhof über den Onlinehandel."

„Gymnasien zu erreichen ist im ländlichen Raum schwierig. Ab der elften Klasse müssen die Schüler die Busfahrkarte selbst bezahlen. 360 Euro im Jahr kostet das. Die fahren mit dem Fahrrad zum Teil zehn Kilometer, bei Wind und Wetter, um Abitur zu machen. Da scheiden sich dann die Bildungskarrieren." (Schleswig-Flensburg)

Gute Beispiele: Die Wiedergeburt des Tante-Emma-Ladens

Vielerorts packen Bürger an, um dem Ladensterben in den Dörfern etwas entgegenzusetzen – und gleichzeitig wieder einen Treffpunkt für das Dorf zu schaffen. Im Ostalbkreis betreiben Bewohner von Großdeinbach, einem ländlichen Stadtteil von Schwäbisch Gmünd, seit 2013 einen Dorfladen. Die Idee war aufgekommen, als das Bezirksamt aus der 1907 erbauten ehemaligen Schule auszog und das Gebäude zum Verkauf ausgeschrieben war. Ein „Team ortsverbundener Bürger" setzte sich dafür ein, das Haus und den Vorplatz für eine bürgerschaftliche Nutzung zu erhalten. Die Initiative war von Erfolg gekrönt: Die Stadt erwarb das Gebäude, eine eigens gegründete Genossenschaft baute es um. Der „Deinbacher Dorfladen" bietet alles, was Haushalte täglich brauchen, frisch und wenn möglich von lokalen Lieferanten.

Auch in Werther, einer Kleinstadt mit gut 11.000 Einwohnern im Norden des Landkreises Gütersloh, mochten Bürger des Ortsteils Häger nicht länger zusehen, wie ein Geschäft nach dem anderen

„Wir hatten hier (in Riesbürg, Ostalbkreis) einen Bäcker, der hat Pleite gemacht. Und der Metzger findet keinen Nachfolger. Dann haben wir, was Grundversorgung betrifft, nichts mehr. Die Bürger nehmen es erst wahr, wenn etwas fehlt. Aber wir haben es nicht weit zu den Einkaufszentren."
(Ostalbkreis)

verschwand. Sie gründeten einen Verein, bauten in ehrenamtlicher Arbeit eine ehemalige Bäckerei um und betreiben dort seit 2016 den „Dorfladen Häger" mit angeschlossenem Café. Der Besitzer und Vermieter des Lokals ist ein „engagierter Unterstützer" des Projekts.

In Demen, einer 855-Einwohner-Gemeinde im Nordosten des mecklenburgischen Landkreises Ludwigslust-Parchim, war es ein Rentner-Ehepaar aus Hessen, das den Anstoß zur Gründung eines kleinen Dorfladens gab: Ihr Urlaubsort gefiel den beiden so gut, dass sie sich in Demen niederließen und mit Unterstützung der Bürgermeisterin wie auch der Bewohner dafür sorgten, dass ein Ladengeschäft umgebaut und ein Pächter gefunden wurde, der den Dorfladen Demen betreibt.

Im bayerischen Landkreis Tirschenreuth erproben einige Gemeinden, die sich zur „Steinwald-Allianz" zusammengeschlossen haben, eine digitale Strategie gegen den Rückzug des Einzelhandels: Der mobile Dorfladen liefert online bestellte und vorbezahlte Lebensmittel nach einem festen Fahrplan an Haltepunkte in den Dörfern.

„Einkaufsmöglichkeiten für ältere Leute fehlen. Eine Zeitlang fuhr ein Kaufmann mit einem mobilen Supermarkt herum. Das ist aber wieder eingeschlafen, weil es sich nicht gerechnet hat. Die Preise waren höher. Wenn die Leute die Möglichkeit haben, dass die Enkelkinder einmal die Woche zu Aldi fahren, steht der Kaufmann da und wartet auf Kundschaft." (Schleswig-Flensburg)

2.4 Reicht das Einkommen?

Wo die Wirtschaft läuft, ist die Stimmung positiv

Theoretisch müssten die Bewohner der reichen Großstädte und ihrer Speckgürtel von Cluster 1 sowie der erfolgreichen ländlichen Regionen in Cluster 4 mehrheitlich zufrieden sein mit ihrem Leben und ihren Teilhabechancen. Tatsächlich nehmen die Befragten in Stuttgart und Hamburg ihre persönliche Situation insgesamt positiv wahr, ebenso im Ostalbkreis und im Landkreis Gütersloh. Aber auch die Gesprächspartner in den attraktiven Großstädten aus Cluster 2, Braunschweig und Dresden, beschreiben ihre eigene Situation und die ihrer Region als positiv. In Tirschenreuth, einer der beiden Stellvertreter-Regionen für das ländliche Cluster 5 mit vereinzelten Problemen, leben die Menschen nicht nur aus Heimatgefühlen oder wegen der Natur gerne. Unsere Gesprächspartner dort geben sich auch durchweg optimistisch und zupackend.

Die Stimmung scheint also gut, wo nahezu Vollbeschäftigung herrscht. Wo sich die Wirtschaft entwickelt, sehen vor allem Jüngere Perspektiven für sich. Dennoch: Auch in eher strukturschwachen Regionen mit geringen Teilhabechancen schätzen die meisten Gesprächspartner ihre eigene Lebenslage als gut ein, etwa in Ludwigslust-Parchim und Schleswig-Flensburg (Cluster 6) oder in Gelsenkirchen (Cluster 3). Eine düstere Grundstimmung haben wir dagegen festgestellt, wo es massive Einbrüche gab und sich kaum Verbesserungen abzeichnen wie in Mansfeld-Südharz. Der Landkreis ist in Cluster 6 eingeordnet, liegt aber beim Anteil an Leistungsempfängern nach SGB II weit über dem Clusterdurchschnitt und weist eine der bundesweit höchsten Schulabbrecherquoten auf. Ähnlich der Eindruck in Cottbus, das den Durchschnitt der Städte mit Problemlagen in Cluster 3 widerspiegelt: Hier äußern viele

Befragte Zukunfts- und Abstiegsängste angesichts des bevorstehenden Kohleausstiegs und des damit verbundenen grundlegenden Wandels. Die Teilnehmer der Gesprächsrunde in Cottbus stufen ihre Teilhabemöglichkeiten mehrheitlich als eher gering ein.

„Wenn man Arbeit hat, kann man sein Leben relativ gut gestalten." (Braunschweig)

„Fundament allen Wohlstands ist die Wirtschaft. Wenn es der Wirtschaft gutgeht, geht es den Menschen gut." (Gütersloh)

„Wir haben Vollbeschäftigung. Es mangelt an Fachkräften, vor allem Handwerksbetriebe tun sich schwer. Die Firmen legen viel Wert auf Bildung und stellen hohe Anforderungen, was die Einstellung zur Arbeit angeht. Wir haben einen tollen Ausbildungsbereich und beste Maschinen." (Ostalbkreis)

„Die Leute sind im Großen und Ganzen wirtschaftlich zufrieden. Es gibt hier keine Problemviertel oder Problemorte oder große gesellschaftliche Konfrontationen, wie man das aus Großstädten kennt. So ein bisschen heile Welt hier. Ein bisschen langweilig auch. Die klassische norddeutsche Tiefebene." (Rotenburg)

Gelsenkirchen: Blauer Himmel, trübe Aussichten

Die Gesprächsrunde in Gelsenkirchen ist gut besetzt. Einige Teilnehmer sind sichtlich bemüht, das schlechte Image ihrer Stadt zu korrigieren. Sie haben aber einen schweren Stand. In bundesweiten Rankings landet die einstige Kohle-Hochburg regelmäßig auf den hintersten Plätzen. Die Daten sprechen für sich: Fast ein Viertel der Bevölkerung bezieht Sozialhilfe, die Arbeitslosenquote hält sich konstant bei etwa elf bis zwölf Prozent[7] und die Kinderarmutsquote ist die höchste bundesweit.[8] Gerade wieder ging Gelsenkirchen aus einem bundesweiten Vergleich zur Zukunft der Regionen als Schlusslicht hervor, weil es in allen Bereichen schlechteste Noten kassierte: Wirtschaft, Bildung, Familienfreundlichkeit und demografische Entwicklung. Die Bevölkerung ist zwar bis vor kurzem noch etwas gewachsen - hauptsächlich durch Zuwanderung aus Südosteuropa. Bis 2035 dürfte sie jedoch schrumpfen.[9]

Ein Gesprächsteilnehmer erklärt die Strukturschwäche so: „Im Süden des Ruhrgebiets setzte die Deindustrialisierung eher ein als im Norden, deshalb entstanden dort Universitäten und Nachfolgeindustrien. Als sie hier oben ankam, war der Wohlstand weniger, es gab nicht mehr so viel zu verteilen." Ob es vor allem an Geldmangel liegt oder daran, wie andere meinen, dass es der Stadt an Ideen und an Offenheit für Veränderungen fehle: Es ist auch für Außenstehende sicht- und spürbar, dass nur wenig vorangekommen ist, seit in der „Stadt der tausend Feuer" die letzte Zeche schloss. Auf dem Gelände eines ehemaligen Eisenwerks wurde 1995 der „Wissenschaftspark" eröffnet, ein elegantes Gebäude mit geschwungener Glasfassade, in dem Unternehmen, Forschungsinstitute und einige städtische Dienststellen ihren Sitz haben. Und an einigen Standorten entstehen Gewerbegebiete oder Parks. Von Aufbruchstimmung kann aber kaum die Rede sein.

Indes berichten viele von Unzufriedenheit. Mit Schulen, in denen aufgrund des hohen Anteils migrantischer Kinder kaum noch normaler Unterricht möglich sei. Mit Leerständen und verfallender Bausubstanz. Mit zunehmender Vermüllung, Unordnung, Lärm und anderen Belästigungen, die hauptsächlich von Zuwanderern ausgingen. Einige bedauern, dass sich der nachbarschaftliche Zusammenhalt auflöse, der die Arbeiterstadt in den guten Zeiten geprägt habe. Andere beklagen, es fehle eine bürgerliche Mittelschicht, die an politischen Prozessen teilnimmt und sich engagiert, die Kaufkraft bringt und investiert.

Stolz nur auf Schalke

Die verbreitete Unzufriedenheit könnte ein Grund dafür sein, dass die AfD bei der letzten Bundestagswahl in Gelsenkirchen 17 Prozent der Stimmen einheimste. Selbst in gutbürgerlichen Vierteln, die von dem Niedergang und den Belästigungen wenig bis gar nichts mitbekommen, erhielt die Partei hohe Zustimmung. Das alternative Stadtmagazin „isso" ist in einem ruhigen, grünen Viertel am Stadtrand vor Ort auf eine mögliche Erklärung gestoßen: Abstiegsängste bei denen, die noch etwas zu verlieren haben. Die Menschen fürchteten sich davor, dass es bei ihnen ebenso schlimm kommen könnte wie in den Problemstadtteilen. Die AfD aber werbe gerade damit, Schlimmes verhindern zu können.

Doch auch wenn die Stimmung zwischen Zweckoptimismus und Pessimismus schwankt – auf den Bundesligaverein Schalke 04 sind ausnahmslos alle in Gelsenkirchen stolz. Er hat auch außerhalb von Gelsenkirchen einen Ruf.

Gespaltene Gesellschaften

Wo immer sich bei unserem Besuch eine gute Stimmung gezeigt hat, gilt es zu berücksichtigen, dass sich ausschließlich Experten und Bürger für Gespräche zur Verfügung gestellt haben, die den mittleren und oberen gesellschaftlichen Schichten zuzurechnen sind. Selbst innerhalb der wohlhabendsten Regionen mit den besten Indikatorenwerten für Teilhabe gibt es aber gesellschaftliche Gruppen mit mehr oder weniger eingeschränkten Teilhabechancen. Wie erwähnt, haben wir dazu hauptsächlich Aussagen von Experten abgefragt, die mit diesen Gruppen zu tun haben.

In allen Städten gibt es neben „besseren" und „gutbürgerlichen" Nachbarschaften auch benachteiligte, wenn nicht sogar abgehängte Wohngebiete, in denen sich Armut und soziale Probleme häufen und der Bevölkerungsanteil mit Migrationshintergrund besonders hoch ist. Manche sind als soziale „Brennpunkte" über die Stadtgrenzen hinaus bekannt. Hier zeigt sich, dass die sozialräumliche Spaltung zwischen Arm und Reich, Segregation im Fachjargon, in deutschen Städten zunimmt. Insbesondere die Kinderarmut konzentriert sich zunehmend in bestimmten Stadtteilen; einkommensschwache Haushalte mit Kindern werden in die Großwohnsiedlungen am Stadtrand verdrängt.[10] In Hamburg dokumentiert die Sozialmonitoring-Karte der Hansestadt diese Spaltung: Nachbarschaften mit niedrigem bis sehr niedrigem Status sind unter anderem Billbrook am östlichen Stadtrand, der Osdorfer Born nahe der westlichen Stadtgrenze, Steilshoop im Norden und Neuwiedenthal südlich der Elbe. Die gut und sehr gut Betuchten wohnen entlang des nördlichen Elbufers, rund um die Binnenalster und im grünen Norden. Dazwischen liegen ausgedehnte Gebiete mit mittlerem

Status.[11] „Diese Diversifizierung der Gesellschaft wird uns noch mächtig beschäftigen", sagt ein Mitarbeiter der Diakonie. Er beschreibt die Lebenslage seiner Klientel so: „Ihre Hauptaufgabe ist, das Leben auf die Reihe zu bekommen. Damit verbringen sie den ganzen Tag. Manche putzen morgens, abends räumen sie Regale ein und dazwischen versuchen sie die Kinder einigermaßen zu versorgen. Die stellen sich die Frage gar nicht, ob sie abgehängt sind oder nicht ins Theater gehen können."

Ein Extrembeispiel für sozialräumliche Trennung ist Ludwigshafen. Wer etwa im gutbürgerlichen Viertel Oggersheim wohne, sagen Gesprächspartner, würde sich nie als Ludwigshafener bezeichnen, sondern als Oggersheimer und blicke auf andere, weniger gut gestellte Stadtviertel herab. So habe der Hemshof, ein Sanierungsgebiet mit hohem Ausländeranteil und alternativer Szene in der nördlichen Innenstadt, bei vielen einen schlechten Ruf. In Gelsenkirchen trennt der Rhein-Herne-Kanal den armen Süden mit der Innenstadt vom relativ gut situierten Norden. Aber auch in größeren Kreisstädten von Landkreisen gibt es Bereiche mit großen Wohnblocks, wo besonders viele Transferleistungsempfänger leben. Dagegen ist im wohlhabenden Stuttgart die Gesellschaft relativ gut durchmischt, wie die Interviewpartner bestätigen. Doch auch hier gibt es Stadtteile wie Bad Cannstatt, wo viele Menschen bedürftig sind und sich soziale Probleme häufen.

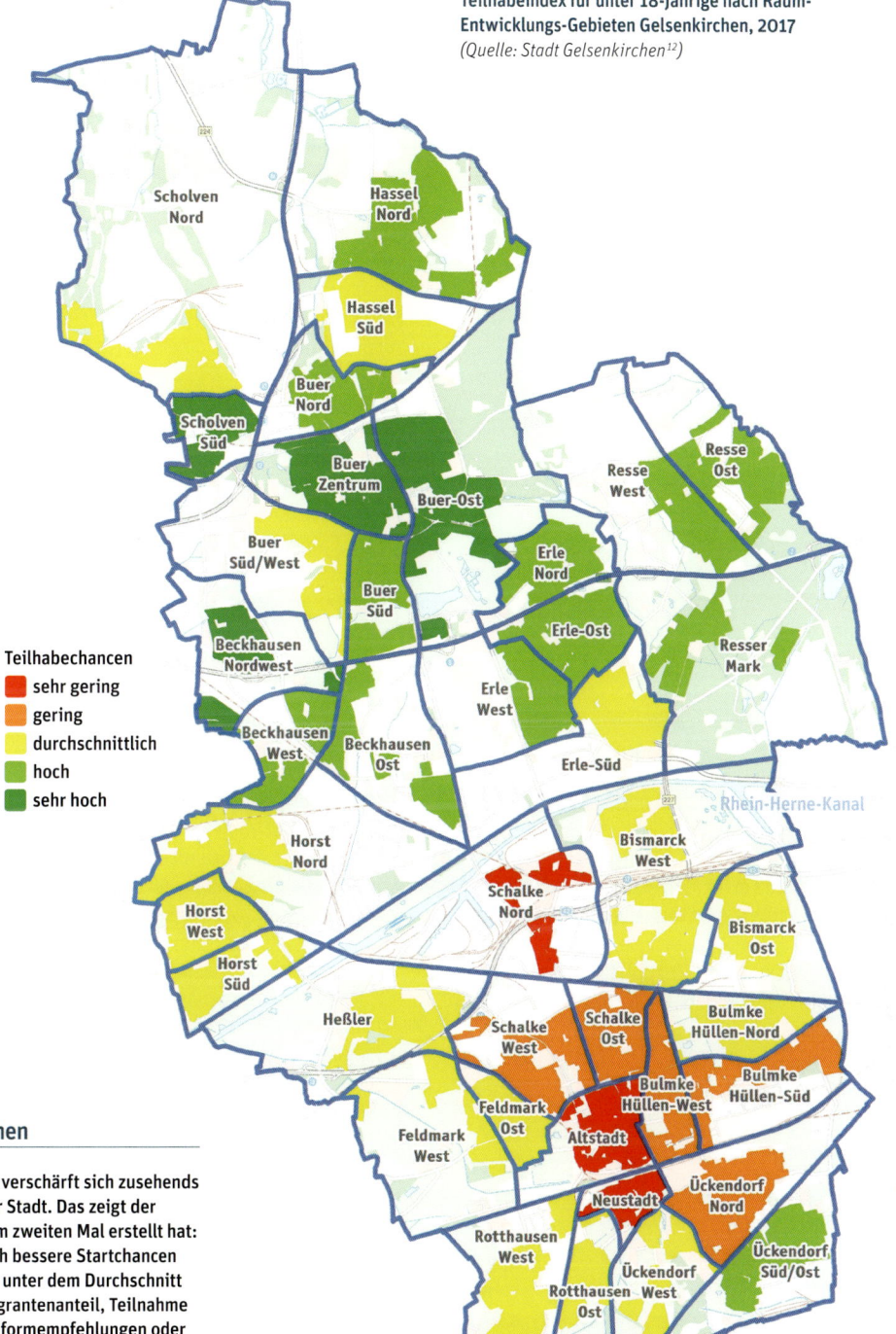

Teilhabeindex für unter 18-Jährige nach Raum-Entwicklungs-Gebieten Gelsenkirchen, 2017
(Quelle: Stadt Gelsenkirchen[12])

Teilhabechancen
- 🟥 sehr gering
- 🟧 gering
- 🟨 durchschnittlich
- 🟩 hoch
- 🟩 sehr hoch

Ungleiche Chancen für Kinder in Gelsenkirchen

In Gelsenkirchen – wie in anderen Großstädten auch – verschärft sich zusehends die Ungleichheit der Lebensbedingungen innerhalb der Stadt. Das zeigt der Teilhabe-Index für Kinder, den Gelsenkirchen 2018 zum zweiten Mal erstellt hat: Nördlich des Rhein-Herne-Kanals haben Kinder deutlich bessere Startchancen als im Süden der Stadt, wo Schalke-Nord am weitesten unter dem Durchschnitt liegt. In den Index sind Daten wie Sozialgeldquote, Migrantenanteil, Teilnahme an Vorsorgeuntersuchungen, Kita-Besuchsdauer, Schulformempfehlungen oder Wohnumfeld eingeflossen.

Langzeitarbeitslose sehen keine Perspektiven

Wenn Vollbeschäftigung gute Stimmung erzeugt, müsste sich im Umkehrschluss eine hohe Arbeitslosenquote dämpfend auf die Wahrnehmung auswirken. In der Befragung hat sich dies nur teilweise bestätigt. Richtig schlechte Einschätzungen der persönlichen Situation fanden sich vor allem in Kreisen mit einem vergleichsweise hohen „Sockel" an verfestigter Langzeitarbeitslosigkeit. Die Experten sagen einhellig: Menschen, die schon lange aus dem Arbeitsmarkt herausgefallen sind, sind vom Gefühl geprägt, nicht gebraucht zu werden und nicht am gesellschaftlichen Leben teilhaben zu können, mitunter auch gar nicht mehr zu wollen. Das Thema Langzeitarbeitslose kommt zwar auch in boomenden Städten wie Stuttgart oder Braunschweig zur Sprache. Dramatisch scheint es jedoch in Mansfeld-Südharz zu sein: Für viele Langzeitarbeitslose liege es außerhalb ihres Horizonts, jemals wieder einer geregelten Arbeit nachzugehen. In manchen Haushalten hätten bereits die Kinder und Kindeskinder diese Sichtweise und Perspektivlosigkeit übernommen. Ähnliches berichten Experten in Ludwigslust-Parchim und Schleswig-Flensburg, den anderen Landkreisen aus Cluster 6. Im sozial schwachen Cottbusser Stadtteil Schmellwitz erfahren wir: „Manche hat's wirklich zerrissen. Viele Ältere haben keinen Mut mehr zum Arbeiten, sie haben Angst vor dem Versagen. Ihre Zukunftsangst hat sich auch in vielen Kindern festgesetzt."

Mehr Vielfalt auf dem Arbeitsmarkt

Mancherorts gibt es jedoch einfach keine Jobs für bestimmte Bevölkerungsgruppen. In den meisten ländlichen Regionen, die wir besucht haben, wünschen sich Befragte eine größere Vielfalt an Arbeitsmöglichkeiten, vor allem für qualifizierte Kräfte. Wenn es daran fehle, bleibe nur wegzugehen – oder gar nicht erst herzuziehen. „Die Wirtschaft treibt unsere Leute in die Städte", sagt eine Tirschenreutherin. In Ludwigslust-Parchim sehen Behörden und Ämter schon einen Wettbewerb um geeignetes Verwaltungspersonal, der bis nach Hamburg reiche. Im Ostalbkreis gibt es zwar viele Jobs, aber „nicht alle Bewerber kommen ihrer Qualifikation entsprechend unter". Ein anderes Problem zeigt sich in der Stadt Harsewinkel im Landkreis Gütersloh, Sitz des Landmaschinenherstellers Claas: „Die Gegend hier war früher sehr katholisch geprägt. Frauen haben nur selten gearbeitet. Die Frauenerwerbstätigkeit ist jetzt etwas gestiegen. Aber das produzierende Gewerbe hier bietet eher Männerarbeitsplätze."

„Langzeitarbeitslosigkeit ist hier das Problem Nummer eins. Das ist ein verhärteter, konsistenter Personenkreis, der das Thema über Generationen tradiert. Mit Arbeitsmarktmaßnahmen lässt sich das nicht reduzieren. Es braucht nicht Einzelmaßnahmen, sondern ganze Förderketten. Wir wollen Modellregion für die Behandlung von Langzeitarbeitslosigkeit werden." (Mansfeld-Südharz)

„Die (Langzeitarbeitslosen) sagen einem unverblümt die Meinung: ‚Ja hier ist doch gar keine Arbeit. Und wenn man Arbeit kriegt, verdient man so wenig, da kann man gleich Hartz-IV machen.' Jemand, der Mindestlohn kriegt, rechnen Sie mal neun Euro die Stunde und 160 Stunden im Monat, wenn Sie alles an Kosten abziehen, sind vielleicht noch 900 Euro netto in der Lohntüte. Mit Hartz-IV hat man alles frei außer Strom, kriegt die Waschmaschine oder den Fernseher repariert. Das animiert einen doch nicht zur Arbeit zu gehen." (Mansfeld-Südharz)

„Ludwigshafen ist eine Industriestadt, eingebettet in eine Metropolregion mit Mannheim, Heidelberg, Kaiserslautern, Karlsruhe. Aber es droht Fachkräftemangel, unter anderem, weil es nur wenig Austausch zwischen Schulen und Betrieben gibt. Die Berufsschulen sind in einem beklagenswerten Zustand. Die Stadt ist nicht attraktiv für Hochqualifizierte." (Ludwigshafen)

„Wir haben einen boomenden Arbeitsmarkt hier in Braunschweig. Das ist sicherlich insgesamt gut. Nicht gut daran ist, dass die Berufe, die hier gefragt sind, alle höherwertig sind. Wir sind ein Forschungsstandort, wir haben sehr viele Behörden. Der einfache Arbeitsmarkt, der „Helfermarkt" bricht nach und nach weg. Deshalb haben wir einen Überschuss an freien Stellen, die wir nicht besetzen können. Und diejenigen, die nur eine einfache bis gar keine Schul- oder Berufsausbildung haben, bleiben auf der Strecke." (Braunschweig)

Ludwigslust-Parchim: Es wächst nicht zusammen, was zusammengehören soll

Der Landkreis an der ehemaligen innerdeutschen Grenze ist riesig, fast doppelt so groß wie das Saarland. Zwei Kreisgebietsreformen 1994 und 2011 fassten sechs frühere Kreise zusammen. Für die Bewohner bedeutet das viele weite Wege über lange, gerade Straßen entlang ausgedehnter, flach gewellter Felder. Nur selten durchqueren sie dabei Ortschaften.

Fast alle Gesprächspartner kommen irgendwann auf die Folgen der Zusammenlegungen zu sprechen. In der barocken Residenzstadt Ludwigslust ärgert man sich darüber, dass man nicht Kreisstadt geworden ist, in Parchim, dass wichtige Einrichtungen des Kreises und des Landes nach Ludwigslust gingen. Und alle ärgern sich über die langen Wege, die ohne Auto nicht zu bewältigen sind. Der große Kreis gibt seinen Bewohnern kein Gefühl der Zugehörigkeit, die Mehrheit identifiziert sich noch immer mit den sechs Altkreisen. Das zeigt sich bei der Wahl der Autokennzeichen: Seit 2013 stehen auch die ursprünglichen Kürzel zur Auswahl – aber das „LUP" für den Gesamtkreis ist nur vereinzelt zu erblicken. Die Anteilnahme reicht oft nur bis zur Grenze des eigenen Altkreises: „Was interessiert mich in Lübz, was in Hagenow los ist?"

Ludwigslust-Parchim gehört zur Metropolregion Hamburg. Im Landkreis selbst liegt kein Oberzentrum, neben Parchim und Ludwigslust gilt Hagenow als Mittelzentrum. Vieles orientiert sich in Richtung Schwerin oder Hamburg: Hier sind die Hochschulen, viele Arbeitgeber, Ärzte und Diskotheken. Auch wegen der Nähe zu den beiden Städten steht der Landkreis verglichen mit anderen Kreisen des Bundeslandes gut da, vor allem mit jenen im östlichen Vorpommern. Doch auch innerhalb des Kreises existiert ein West-Ost-Gefälle. Gemeinden im Westen wie Zarrentin oder Gallin, die in unmittelbarer Nähe zur Autobahn nach Hamburg liegen, haben nach der Wende eine einzigartige Entwicklung erlebt und ziehen zahlreiche Unternehmen und Zuzügler an.

Die demografische Entwicklung stimmt viele im Kreis optimistisch. Zwar wirkt immer noch der Schock des wirtschaftlichen Zusammenbruchs nach der Wende und des massenhaften Wegzugs junger Menschen nach. Die wachsenden Chancen auf dem Arbeitsmarkt führen jedoch dazu, dass mehr junge Menschen sich entscheiden zu bleiben oder nach der Ausbildung zurückzukehren. Auch viele wohlhabende Rentner setzen sich in der Region zur Ruhe.

Die Menschen ärgern sich zwar über die langen Wege und den mangelnden öffentlichen Nahverkehr. Sie beklagen, dass Ärzte in Wohnortnähe und schnelle Internetanschlüsse fehlen. Dennoch ergreifen nur wenige Bewohner die Initiative, um die Situation zu verbessern. Viele erwarten von der Obrigkeit, den Missständen beizukommen. Oft liegt es an engagierten Bürgermeistern oder Amtsvorstehern, neue Ideen umzusetzen und Lösungen voranzutreiben. Die Mecklenburger erklären diese Passivität mit ihrer Geduld und ihrer Leidensfähigkeit: Man richte sich in schwierigen Lebenslagen ein und ertrage diese so lang wie möglich. Zu handeln sei Aufgabe der Politik.

Wenn das Geld nicht reicht

Indes garantiert Arbeit zu haben noch lange keine vollumfängliche Teilhabe. Entscheidend ist, ob der Job genug einbringt, um davon leben zu können. Einer Politikerin in Ludwigslust-Parchim zufolge geht die Langzeitarbeitslosigkeit im Kreis zurück, das größere Problem seien inzwischen die sogenannten Aufstocker, also Erwerbstätige, die so wenig verdienen, dass sie nur dank zusätzlicher Zahlungen vom Arbeitsamt zurechtkommen: „Es gibt hier vor allem in der Landwirtschaft einen Mangel an niedrig qualifizierten Arbeitskräften, die zum Beispiel Hühnerställe ausräumen und so. Diese Jobs sind aber sehr schlecht bezahlt."

Deutschlands größter Schweinefleischverarbeiter im Kreis Gütersloh schlachtet und zerlegt täglich 26.000 Tiere. Weil Tönnies für diese schwere Arbeit nicht genug geeignetes Personal in Deutschland findet, beschäftigt die Firma über Werkverträge größtenteils Niedriglohn-Kräfte aus Polen, Rumänien und Bulgarien. Diese wohnen meist sehr beengt in Sammelunterkünften und schuften in der Hoffnung, in der begrenzten Vertragszeit genug beiseitelegen zu können, um sich nach der Rückkehr in die Heimat eine Existenz aufzubauen. Inzwischen bleiben doch viele und holen sogar ihre Familien nach, finden aber nach Ablauf ihrer Verträge oft keine neue Beschäftigung. Die Stadt Rheda-Wiedenbrück, Stammsitz des Tönnies-Konzerns, steht somit vor der Herausforderung, diese Zuwanderer zu integrieren und ihnen Teilhabe zu ermöglichen. Unsere Gesprächspartner im Landkreis blicken durchweg mit Bedauern auf deren Lage. Über Runde Tische versuche man Verbesserungen für sie zu erreichen.

Auf die Frage, welche Bevölkerungsgruppen außer Arbeitslosen, Billigarbeitern und Transferleistungsempfängern noch in ihren Teilhabemöglichkeiten eingeschränkt seien, nennen die Interviewpartner in allen 15 Regionen der Befragung dieselben: Ältere Menschen mit geringer Rente, darunter vor allem alleinstehende Frauen, Alleinerziehende und ihre Kinder sowie generell Kinder in sozial schwachen Haushalten.

Die Klientel der Gütersloher Tafel steht exemplarisch für diese Gruppen. In dem gutgenährten Kreis gibt es unter den rund 260.000 Einwohnern immerhin 3.800, die jede Woche eine Kiste mit gespendeten Lebensmitteln beziehen. Weit über ein Drittel sind Kinder, dazu viele alleinerziehende Mütter, Rentnerinnen, Männer in ihren Fünfzigern und Flüchtlinge. Die Arbeitslosenquote im Kreis sinkt zwar tendenziell.[13] Aber nicht nur die Leiterin der Tafel glaubt, dass die Wirtschaftsstruktur in der Region zunehmend Probleme schaffe: „Arbeitslosigkeit, prekäre Beschäftigung, Unsicherheit durch Zeitverträge, geringfügige Beschäftigung – das nimmt schon zu. Früher gab es viele einfache Arbeiten zu tun, jetzt nicht mehr. Der Druck durch Automatisierung und Rationalisierung wächst."

Bildung ist zentral

In Regionen, die wirtschaftlich den Anschluss zu verlieren drohen und in denen überdies viele keinen Schulabschluss vorweisen können, verschärft sich die Gefahr abgehängt zu werden. Denn beträchtliche Potenziale bleiben ungenutzt, weil es an Bildung und Qualifikation fehlt.

Unter den 15 Regionen hat Ludwigshafen mit 14,2 Prozent die höchste Schulabbrecherquote. Gesprächspartner begründen dies unter anderem mit dem Zuzug ausländischer Schüler in der 8. Klasse, die wegen mangelhafter Deutschkenntnisse die Schule ohne Abschluss verlassen. Das Problem zeigt sich ausgeprägt auch in Mansfeld-Südharz. Dort haben es 11,7 Prozent aller Schulabgänger 2017 nicht bis zum Hauptschulabschluss geschafft. Dabei berücksichtige die offizielle Statistik jedoch nicht, dass es in Mansfeld-Südharz sehr viele Förderschulen gebe und ein Abschluss dort nicht zähle, begründet ein Sozialexperte diesen hohen Wert. Die relativ hohe Anzahl an Schülern mit Lernbehinderungen und Entwicklungsrückständen, die Förderschulen besuchen, habe wiederum mit der weithin etablierten „Kultur der Arbeitslosigkeit" in der Region zu tun: „Es gibt Unternehmen, die in Schulen gehen und den Kindern sagen: Wenn du dich anstrengst, hast du einen Job. Wenn die Kinder aber aus einem dauerhaften Hartz-IV-Umfeld kommen, suggeriert ihnen ihre Umgebung etwas anderes. Sie schöpfen nur selten den Mut, aus diesem Paralleluniversum in die andere Welt zu wechseln."

Am Kolping-Berufsbildungswerk in Hettstedt (Mansfeld-Südharz) haben Förderschüler die Chance, eine Berufsausbildung in Bereichen wie Textilverarbeitung oder Gastronomie zu durchlaufen. Auch der Kreis bemüht sich gegenzusteuern, mit Programmen wie dem „Regionalen Übergangsmanagement" oder

mit dem Einsatz von Schulsozialarbeitern: „Wir versuchen zum Beispiel gerade Eltern zu erreichen, die nie zum Elternnachmittag kommen. Wir sind zum Erfolg verdammt, weil diese jungen Menschen die Ressource sind, mit der wir in der Region in den nächsten Jahren leben müssen."

Ludwigslust-Parchim liegt mit 8,3 Prozent Schulabbrechern etwas unter dem Durchschnitt des Clusters 6. Der Experte vom Jobcenter vermutet einen Zusammenhang zwischen dieser Quote und dem verfestigten, relativ hohen Anteil Langzeitarbeitsloser. Tatsächlich haben Untersuchungen gezeigt, dass in Gegenden mit hoher Arbeitslosigkeit auch die Schulabbrecherquoten hoch sind.[14] Umgekehrt sind Personen ohne abgeschlossene Berufsausbildung oder ohne Schulabschluss deutlich häufiger von Arbeitslosigkeit betroffen als Fachkräfte.[15] Der Versuch, solche Klienten zu einer Qualifizierungsmaßnahme zu bewegen, so der Experte vom Jobcenter weiter, scheitere häufig, denn: „Diese Kunden wären nicht bei uns, wenn sie nicht auf Grundsicherung angewiesen wären. Wenn sie sich aber auf eine Qualifizierung einlassen, zementieren sie, dass sie von Grundsicherung leben müssen. Denn früher gab es bei einer Qualifizierung mehr Geld zum Lebensunterhalt, aber jetzt zahlen wir nur die Grundsicherung weiter sowie die Qualifizierung selbst und die Fahrkosten. Manche ziehen es daher vor, erst einmal in Arbeit zu kommen, auch wenn sie sich dabei unter Wert verkaufen, also einen Job annehmen, bei dem sie wenig verdienen."

„Es gehen sehr viele weg, aber es kommen auch viele wieder. Das liegt an den guten Aussichten. Die können bei den Eltern anbauen oder das Haus der Eltern übernehmen. Man kommt leichter an Immobilien als in Hamburg oder Düsseldorf. Und die Eltern passen auf die Kinder auf. Alles sehr praktisch." (Gütersloh)

2.5 Demografische Veränderungen

Wenn die Jugend fehlt

Bildung ist der wichtigste Treiber auf dem Weg zur Wissensgesellschaft. Bildung ist aber auch ein bedeutender Faktor für die Abwanderung junger Menschen aus Gegenden, die ihnen keine Möglichkeiten bieten, sich weiter zu qualifizieren, und keine passenden Jobs. Die finden sie in Städten. Ländliche Regionen, in denen viele junge Menschen weggegangen sind und wenige zurückkehren, haben das Nachsehen – und damit schlechte Perspektiven. Besonders macht sich das im Osten Deutschlands bemerkbar. Dort wirkt sich das „demografische Echo" des heftigen Geburteneinbruchs und der massiven Abwanderung Jüngerer nach dem Mauerfall aus: Vielerorts fehlt die mittlere Generation der heute 30- bis 40-Jährigen komplett und Ältere stellen die Mehrheit.

Bei der Befragung in ländlichen Regionen haben wir zwei Extreme gefunden. Im Osten, in Mansfeld-Südharz spitzt einer sein Unbehagen in dem Satz zu: „Es bleiben die Alten, die Gebundenen und die Doofen." Im Süden der Republik dagegen, im Ostalbkreis und in Heilbronn-Land berichten Befragte von jungen Leuten, die nach dem Studium gerne zurückkommen, von Zuzug und einer enormen Nachfrage nach Bauplätzen und sogar von steigenden Geburtenzahlen. In den Landkreisen zwischen diesen Extremen beschreiben die meisten Gesprächspartner die demografische Entwicklung als tendenziell positiv: Zwar gingen immer noch mehr weg, als zurück oder neu hinzukommen, aber es bessere sich. Dabei geben die Befragten unterschiedliche Gründe an, die Menschen im Studien- oder Familiengründungsalter zum Umzug oder zur Rückkehr aufs Dorf bewögen. Neben Arbeitsplätzen, Verkehrsanbindung und Versorgung nennen sie etwa ein intaktes Dorfleben mit vielen Vereinen und Treffpunkten oder ein attraktives Freizeitangebot.

Manche zögen auch in die Nähe der Eltern, sei es, um diese im Alter zu pflegen, sei es, um jemanden zu haben, der sich während der Arbeitszeit um die eigenen Kinder kümmert.

„Die Kinder sind weg. Niemand kümmert sich um die Alten." (Mansfeld-Südharz)

„Was bewegt die Menschen? Die Befürchtung, wir werden immer weniger. Auf dem Dorf kann man das sehen. Die Leute empfinden das als gewisse Bedrohung. Sie sorgen sich: Was wird aus unserem Ort werden? Wir fühlen uns allein gelassen." (Ludwigslust-Parchim)

„Kinder, die hier eine sehr gute Ausbildung bekommen, vergessen nach dem Studium wieder zurück zu kommen." (Rotenburg)

„Seit letztem Jahr nehmen wir den demografischen Wandel konkret wahr. Die Schülerzahlen nehmen ab." (Schleswig-Flensburg)

„Wir waren 120 im Abiturjahrgang, davon sind vielleicht noch 20 hier." (Tirschenreuth)

„Cottbus ist nicht attraktiv für junge Leute. Die wollen nach Dresden oder Leipzig." (Cottbus)

„Wir haben mehr Zu- als Wegzug. Aber die demografische Entwicklung können wir damit nicht auffangen. Der Sterbeüberschuss ist das Problem." (Tirschenreuth)

„Nach Ausbildung oder Abitur ziehen die Jungen gleich weg aus Gütersloh und bleiben lieber in Berlin, Köln, Hamburg. Weil es uncool ist, sich ein Einfamilienhaus mit Doppelgarage zu kaufen." (Gütersloh)

Heilbronn: Mäzene verwandeln „Heilbronx" in modernen Bildungsstandort

Das Zentrum von Heilbronn erinnert an eine Freiluft-Architektur-Schau. Die futuristischen Gebäude der Kunsthalle und des Wissenschaftsmuseums „experimenta" setzen moderne Akzente in der einst zerbombten und hastig wieder aufgebauten Stadt. 2019 beherbergt Heilbronn die Bundesgartenschau. Mehrere Hochschulen und Forschungseinrichtungen, darunter ein Ableger der TU München, locken Studenten in die Stadt. Entlang des Neckars reihen sich seit kurzem Sushi-Bars an Kneipen und Cafés.

Es herrscht Aufbruchsstimmung in Heilbronn. Das liegt vor allem an dem Lidl-Gründer und Milliardär Dieter Schwarz. Der investierte Millionen in seine Heimatstadt, gestaltete sie regelrecht um. Er ist bei weitem nicht der einzige Held dieser märchenhaft anmutenden Geschichte: Mittelständische Firmen, auch in den umliegenden Städten des Landkreises Heilbronn, taten es ihm gleich. In Eppingen statten sie Schulen aus und finanzieren Kunst im öffentlichen Raum.

Nirgendwo in Deutschland ist das verfügbare Einkommen mit 35.000 Euro pro Kopf so hoch wie in der Stadt Heilbronn. Auch im Landkreis läuft es wirtschaftlich sehr gut. Dort haben nicht nur fast alle Menschen Arbeit. Neckarsulm ist so reich, dass es die Volkshochschule kommunal betreibt, neben einer Schwimm- und einer Konzerthalle. Statistisch gesehen ist Heilbronn ein Paradies. Sich für andere zu engagieren gehört zum guten Ton.

Eigentlich dürften Rechtspopulisten hier keine Chance haben. Dennoch gaben im Wahlkreis Heilbronn mit 16,4 Prozent auffällig viele Wähler ihre Stimme der AfD. Manche machen Russlanddeutsche dafür verantwortlich oder herkunftsdeutsche Familien, die in den 1990er Jahren die Stadt zu einer Hochburg der rechtspopu-listischen Republikaner machten. Viele begründen die hohen AfD-Stimmenanteile mit der Ankunft der Geflüchteten 2016, die für Verunsicherung gesorgt habe.

Auch in der wohlhabendsten Idylle Deutschlands blicken Menschen neidisch auf den Nachbarort. Verluste wiegen mehr als Gewinne: So trauern die Menschen in der Gemeinde Pfaffenhofen einem nahe gelegenen, aber schlecht ausgestatteten Krankenhaus hinterher – auch wenn es dafür im Landkreis nun mehr hervorragend ausgebildete Spezialisten gibt.

Widersprüchlich erscheint auch, dass Heilbronn eine der sichersten Städte Deutschlands ist, aber bei vielen als „Heilbronx" in Verruf steht. Vor allem ältere Menschen stören sich am hohen Anteil an Migranten in der Stadt. Als Asylbewerber hinzukamen, fürchteten sich manche, die Kirche zu betreten – weil auf den Stufen, wo die WLAN-Verbindung kostenlos ist, junge ausländische Männer saßen und surften. Fake News kursierten in sozialen Netzwerken und eine Bürgerwehr entstand. Diese verteilte einen Aufkleber an Ladengeschäfte, der signalisieren sollte, dort hinein könnten sich Bürger flüchten, wenn sie sich bedroht oder bedrängt fühlen.

Wenn die objektive Sicherheit in Heilbronn nicht mit dem subjektiven Empfinden korreliert, dürfte das auch an einer generellen Verunsicherung über die Entwicklung der Auto- und Elektroindustrie in der Region liegen. Einer der größten Arbeitgeber im Landkreis ist Audi, viele Firmen liefern Teile zu. In Neckarsulm wurden bereits Arbeitsplätze abgebaut. Dazu kommt eine Wohnungsnot, die sich ausdehnt bis aufs Land. Die Menschen fürchten sich zwar nicht vor der Zukunft. Aber sie zweifeln, ob sie ihren hohen Lebensstandard halten können.

Alles drängt in attraktive Städte

Der Zuwachs, den die erfolgreichen Städte verzeichnen, hat eine Kehrseite. Es wird voller, die Mieten steigen, bezahlbarer Wohnraum wird knapp. In Dresden nennen Befragte die Entwicklung am Wohnungsmarkt ein „leidiges Thema" und „ganz klar eines der Hauptthemen, die die Stadt umtreiben". Alleinerziehende und Rentner können beispielsweise ihre zu große Wohnung nicht gegen eine kleinere tauschen, weil diese gleich teuer oder teurer als die bisherige ist.

In Hamburg gebe es keine Ecke mehr, wo die Mieten nicht steigen, um sechs Prozent in den letzten sechs Jahren – „mehr als in Berlin", behauptet ein Gesprächspartner.* Vor allem ältere Menschen seien hilflos, weil die Renten gleichzeitig kaum gestiegen sind. Von Verdrängung ist die Rede und dass die Verantwortlichen für sozialen Wohnungsbau lange geschlafen hätten. Jetzt erst werde „gebaut wie verrückt". Auch aus Stuttgart verlautet Dramatisches: Die Wohnungsnot erreiche bereits Mittelstandsfamilien, die eine Eigenbedarfskündigung erhalten haben und dann, weil der Markt leergefegt sei, in Fürsorgeunterkünften landeten. In Heilbronn-Stadt meint ein Befragter, die Preise hätten schon fast Stuttgarter Niveau erreicht. Braunschweig erlebt nach Aussage mehrerer Gesprächspartner eine Reurbanisierung: „Die Altersgruppen, die vor 20 Jahren rausgezogen sind, um ein Häuschen zu bauen, merken, dass es ziemlich öde ist auf dem Land. Sie verdienen gut, können das Häuschen noch gut verkaufen, ihre Freunde wohnen schon in der Stadt. Jetzt wollen sie auch zurück." Das wirke sich jedoch auf Menschen mit geringerem Einkommen aus. Und schließlich erleben auch kleinere Städte auf dem Land Zuzug, vor allem von älteren Bürgern aus dem Umland, die ein gutes Versorgungsangebot suchen, oder von wohlhabenderen Rentnern, die sich für ihren Lebensabend eine Urlaubsgegend wählen.

* Die Angebotsmieten stiegen in Hamburg von 2013 bis 2018 um 16 Prozent. In Berlin stiegen sie im gleichen Zeitraum um 46 Prozent, sind aber noch immer ein wenig geringer als in Hamburg.[16]

Mietsteigerungen sind ein Gradmesser für die Attraktivität einer Region. Wo niemand hinziehen will, ist auch das Wohnen günstig. Den besten Beleg dafür liefert Gelsenkirchen: Die günstigen Mieten in vielen Stadtteilen ziehen viele Zuwanderer aus Südosteuropa an. Darunter sind auch Roma-Familien, die in ihren Herkunftsgebieten unterdrückt werden und, weil sie meist wenig gebildet sind, nur selten Arbeit finden. Auch bei gutwilligen Bürgern erregen sie Unmut, sagen Befragte, weil ständig Mülltonnen überfüllt seien, in Wohnungen Feuer angezündet oder nachts Lärm verursacht werde.

„Im Ortsteil Gütersloh-Avenwedde gibt es viele Einfamilienhäuser, in denen oft alleinstehende ältere Personen wohnen, meist Frauen. Wenn die das Haus verkaufen wollen, um eine Eigentumswohnung in der Stadt zu kaufen, bekommen sie nicht genug Geld dafür, weil das Haus in die Jahre gekommen ist." (Gütersloh)

Wo die junge Generation stärker wird

Ländliche Regionen verlieren junge Menschen, Städte ziehen sie an. Dieser Trend hält an. Doch wie stark die Zuwächse respektive Verluste in den Altersgruppen der 18- bis 24-jährigen „Bildungswanderer" und der 25- bis 29-jährigen „Berufswanderer" im vergangenen Jahrzehnt ausgefallen sind, hängt davon ab, wie viele junge Menschen vom Land nach Studium oder Ausbildung eine Chance sehen, aufs Land zurückzukehren und dort ein Auskommen zu finden. So ist der Anteil junger Erwachsener an der Gesamtbevölkerung in den beiden ostdeutschen Landkreisen Ludwigslust-Parchim und Mansfeld-Südharz stark gesunken. Der Rückgang in Dresden geht von einem hohen Niveau aus und ist, sodass in der Stadt noch immer vergleichsweise viele junge Menschen leben.

Mieten fressen immer mehr vom Lohn

Wo alle hinwollen, wird das Wohnen teurer. In den attraktiven Ballungszentren steigen die Mieten weit schneller als die durchschnittlichen Einkommen, sodass es für manche Berufsgruppen wie etwa Erzieher oder Pflegekräfte schon schwierig wird, sich in Städten niederzulassen, obwohl dort Arbeit genug auf sie wartet. Auf dem Land ist es dagegen leicht, eine bezahlbare Wohnung zu finden – und noch ausreichend Geld zum Leben übrig zu haben.

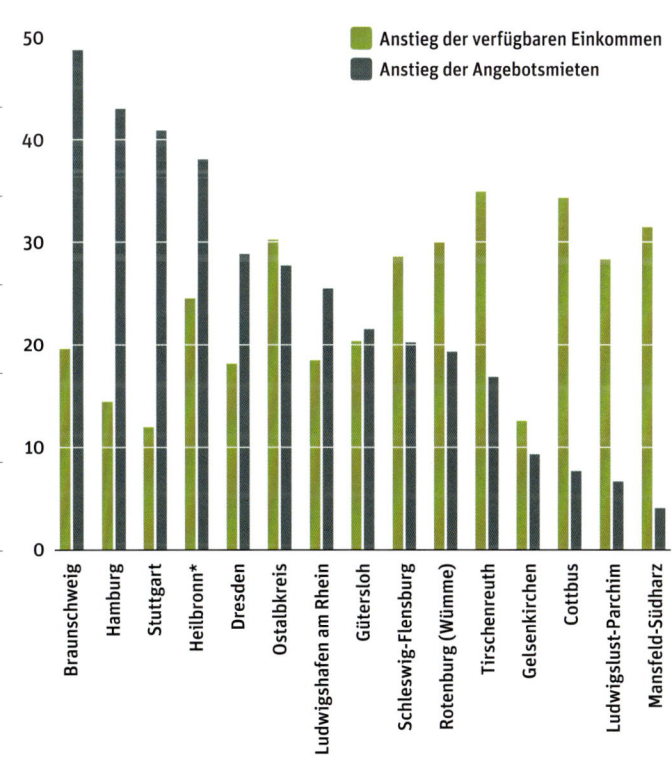

* nur kreisfreie Stadt Heilbronn.

* nur kreisfreie Stadt Heilbronn.

Anteil der 18- bis 29-Jährigen an der Bevölkerung in den 15 besuchten Regionen, in Prozent, 2008 und 2017
(Datengrundlage: Statistische Ämter des Bundes und der Länder[17])

Anstieg der verfügbaren Einkommen je Einwohner und der Angebotsmieten zwischen 2005 und 2016 in den 15 besuchten Regionen, in Prozent
(Datengrundlage: Statistische Ämter des Bundes und der Länder[18], BBSR-Wohnungsmarktbeobachtung/IDN ImmoDaten GmbH[19])

Wo Flüchtlinge Unmut und Neid erregen

Zuwanderung aus dem Ausland hat die Demografie in den letzten Jahren maßgeblich geprägt. Die Debatte dazu haben vor allem die Flüchtlinge befeuert. Allein 2015, auf dem Höhepunkt der Migrationsbewegung, kamen im Saldo rund 1,1 Millionen Menschen neu nach Deutschland. Über den Königsteiner Verteilungsschlüssel gelangten Asylsuchende und Migranten aus Syrien, Irak, Afghanistan und anderen Ländern zur sogenannten Erstunterbringung auch in ländliche Regionen. Bis heute ziehen jedoch die meisten sobald wie möglich in Städte oder dichter besiedelte Gegenden weiter. Zum einen, weil dort bereits Landsleute oder Verwandte leben, zum anderen, weil sie von besserer Versorgung und Arbeitsmöglichkeiten ausgehen können.

Vielerorts sorgte – und sorgt teilweise immer noch – die Ankunft dieser neuen Nachbarn für Unmut. Insbesondere dann, wenn es zu Konflikten oder Straftaten kam, bei denen Flüchtlinge involviert waren. Mit Umzügen und lautstarken Protesten äußerten einige Bürger grundsätzliche Ablehnung bis hin zu offenem Rassismus und ein Gefühl von Benachteiligung: „Die bekommen alles, wir nichts." Teilweise kam es sogar zu gewalttätigen Übergriffen.

Anhand von Sozialdaten und Kriminalitätsstatistiken lässt sich belegen, dass die gefühlten Probleme größer sind als die tatsächlichen.[20] Oft spielen jedoch früher oder gleichzeitig existierende Probleme mit hinein und vermischen sich mit der negativen Wahrnehmung der Zuwanderung zu einer Gefühlslage aus Verunsicherung oder Rückzug bis hin zu offener Ablehnung jeglicher Politik. Das hat gesellschaftliche Strömungen wie Pegida und politische Kräfte wie die AfD erstarken lassen, die diese Gefühlslage geschickt genutzt haben.

Bei unserer Befragung haben wir nur vereinzelt offen Flüchtlings- oder Ausländerfeindliches zu hören bekommen. Das hat sicher auch wieder mit der methodisch gegebenen Selektion der Gesprächspartner zu tun: Politik und Verwaltungen versuchen tendenziell, ihre Region in einem möglichst guten Licht erscheinen zu lassen. Manche Aussagen von Bürgern sind in sich widersprüchlich. Und bei Gesprächspartnern, die der AfD oder vergleichbaren Organisationen angehören, kommt eine gewisse Vorsicht hinzu, sich öffentlich in diesem Sinne zu äußern. Sie sprechen von Menschen mit Migrationshintergrund halb ironisch als „unseren geliebten Nachbarn".

Im Ergebnis lässt sich deshalb nur wiedergeben, wie die Befragten die Wahrnehmung anderer wahrnehmen. Und dies fällt in den 15 Regionen sehr unterschiedlich aus. Genereller Eindruck: Je wohlhabender, desto wohlwollender, je abgehängter, desto ablehnender – jeweils mit Einschränkungen. In Hamburg und Stuttgart kommt fast durchgängig der Hinweis, wie sehr sich die Bewohner damals für die Neuankömmlinge engagiert hätten und immer noch engagierten. Lob gibt es etwa in Stuttgart: „2016 kam ein Ehrenamtlicher auf drei Geflüchtete." In Hamburg heißt es, die Stadt sei traditionell weltoffen, die AfD spiele keine so große Rolle wie woanders. Allerdings gab es 2015 in besonders gut situierten Hamburger Vierteln Bürger, die gegen die Unterbringung Geflüchteter in ihrer Nachbarschaft protestierten.

In Dresden sagen Befragte, das Flüchtlingsthema sei längst „durch". Indes habe die Pegida-Bewegung die Gesellschaft zutiefst gespalten (siehe S. 41). Dagegen kocht das Thema in Cottbus immer wieder hoch (siehe S. 44). In Heilbronn-Stadt erzählen Interviewpartner, seit der Ankunft der Flüchtlinge habe sich ein Gefühl der Unsicherheit breitgemacht respektive das schon früher wahrgenommene Image der Stadt als „Heilbronx" verschärft. Die Polizei hält dagegen, nach wie vor sei die Stadt eine der sichersten in ganz Baden-Württemberg. In Mansfeld-Südharz beschreibt ein Politiker die Ambivalenzen, die er beobachtet:

„Die ablehnende Haltung gegenüber Flüchtlingen hat sich bei denen, die ohnehin in der Richtung denken, massiv festgesetzt. Breite Teile der Bevölkerung sitzen Geschichten auf, die so kursieren. Sicher, mit der öffentlichen Sicherheit ist nicht alles schick. Aber viele Flüchtlinge haben sich gut integriert. Und Probleme gibt es auch mit ‚Ortsdeutschen'. Niemandem hier geht es schlechter, seit die Flüchtlinge hier angekommen sind. Aber die AfD hat extrem viel Zulauf."

> *„Eigentlich geht es uns nicht schlecht. Fast alle haben ein Dach überm Kopf, eine Versorgungsstruktur mit viel zu vielen Supermärkten. Wir haben Theater in der Nähe und die Möglichkeit hinzufahren. Was fehlt, ist Wirtschaftskraft. Das ist das Hauptproblem dieser Region. Es herrscht schon ein Gefühl, dass die Leute abgehängt sind. Es gibt ja auch Gründe, dass ein Drittel AfD gewählt hat."*
> (Mansfeld-Südharz)

„Mit Flüchtlingen haben wir kein Problem. Eher die Flüchtlinge mit uns. Die sagten: Was wollen wir denn hier? Die waren schnell wieder weg." (Mansfeld-Südharz)

„Früher waren es Kneipenschlägereien, da hat sich keiner aufgeregt. Heute gibt es Schlägereien unter Jugendlichen verschiedener Herkunft. Die Situation ist kompliziert, die Stimmung kann manchmal explosiv sein." (Cottbus)

„Pegida ist nur wegen Unzufriedenheit mit der Politik entstanden, es geht dabei überhaupt nicht um Ausländer. Aber es gibt das Gefühl, dass die hier einfach reinkommen und alles für sie gemacht wird. Zum Beispiel kriegen die auf einmal Krippenplätze und ich warte hier schon seit einem Jahr darauf, einen zu kriegen. Die Leute sind neidisch, fühlen sich vernachlässigt. Ich kann das nachvollziehen." (Dresden)

„Warum so viele die AfD gewählt haben? Ich verstehe das nicht. Ich verstehe aber, dass sich die Leute nicht für Globales interessieren, sondern eher für Lokales. Die AfD hat im Dezember 2018 über Facebook eingeladen, alle sollten in den ‚Mansfelder Hof' kommen und ihre Sorgen mitbringen. Ich habe die SPD gefragt: Was macht Ihr? Die Antwort: Nichts. Ich war früher links. Aber durch die Flüchtlinge habe ich den Eindruck gewonnen, alle sollen einfach herkommen." (Mansfeld-Südharz)

„Die dezentrale Unterbringung der Geflüchteten in Dresden ist ein besonderes Problem. Durch unsere neuen Mitbürger, die ja auch irgendwo wohnen müssen, hat sich der Wohnungsbestand für Leute, die vom Sozialamt abhängig sind, enorm verknappt. Im Wahlprogramm der AfD steht, wenn wir die Wahl gewinnen, wohnen die nicht mehr dezentral, dann haben wir auch wieder genügend Wohnungen. Ich gehe davon aus, dass sie es schaffen werden. Sie treffen genau die Punkte, die hier einer großen Anzahl unter den Nägeln brennt. Das betrifft vor allem Prohlis als Brennpunkt." (Dresden)

„Die haben in Somalia oder so vielleicht von München oder Frankfurt gehört, aber nicht von der Oberpfalz. Wenn die irgendwo auf dem Dorf sitzen, ist das doch ein Kulturschock für die. Das ist für Bewohner und Betroffene eine große Herausforderung." (Tirschenreuth)

„In der Landeserstaufnahmestelle in der alten Kaserne waren statt 500 Flüchtlinge in Spitzenzeiten bis zu 4.700 Leute untergebracht. Damals gab es großen Unmut gegenüber der Bundes- und Landespolitik. Insgesamt ist heute das soziale Miteinander gut. Wir haben sogar ein Ostalb-Bündnis für Flüchtlinge und eine Beauftragte zur Unterstützung der Ehrenamtlichen. In der Bevölkerung gibt es aber immer noch Unmut über Ungerechtigkeit. Als wir Wohnungen angemietet haben, um diese an Flüchtlinge weiterzuvermieten, haben sich Leute beschwert: Ich bin alleinerziehend und suche seit zwei Jahren eine Wohnung, mir hat noch niemand geholfen." (Ostalbkreis)

Alte und neue Nachbarn

Wenn es um andere Zuwanderer geht, ist die Betrachtung differenziert. Auf das Schicksal der Südosteuropäer, die im Zuge der EU-Freizügigkeitsabkommen nach Deutschland kommen, blicken die meisten Gesprächspartner mit Bedauern. Sie wissen: In den Heimatländern dieser Menschen herrscht Arbeitslosigkeit. Vornehmlich gering Qualifizierte kommen in der Hoffnung, sich mit einem Niedriglohnjob in Deutschland ein besseres Leben zu verschaffen, zum Beispiel nach Gütersloh (siehe S. 72). Wenn sie keine Arbeit finden oder nicht weiter beschäftigt werden, fallen sie jedoch am Ende aus allen sozialen Netzen heraus. Im reichen Hamburg verelenden manche von ihnen ohne jede soziale Sicherung unter Brücken. „Freizügigkeitsgescheiterte" nennt sie einer unserer Experten.

In manchen Regionen, hauptsächlich Städten, hat sich die Bevölkerung schon seit langem daran gewöhnt, dass viele Menschen mit Migrationshintergrund da sind. Dennoch gibt es unterschiedliche Wahrnehmungen. Stuttgart hat – auch dank seines guten Arbeitsmarkts – 180 Nationalitäten und eine Dachorganisation für 300 Migrantenvereine, die sich um deren Belange kümmern. Hier habe das Zusammenleben schon immer gut funktioniert. In Ludwigshafen klagen dagegen Zuwandererfamilien im Stadtteil Hemshof, die oft schon in der zweiten Generation dort leben, über Zuzüge aus Osteuropa in jüngster Zeit, die häufig ganze Straßenzüge veränderten.

Dagegen wirkt es wie bittere Ironie, was Befragte in den beiden grenznahen Landkreisen Schleswig-Flensburg und Tirschenreuth über „ihre" Ausländer berichten: Flüchtlinge oder Migranten sind dort kein Thema. Sie sind weder in großer Zahl vorhanden noch gibt es eine ausgeprägte Stimmung gegen sie. Dagegen werden die Nachbarn von jenseits der Grenze als Bereicherung gesehen, im wahrsten Wortsinn. Die Dänen kommen nach Flensburg und in die umliegenden Schles-

wiger „Speckbereich", um einzukaufen, die Haare schneiden oder das Auto reparieren zu lassen, weil das für sie günstiger ist. Ebenso schätzen die Tirschenreuther die Tschechen als Wirtschaftsfaktor: „Ohne die Tschechen wäre das Tirschenreuther Freibad ein Defizitgeschäft. Und in der Gastronomie läuft gar nichts ohne die. Für Tschechien gibt es da allerdings ein Problem: Die holen sich jetzt die Arbeitskräfte weiter im Osten."

„Wenn ich in der Straßenbahn sitze und die Augen zumache, denke ich manchmal ich bin in Istanbul oder sonstwo. Ich kann den Leuten nur sagen: Lasst dat, wenn ihr Euch in der Gruppe bewegt, mit der fremden Sprache. Das erzeugt Misstrauen. Ich sage das denen auch." (Gelsenkirchen)

„Man ist hier nicht mehr zu Hause. Man hat das Gefühl, die Stadt wird von Menschen dominiert, die einen anderen kulturellen Hintergrund haben, nicht meine Sprache sprechen. Manchmal sind unter 15 Mietparteien in einem Haus nur zwei bis drei deutsche Namen. Die treffen auf niemanden, mit dem sie ein Schwätzchen halten können. Und vor der Wohnungstür liegt Sperrmüll rum, bis er abtransportiert wird." (Ludwigshafen)

„Die Schulen stehen schon so vor der Riesenherausforderung ausgleichen zu müssen, was aus dem Elternhaus nicht geliefert wird, um die Bildungsziele zu erfüllen. Dann kommen auch noch Migrationshintergründe und mangelnde Sprachkenntnisse dazu, trotz Sprachförderprogrammen in den Kitas. Das ist in ein Riesenproblem für die pädagogischen Kräfte. Es gibt Klassen mit 98 Prozent Migrationshintergrund. Wie soll ich da Kindern die deutsche Sprache beibringen?" (Ludwigshafen)

„Ob mich hier in Rotenburg etwas stört? Da muss man sehr vorsichtig sein, das zu sagen. Auch hier wachsen die Shisha-Bars und so weiter. Wir kriegen hier auch ein bisschen ungewollte Internationalität. Damit ist alles gesagt." (Rotenburg)

Hamburg: An der Alster wird es eng

Der wohlhabenden Hansestadt wird ihre Attraktivität zum Verhängnis: Hamburg platzt aus allen Nähten. Seit 2011 wuchs die Einwohnerzahl um rund 100.000 Menschen auf über 1,8 Millionen an. In der gleichen Zeit stiegen die Angebotsmieten um mehr als ein Viertel. Viele alteingesessene Bewohner können sich die steigenden Wohnkosten nicht mehr leisten und weichen an den Stadtrand aus. Oder ins Umland – denn selbst in Randlagen wird es teurer. Der Hamburger Speckgürtel hat sich bereits bis nach Rotenburg (Wümme) ausgedehnt (siehe S. 42).

Obwohl sich das Problem schon früh abzeichnete, hat die Politik des Stadtstaates spät darauf reagiert. Heute bemüht man sich um Nachverdichtung. Das kommunale Wohnungsunternehmen Saga, die Genossenschaften und freie Träger bauen jährlich tausende Wohnungen. Dabei gilt ab einer gewissen Größe ein Drittelmix aus Sozialwohnungen, normalen Mietwohnungen und Eigentumswohnungen. Zwei- bis dreitausend Sozialwohnungen entstehen so im Jahr, allerdings fallen gleichzeitig rund doppelt so viele aus der Mietpreisbindung heraus. Während vierzig Prozent, also fast 450.000 der Hamburger Haushalte berechtigt wären, eine Sozialwohnung zu beziehen, gibt es davon in der ganzen Stadt gerade einmal 80.000.

Der Andrang auf die Elbmetropole zeigt sich auch auf der Straße. Wer mit dem Auto zur Arbeit fährt, ärgert sich beinah täglich im Stau. Der Senat versucht, durch einen Ausbau der Infrastruktur die Verkehrslage zu beruhigen. Eine mangelnde Koordination der vielen Baustellen führt aber dazu, dass sich die Situation zunächst an vielen Orten verschärft.

Die Beliebtheit der Stadt kommt natürlich nicht von ungefähr. Es lebt sich gut rund um Hafen und Alster. Die Wirtschaft brummt, Fachkräfte sind begehrt. Viele Bewohner genießen das internationale Flair. Das Nachtleben ist legendär. Die sieben Bezirke, von denen jeder einzelne mehr Einwohner zählt als die meisten Landkreise der Republik, sind äußerst vielfältig.

Allerdings sind auch die sozialen Unterschiede innerhalb der Stadt gewaltig. Während sich im Stadtteil Blankenese die Millionärsvillen aneinanderreihen, kämpft man im Osdorfer Born oder in Mümmelmannsberg um die Existenz. Viele Menschen sind von Sozialleistungen abhängig, es fehlt der Anschluss an die U-Bahn. In den letzten Jahren ist auch die Zahl der Obdachlosen und „Freizügigkeitsgescheiterten" aus Osteuropa massiv angestiegen.

In Hamburg existiert eine lange Tradition der Bürgerbeteiligung. Aufgrund der sogenannten Volksgesetzgebung ist die Zahl der Unterschriften, die Bürgerinitiativen sammeln müssen, um Einfluss auf die Beratungen der Bürgerschaft zu nehmen, gering. Große Projekte gingen in der Vergangenheit von Bürgerinitiativen aus, zum Beispiel der „Hamburger Deckel": Über zwanzig Jahre setzten sich Bürger für die lärmmindernde Einhausung der A7 ein, die jetzt realisiert wird. Auf der überdachten Autobahn sollen dann neue Grünflächen entstehen. Wenn die Politik Großprojekte anstößt, etwa den Campus-Ausbau des Forschungszentrums Desy im Bezirk Altona, dann versucht sie immer stärker, die Bevölkerung von Anfang an einzubinden. Auch, um zu vermeiden, dass solche Projekte kurz vor der Umsetzung von Bürgerinitiativen verhindert werden.

Nicht alle Bürger nutzen die Möglichkeiten sich zu beteiligen. Initiativen kommen meist aus den wohlhabenden Stadtteilen. Hier haben die Bewohner das Geld, das Knowhow und die Beziehungen, um ihre Anliegen durchzusetzen. Die Bewohner der ärmeren, oft auch stärker migrantisch geprägten Viertel haben dagegen das Nachsehen.

Wo es Zuwanderer aus anderen Ländern hinzieht

Wenn Flüchtlinge nach ihrer Ankunft in Deutschland erst einmal in ländlichen Regionen landen, ziehen die meisten bald wieder weg, oft in jene Ballungsräume, in denen sich bereits Landsleute oder Verwandte aufhalten. Interessant ist, dass der Bevölkerungsanteil an Ausländern insgesamt in den Regionen sehr niedrig ist, in denen sich Ablehnung von Flüchtlingen und Migranten am stärksten äußerte, in Dresden und Cottbus. Zuwanderer, die auf Grundlage der EU-Freizügigkeit nach Deutschland kommen, suchen sich jene Regionen aus, die ihnen Arbeitsmöglichkeiten versprechen, je nach Qualifikation im Billiglohnsektor oder in gut bezahlenden Branchen wie dem Automobilbau.

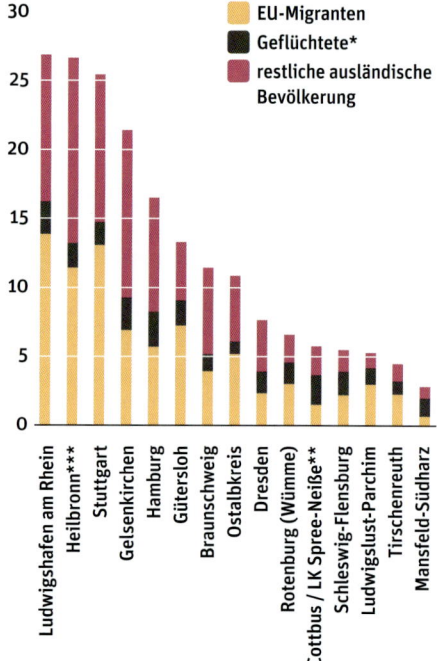

Anteil der ausländischen Bevölkerung, der EU-Migranten und der Geflüchteten in den 15 besuchten Regionen, in Prozent, 2017
(Datengrundlage: Statistisches Bundesamt[21], eigene Berechnung)

* umfasst Personen mit Aufenthaltstitel aus völkerrechtlichen, humanitären oder politischen Gründen sowie Personen mit Duldung oder Aufenthaltsgestattung.
** Cottbus und der Landkreis Spree-Neiße werden von einer Ausländerbehörde bearbeitet und können daher nicht getrennt ausgewiesen werden.
*** nur kreisfreie Stadt Heilbronn.

2.6 Gestaltungsspielräume

Was können Politik und Verwaltung tun?

Bisher haben wir beschrieben, welche Herausforderungen und Einschränkungen ihrer Teilhabechancen die Menschen in den 15 Regionen für sich und ihr Umfeld sehen. Dabei haben wir hier und da auch Beschwerden über „die Politik" aufgenommen und Forderungen, diese müsse mehr tun, um – insbesondere bei der Versorgung – Lücken zu füllen. Wir haben daher nachgefragt: Welche Gestaltungsmöglichkeiten haben lokale Politik und Verwaltungen, auf Probleme zu reagieren? Und welche Rolle spielen Länder und Bund?

Nicht nur Bürger haben manchmal das Gefühl, die Politik kümmere sich nicht ausreichend um sie, höre ihre Sorgen nicht an oder nehme diese jedenfalls nicht ernst. Auch Vertreter von Kommunen geben bei der Befragung oft an, sie fühlten sich von der Politik alleingelassen. Ganz besonders wenn sich Bürger mit Anliegen oder Bedürfnissen an sie wenden, denen sie aus unterschiedlichen Gründen nicht entsprechen können. Manchmal sind die Kommunen für die vorgebrachten Probleme gar nicht zuständig. In anderen Fällen scheint ein Hindernis schon darin zu liegen, dass vonseiten der Kommune kaum Lösungsvorschläge oder Initiativen ausgehen. Dazu gibt es nur dezente Hinweise von anderer Seite: Mancherorts werde eben mehr verwaltet als gestaltet. Indes hätten viele Kommunen Ideen, können sie aber nicht umsetzen, weil sie arm oder verschuldet sind. Sie müssen Fördermittel einwerben. In ärmeren ländlichen Regionen ist häufig zu hören, die Abhängigkeit von Bundes- und EU-Förderprogrammen wirke lähmend. Von der Idee über die Formulierung eines förderfähigen Vorhabens bis zur Umsetzung verstreiche viel Zeit. Und die Antragsverfahren

seien so kompliziert, dass die Verwaltungen teilweise überfordert seien. Im Übrigen sind auch manche neuen Regelungen „von oben" schwer zu verstehen, wie ein Bürgermeister im Ostalbkreis anmerkt: Ab und zu müsse er sich deshalb juristische Expertise von außen holen.

In manchen Gemeinden oder Kreisen, die eigentlich gut bei Kasse wären, sorgt für Groll, dass sie innerhalb des Kreises respektive des Landes aus ihrer Sicht zu hohe Ausgleichszahlungen leisten müssen. So verweisen mehrere Kommunalvertreter im mecklenburgischen Ludwigslust-Parchim auf das neue Finanzausgleichsgesetz des Landes Mecklenburg-Vorpommern: „Dadurch haben wir 15 Millionen weniger erhalten. Dabei sind viele Straßen kaputt. Vorpommern profitiert davon. Wir machen vieles aus eigener Kraft – und dann werden wir dafür bestraft." In Ludwigshafen sieht die Stadt ein Problem darin, dass im Flächenland Rheinland-Pfalz mehr Menschen auf dem Land wohnen als in kreisfreien Städten, weshalb die Stadt keine Lobby im Landtag habe: „Trotz hohem Schuldenstand sind wir eine Geberstadt im Finanzausgleich, weil wir wirtschaftsstark sind. Wir könnten das Geld aber händeringend gebrauchen, damit wir von unserem Schuldenstand herunterkommen und etwas für die Stadt tun können." Umgekehrt fordern Bürger im Ostalbkreis Ausgleichszahlungen der Städte an die ländlichen Regionen, denn: „Wir werden systematisch ausgenutzt von den Ballungsräumen. Wir sollen erneuerbare Energie bereitstellen und die Städte profitieren davon. Es gibt ein Ungleichgewicht. Wenn der ländliche Bereich Lasten tragen soll, muss er unterstützt werden."

Verunsicherung da, Zufriedenheit dort

Wo einschneidende Veränderungen „von oben" hineinspielen, sehen die Kommunen kaum noch Gestaltungsmöglichkeiten. In Cottbus war allen Befragten klar, dass die Politik in Berlin eines Tages den Ausstieg aus der Braunkohle beschließen würde. Die lange Ungewissheit, wann das sein würde und ob es Entschädigungen oder Ausgleich gäbe, hat zu enormer Verunsicherung geführt. Diese war bei unserem Besuch Anfang Januar, also vor dem Beschluss über den Termin für den endgültigen Kohleausstieg, deutlich spürbar. Der Kreis Mansfeld-Südharz hat den Zusammenbruch der Kupferindustrie lange hinter sich und schlägt sich immer noch mit Altlasten wie Dioxin herum, verzeichnet aber kaum neue Entwicklungen. Es gibt ein paar Ideen. Aber insgesamt macht sich sowohl bei der lokalen Politik und Verwaltung als auch bei den Bürgern ein Gefühl der Resignation breit. Um auf ihre Lage aufmerksam zu machen, haben Bürgermeister und Kreisvertreter beim Fasching 2018 symbolisch den Landkreis zu Grabe getragen: „Die Idee hinter der Aktion mit der Trauerfeier war, vielleicht werden sie doch mal wach. Wir hatten gehofft, die Landesregierung würde kommen. Kam aber nicht. Die Stimmung ist: Abgehängte Region, wir müssen uns selber helfen."

In Schleswig-Flensburg nehmen es viele Befragte gelassen, dass ihr Kreis nicht nur geografisch Randlage ist, sondern auch bei der Wirtschaftsstruktur und bei den Teilhabechancen. Zu der Frage nach Unterstützung durch die Landes- oder Bundespolitik fällt ihnen nicht viel ein. Dafür verweisen sie gern auf den alljährlichen „Glücksatlas" der Post, bei dem Schleswig-Holstein auch 2018 wieder an der Spitze der Bundesländer liegt[22]: „Wir gelten ja als glücklich, ne." Am anderen Ende der Republik, in Tirschenreuth, fühlen sich sowohl Bürger als auch Vertreter von Kreis und Gemeinden von der bayerischen Landespolitik sehr gut unterstützt: Diese kümmere sich sehr gut um die eigene Klientel und unternehme viel für den ländlichen Raum. Der Draht nach München sei kurz.

„Die Kreisumlage nimmt den Kommunen Geld weg. Da sagen die Bürger, wir sollen uns engagieren, aber vor unserer Tür passiert nichts mehr." (Ludwigslust-Parchim)

„Die Kommunen sind ja die größten Wirtschaftsförderer in der Fläche. Ich muss in Schulen und Infrastruktur investieren, kann aber aus eigenen Mitteln nur zehn Prozent der Dinge unterhalten, die ich unterhalten müsste. Dann muss ich wieder Fördermittel suchen und beantragen. Wenn ich selbst entscheiden könnte, was wir machen, würde ich viel Geld sparen." (Ludwigslust-Parchim)

„Das Grundproblem ist, dass die Bevölkerung nicht unterscheiden kann, wofür wir zuständig sind und wofür nicht. Die erwarten, dass sie Anliegen vorbringen können und auch gehört werden. Es ist ja auch absurd, wenn der Winterdienst der Gemeinde den Schneepflug hochzieht, wenn er an der Kreuzung über eine Landesstraße fährt. Ähnlich ist es mit den Tarifen im ÖPNV über die Grenzen von Kommunen hinweg. Wir müssten dahin kommen, dass Kommunen für alles zuständig sind, was auf ihrem Gebiet liegt." (Rotenburg)

„Der größte Teil des Landeshaushalts geht in die Schuldentilgung: 300 Millionen Euro, habe ich im Radio gehört. Auf der anderen Seite haben die Gemeinden im Landkreis etwa 50 Millionen Euro Schulden. Da stellt sich die Frage, warum nimmt das Land nicht 50 Millionen und gibt sie den Gemeinden. Die kommen nicht von der Stelle, weil nur noch gespart wird. Das Geld müsste man als Erstes in den Ausbau der Infrastruktur stecken, angefangen beim Internet. Zweites wäre die Entschuldung, damit ich wieder eine Vorwärtsstrategie entwickeln kann. Der Kreis kann das nicht. Der hängt auch am Tropf des Landes." (Ludwigslust-Parchim)

Was wollen die Menschen von den Kommunen?

Die Frage, welche Anliegen „ihre" Bürger am häufigsten umtreiben, löst bei einigen Bürgermeistern und Bezirksvorstehern ein Lächeln aus. Gerade in Regionen, in denen es den Menschen gut geht, beschweren sich Bewohner häufig über Kleinigkeiten wie Müll oder Löcher in ihrer Quartierstraße. Auch in Gesprächen mit Bürgern enden Beschreibungen dieser oder jener Versorgungslücke nach kurzer Denkpause oft mit dem Satz: „Wir jammern auf hohem Niveau." In keiner der 15 Regionen wussten Politiker oder Verwaltungsmitarbeiter zu berichten, dass Bürger Vorschläge für Verbesserungen oder Wünsche, etwas grundlegend zu verändern, an sie herantragen. In Gütersloh äußern die Befragten denn auch mehrheitlich kaum das Bedürfnis, etwas zu verändern. „Es gibt viele Möglichkeiten, sich einzubringen", so eine Stimme, „zum Beispiel den Bürgerhaushalt. Wenn man guckt, was da vorgeschlagen wird und was wirklich umgesetzt wird, ist das wenig. Das Problem ist erkannt. Man will die Leute beteiligen. Aber das ist doch sehr zäh."

In Gelsenkirchen beklagen manche, vonseiten der Politik geschehe wenig, um Verbesserungen für die vielen Problemlagen herbeizuführen. Der Stadt fehle es an Visionen. In der Diskussionsrunde dort war dazu nicht viel zu erfahren, abgesehen von einem auffälligen Bemühen, die schlechten Bewertungen in verschiedenen Rankings als ungerecht und schädlich für das Image Gelsenkirchens darzustellen. Eine Aussage aus dieser Runde zum Thema politische Teilhabe der Bürger gilt jedoch, mehr oder minder ausgeprägt, für alle 15 Regionen: „Es gibt Menschen, die wollen nicht einbezogen werden, die wollen in Ruhe leben. Aus ihrer Sicht ist die Verwaltung dazu da, ihren Job zu machen. Dann gibt es welche, die haben grundsätzlich Interesse, wissen aber nicht, dass und welche Möglichkeiten sie haben. Denen muss man die Möglichkeiten zeigen."

„Möglichkeiten der Einflussnahme gibt es nicht wirklich. Man kann seine Meinung äußern, aber ich glaube nicht, dass man damit etwas erreicht. (...) Ich bin grundsätzlich politisch interessiert, habe aber selten Zeit, mich zu kümmern. Ich würde mir mehr digitale Möglichkeiten der Beteiligung wünschen." (Dresden)

„Ich glaube, es ist eine fatale Frage, was die Politik für die Menschen tun könne. Da stecken wir gerade in der Falle. Die Politik denkt nämlich auch so: Was muss ich tun, damit ich viele Wähler gewinne. Es geht nicht mehr darum: Was muss ich als Politiker tun, damit dieses Land vorankommt. Denn da muss ich unpopuläre Sachen erklären und auch mal sagen, Leute, das geht so nicht, da müsst ihr auch mal verzichten, aus dem und dem Grund. Wenn ich das sage, werde ich nicht mehr gewählt. Bürgermeister und Kreisverwaltung verwalten mehr oder weniger gut, was die Politik vorgibt. Aber bei der Landespolitik werden bestimmte Sachen nicht deutlich. Es geht nur noch um Interessen." (Ludwigslust-Parchim)

Ludwigshafen: Der Arbeiterstadt im Umbruch fehlt eine Vision

Die Hochstraßen, einst Symbol für den Fortschritt und Reichtum Ludwigshafens, bröckeln. Seit den 1970er Jahren brachten sie zehntausende Pendler zur Arbeit im weltweit größten Chemiekonzern BASF. Jetzt stehen die Beton-Ungetüme kurz vor dem Abriss – und bringen die Verwaltung der hochverschuldeten Stadt zum Verzweifeln. Niemand hat eine Vision. Statt neue Mobilitätskonzepte zu entwickeln, wirken die Verantwortlichen wie gelähmt.

Seit den 1980er Jahren ziehen die Spitzenverdiener in kleinere Orte entlang des Rheins oder in die attraktiven ländlichen Gebiete an Wein- oder Bergstraße – und lassen sich auch mit neuen Wohnungsbauprojekten im Luxussegment nur mühsam halten. Gleichzeitig ziehen einkommensschwache Menschen zu, die Geburtenrate steigt. Die Stadt muss für knapp 16 Prozent der Menschen Sozialleistungen zahlen, Schulen sanieren und 1,2 Milliarden Euro Schulden abbezahlen, sodass kaum Geld bleibt, Ludwigshafen zu gestalten.

Die NDR-Satiresendung „extra 3" kürte Ludwigshafen zur hässlichsten Stadt Deutschlands. Ludwigshafen hat ein schlechtes Image, das die Bewohner regelrecht pflegen. Auf Instagram erscheinen täglich Fotos von „Müllecken" und leeren Ladenzeilen. Dabei gäben auch der gemeinschaftlich gepflegte Hackgarten oder das Sonntagspicknick am Rhein gute Motive her. Stattdessen verstärken die Menschen das negative Bild und blicken neidisch über die Brücke nach Mannheim.

Kein Wunder, dass sich Ludwigshafener kaum mit ihrer Stadt identifizieren. Die Menschen stellen sich als Gartenstädtler oder Oggersheimer vor. Das ist zum einen räumlich bedingt: Viele Stadtviertel liegen mehrere Kilometer vom Zentrum entfernt. Zum anderen hat es historische Gründe: Einige waren zuvor eigenständige Gemeinden mit einer über tausendjährigen Geschichte. Ludwigshafen wurde erst 1853 gegründet.

Dank der BASF verfügt die Stadt über mehr Arbeitsplätze, als sie besetzen kann. Zugleich ziehen jedoch viele Menschen aus Süd- und Osteuropa zu. Deren Bildungsstand ist häufig niedrig. Deshalb ist die Arbeitslosigkeit höher als in anderen Städten der Metropolregion Rhein-Neckar. Jeder zehnte Jugendliche verlässt die Schule ohne Abschluss, die Deutschkenntnisse sind oft rudimentär.

Die Probleme konzentrieren sich auf die Innenstadt. Dort stehen Geschäfte leer, Billig-Bäckereien und Nagelstudios bestimmen das Bild. Es gibt kein urbanes Flair. Weil ständig Menschen zu- und wegziehen ist es schwierig, ein Gemeinschaftsgefühl zu schaffen – und ein Klima der Selbstverantwortung. Hoffnung macht, dass nun zwei Energiefirmen in die Innenstadt ziehen und mit ihnen vielleicht bald mehr Läden und Restaurants.

Die Unzufriedenheit der Bürger zeigt sich in Wahlen: Obwohl mehr als jeder Zweite Ludwigshafener einen Migrationshintergrund hat, stimmten 14,5 Prozent für die zuwanderungskritische AfD. Selbst wenn sich hier und da Menschen für ein inspirierendes Zusammenleben engagieren, sind sie oft nicht miteinander und mit der Stadt vernetzt. In Ludwigshafen fehlt es an Orten und an Plattformen, um sich zu organisieren – und an Kommunikation.

Politische Teilhabe oder Politikverdrossenheit?

Im Prinzip stehen den Menschen in den 15 Regionen alle Möglichkeiten offen, Einschränkungen und Probleme zumindest anzusprechen. Doch nehmen die Bürger ihre Möglichkeiten auch wahr? Und wenn nein, warum nicht? Dabei interessiert zunächst, ob sie ihre fundamentalen demokratischen Rechte ausschöpfen, am politischen Leben teilnehmen. Ein Gradmesser dafür ist das Wahlverhalten. Wenn Menschen gar nicht erst zur Urne gehen, geschieht dies aus ganz unterschiedlichen Gründen. Es kann einerseits ein Ausdruck von Desinteresse oder einer gewissen Sattheit sein, andererseits von Überforderung oder dem Gefühl, ohnehin nichts bewirken zu können.[23] In jüngster Zeit äußern sich Ohnmachtsgefühle, Politikverdrossenheit und Protest jedoch darin, dass Wähler – und vermehrt auch bisherige Nichtwähler – ihre Stimmen populistischen oder nationalistischen Gruppierungen wie der AfD geben.

Wie die Karte im ersten Teil dieser Studie (siehe S. 9) zeigt, trifft die verbreitete Erklärung nur teilweise zu, die AfD erziele hohe Wahlergebnisse vor allem in den vermeintlich abgehängten ländlichen Gebieten Ostdeutschlands, wo die jungen, weltoffenen Menschen alle weggegangen seien und die „Westparteien" kaum hätten Fuß fassen können. Unter den 15 Regionen, die wir besucht haben, sind einige, auf die diese Erklärung passt, aber auch einige, die aus diesem Erklärungsmuster fallen, wo die AfD dennoch bei der Bundestagswahl 2017 hohe zweistellige Prozentergebnisse einfuhr. Zu den wenig überraschenden gehören die Cluster-6-Regionen Ludwigslust-Parchim (17,7 Prozent) und Mansfeld-Südharz (23,9 Prozent) sowie mit dem Wahlkreis Cottbus-Spree-Neiße (26,8 Prozent) eine städtische Region im Osten. In Mansfeld-Südharz decken sich einzelne Aussagen mit dieser Erklärung: „Die Jugendlichen sind weg, meine Kinder auch. Die Stimmung ist: Wir Alten bleiben hier. Da ist Unzufriedenheit. In der Vergangenheit kamen immer wieder Randgruppen wie zum Beispiel die DVU, meist von außen, und sagten: Wir machen was. Aber die sind alle wieder weg. Dann gab es hier welche, die das aufnahmen."

Die AfD erzielte jedoch auch in den von uns besuchten westdeutschen Städten Ludwigshafen (14,5 Prozent), Gelsenkirchen (17 Prozent) und Heilbronn (16,4 Prozent) hohe Ergebnisse. Bei ersteren beiden könnten zumindest reale Armut und das daraus resultierende Gefühl abgehängt zu sein als Erklärungen dienen. Das Modell versagt jedoch bei Heilbronn-Stadt, wo die Einwohner vergleichsweise luxuriös versorgt sind. Auch das Ergebnis für Dresden (rund 23 Prozent), die Aufsteiger- und Wachstumsregion im Osten, ist schwer zu erklären.[24] Im Ergebnis unserer Interviews, bei denen wir auch mit AfD-Vertretern gesprochen haben, spielt das Flüchtlingsthema als Auslöser und Beschleuniger einer diffusen Unzufriedenheit und Verunsicherung eine Rolle.

„Die Leute sagen: Es ist gut, was ihr macht, aber ich wähle trotzdem AfD. Ihr müsst mal eins auf den Deckel bekommen, damit sich was ändert. Sie reden vom Untergang des Abendlandes. Aber wenn man nachbohrt, wird's sehr allgemein. Viele leben in einer Social-Media-Blase. Speisen ihr Wissen durch merkwürdige Quellen, sind nicht mehr ansprechbar für Argumente." (Heilbronn)

„Warum die AfD stark ist? Weil die Parteien den Bürger nicht mehr genug umwerben. Sie sind nicht mehr präsent und erklären ihre Politik. Aber der Bürger muss sich die Politik auch erklären lassen. Das geht nicht schnell, schnell mit Kurznachrichten und neuen Medien. Politik und Bürgerschaft haben sich entfernt." (Ostalbkreis)

„In Ludwigshafen-Gartenstadt hatte die AfD 30 Prozent. Der Grund? Keine Ahnung. Niemandem geht's schlecht. Wir haben hier einen Förderverein Flüchtlingshilfe mit 90 Mitgliedern, der zwei Häuser und einen Treffpunkt eingerichtet hat. Es gab hier noch keine Straftaten, die auf Flüchtlinge zurückzuführen sind. Aber es gibt einen Prozentsatz von Leuten, die gegen Flüchtlinge sind und Stammtischparolen von sich geben." (Ludwigshafen)

„Die AfD-Leute treten nicht besonders politisch auf. Ich habe Freunde, die mittlerweile AfD wählen. Privat ist das eine Herausforderung. Es macht mir aber deutlich, dass man die dort formulierten Ängste ernst nehmen muss. Mittlerweile habe ich den Eindruck, dass die Stimmung von den großen Parteien aufgenommen wird." (Gelsenkirchen)

„Das ist hier ein gutbürgerlicher Stadtteil von Gelsenkirchen. Wir hatten bei den letzten Wahlen einen hohen Anteil AfD-Wähler. Man kennt die. Das sind keine Nazis. Die haben einfach die Nase voll, dass die Stadt sagt, es wird alles besser, aber nichts passiert." (Gelsenkirchen)

„Ich verstehe nicht, warum die Menschen ausgerechnet in Dresden unzufrieden sind. In Chemnitz würde ich es noch eher verstehen. Die Arbeitslosigkeit ist so niedrig wie noch nie. Vielleicht sind es die Brüche nach der Wende, die Aberkennung der Lebensleistung." (Dresden)

„Der größte Anteil der Nichtwähler ist zu uns, zur AfD gegangen. Das sind die, die sich abgehängt fühlen. Unsere Wählerhochburgen sind einkommensschwache Gebiete, ehemals klassische Arbeiterviertel. Die gibt es ja gar nicht mehr. Heute leben dort oft Menschen, die Transferleistungen bekommen oder zeitlich befristete Arbeitsverhältnisse haben. Zu uns kommt der Mensch, der seit langem in einer Sozialwohnung lebt und nicht raus kann. Der sieht, dass im Neubau gegenüber Migranten einziehen, die hier noch nichts geleistet haben, aber eine Wohnung und einen Lebensstandard

bekommen, den diese Menschen nicht erreichen können. Ob einem das gefällt oder nicht, ich nehme das zur Kenntnis. Wenn ich es nicht aufnehme, das ist meine Theorie, wird es sich radikalisieren. Und das kann in niemandes Interesse sein." (Hamburg)

„Selbst in meinem Freundeskreis haben manche AfD gewählt. Sie sagen, die Politik höre nicht mehr auf die Bürger, die Politiker würden alle machen, was sie wollen – das sind aber letzten Endes Phrasen." (Dresden)

„Vielleicht ist auch ein bisschen Misstrauen in den letzten Jahren entstanden. Dass ich den Eindruck gewonnen habe, die Leute halten sich nicht an Dinge, die sie in Koalitionsvereinbarungen versprochen haben." (Braunschweig)

„Im Ostalbkreis hatte die AfD bei der Bundestagswahl erschreckend hohe Werte. Ich habe keine Erklärung dafür. Unzufriedenheit ist kommunalpolitisch nicht dingfest zu machen. Probleme mit Migranten in Deutschland? Nicht hier im Ort." (Ostalbkreis)

Mansfeld-Südharz: Abgehängt und ohne Plan

Es läuft nicht gut in Mansfeld-Südharz. Abraumhalden erinnern an den einstigen Stolz der Region, den Kupferbergbau. Das Kombinat Mansfeld beschäftigte einst zehntausende Mitarbeiter, unterhielt eigene Fabriken und Handwerksbetriebe. Der Bergbau war schon vor der Wende im Niedergang begriffen und ist danach komplett zusammengebrochen. Geblieben ist einzig die Mansfelder Kupfer und Messing GmbH mit ihren etwas über tausend Beschäftigten. Neue Industrie hat sich seither praktisch nicht angesiedelt, Kleinstbetriebe bestimmen das wirtschaftliche Leben.

Nach der Wende suchten viele Bewohner ihr Glück im Westen, vor allem Junge und in der Mehrzahl Frauen. Nur die wenigsten kamen zurück, denn es fehlt an Jobs, die Einkommen über dem Mindestlohn garantieren und überhaupt an solchen für Höherqualifizierte. Die Abwanderung der Jungen hält an. Gehstöcke und Rollatoren prägen das Stadtbild der drei Zentren Sangerhausen, Eisleben und Hettstedt.

Die Dagebliebenen sind keineswegs alle in Arbeit. Das größte Problem, vor dem die Politik im Kreis stehe, sei die verfestigte Langzeitarbeitslosigkeit, da sind sich die Gesprächspartner einig. Mehrere tausend Menschen gelten als langzeitarbeitslos, einige davon bereits in zweiter oder dritter Generation. Diese Menschen seien kaum noch zu erreichen, sie lebten in einer Parallelwelt, in der es selbstverständlich sei, von Sozialleistungen zu leben, und reguläre Arbeit keine Perspektive darstelle. Dies erklärt teilweise die hohe Quote von Schulabbrechern. Ohne Schulabschluss sinken

wiederum die Aussichten auf eine Arbeit. Es entsteht ein Kreislauf, der kaum noch zu durchbrechen ist.

In der Politik ist man sich bewusst, dass in der Vergangenheit viele Fehler gemacht wurden. Das betrifft auch die Versorgung mit öffentlichem Nahverkehr, Einkaufsmöglichkeiten oder schnellen Internetzugängen. Allerdings fehlt es an Konzepten, es in der Zukunft besser zu machen. Die Kreisgebietsreform in Sachsen-Anhalt 2007 hat die politische Arbeit nicht leichter gemacht, denn noch immer identifizieren sich viele Bewohner nicht mit dem neuen Kreis. Es herrsche Konkurrenz statt Kooperation.

In manchen kleinen Dörfern sind traditionelle Heimat- und Sportvereine oder die Freiwillige Feuerwehr noch aktiv. Allerdings hängt die Initiative in schrumpfenden Dörfern hauptsächlich an älteren Menschen.

Viele hier sehen keine Perspektiven und stehen der „großen" Politik kritisch gegenüber. Sie fühlen sich von ihr missachtet. Während die meisten Parteien wenig Engagement zeigen, sammelt die AfD die Unzufriedenen ein. Bei den Kommunalwahlen im Mai 2019 erhielten die Rechtspopulisten jede fünfte Stimme und zogen als stärkste Kraft in den Kreistag ein.

Trotz allem leben jene Menschen, die sich aktiv für ein Leben in Mansfeld-Südharz entschieden haben, gerne hier. Für sich selbst sehen sie sogar gute Perspektiven – nicht aber für den Landkreis insgesamt.

Wie Bürger sich einbringen können

Wenn es auf kommunaler Ebene etwas zu verändern oder zu verbessern gibt, sind Lösungen nur gemeinsam mit den Bürgern möglich. Voraussetzung dafür ist jedoch, dass in der Kommune ein Klima der Offenheit und Flexibilität herrscht. Denn nur wenn die Menschen den Eindruck gewinnen, die Entwicklung ihres Gemeinwesens beeinflussen zu können, sind sie motiviert sich zu beteiligen und einzubringen. Sie brauchen Einladung, Anreize und Vorbilder.

Das beginnt schon bei der Frage, ob sich noch genügend Bürger finden, die ihr passives Wahlrecht wahrnehmen und sich in Kreis-, Gemeinde- oder Ortsteilvertretungen wählen lassen. Verschiedentlich war bei der Befragung zu hören, dies werde zunehmend schwieriger. Vor allem, weil die Anforderungen steigen und dadurch auch der Zeitaufwand. Aus den Interviews in Schleswig-Flensburg: „Bei Kommunalwahlen kriegen die Parteien zum Teil ihre Listen nicht mehr voll, weil das viel Arbeit, Zeit und Energie kostet." In Ludwigslust-Parchim: „Und dann kommen die zu uns und sagen, ich kann das nicht mehr leisten, was von mir verlangt wird. Ich bin Schlosser. Oder Ökobauer." Und in Hamburg: „Die Bürgerschaft hat anscheinend von allen Länderparlamenten die meisten Sitzungsstunden. Man denkt jetzt darüber nach, das Teilzeit- zu einem Vollzeitparlament umzuwandeln. Gerade für jüngere Abgeordnete, die studieren oder Kinder haben, ist das eine hohe Belastung."

Bürgerbeteiligung lässt sich auf verschiedenen Wegen befördern. Partizipation kann als fester Bestandteil von Förderprogrammen zur Aufwertung benachteiligter Gebiete und Stadtviertel von oben verordnet sein. Das ist zum Beispiel im Bundesprogramm „Soziale Stadt" oder in Programmen zur Stärkung ländlicher Regionen der Fall, auf die wir in einigen der 15 Regionen gestoßen sind. So hat Schleswig-Flensburg im Rahmen eines solchen Programms mithilfe von Regionalkonferenzen Ideen für die künftige Entwicklung des Kreises gesammelt. Wir haben aber auch Beteiligungsformate gefunden, die auf die Initiative der Kommune oder des Stadtbezirks zurückgehen, unter anderem Bürgersprechstunden, Jugendparlamente, Seniorenräte, Internetportale für Eingaben und Beschwerden.

Mancherorts sind allerdings die Bemühungen, die Bevölkerung einzubinden, erst auf Druck richtig in Gang gekommen. In Cottbus hat der immer wieder aufflammende Aufruhr um die Flüchtlinge die Stadtverwaltung dazu gebracht, zu Bürgerdialogen einzuladen. Auch Dresden hat auf die Pegida-Aufmärsche mit Bürgergesprächen reagiert, um die Wut aufzufangen.

Viel hängt von den handelnden Personen ab. In Braunschweig loben viele Befragte, die Atmosphäre im Rathaus sei sehr viel lockerer geworden, seit der neue Oberbürgermeister dort amtiere. Dessen Vorgänger habe wichtige Weichenstellungen, etwa den Neubau des Schlosses als Einkaufszentrum, praktisch im Alleingang entschieden. Bei der Bürgerbefragung zum integrierten Stadtentwicklungskonzept hätten die Menschen gerne mitgemacht (siehe S. 35).

„Die Mitarbeit aus der Bürgerschaft zum Thema Zukunftsgedanken ist zwar dürftig ausgefallen. Aber von den wenigen, die mitgearbeitet haben, kamen gute Ideen. Der Wille aktiv zu gestalten ist enorm, im Vergleich zu urbanen Regionen ausgeprägter. Die Möglichkeiten sind vielleicht mangels Masse beschränkt. Aber die Hartnäckigkeit und das Interesse Dinge voranzubringen sind enorm." (Mansfeld-Südharz)

„Vielen hilft auch schon, wenn sie einfach mal ihre Meinung sagen können." (Hamburg)

Gute Beispiele: Wo Jung und Alt mitbestimmen können

In vielen Städten und größeren Gemeinden gibt es Jugend-, Senioren- oder Migrantenbeiräte. Im Prinzip ziehen die Verwaltungen sie in allen Belangen der jeweiligen Bevölkerungsgruppe zu Rate. Manche werden auch von sich aus aktiv. Mancherorts laden Kommunen zu Bürgerdialogen oder „Runden Tischen" ein, um mögliche Kontroversen um aktuelle Vorhaben im Gespräch auszutragen und gemeinsam nach Lösungen zu suchen. In Mansfeld-Südharz berichtet ein Interviewpartner, der Kreis habe gute Erfahrungen damit gemacht, zu bestimmten Themen ausgewählte Personen aus betroffenen Gruppen zusammenzubringen und die Ergebnisse der Diskussionen dann auch umzusetzen: „Die mussten feststellen, dass da doch mehr herausgekommen ist, als sie dachten. Der andere Effekt ist: Wenn die Leute beteiligt werden, stehen sie auch hinter einer Sache. Sie werden darin bestätigt, dass sie was erreichen können. Dieses Gefühl der Selbstbestimmung ist sehr wichtig."

Zwei Beispiele zeigen Möglichkeiten, jungen Menschen dieses Gefühl zu vermitteln: Die Stadt Heubach im Ostalbkreis hat seit kurzem den „8er-Rat" eingeführt: Achtklässler treffen sich mit dem Bürgermeister, um ihre Wünsche und Bedürfnisse zu diskutieren. Der Kreisjugendring, eine Ein-Mann-Einrichtung des Landkreises Ludwigslust-Parchim, unternimmt einiges, um junge Landbewohner an Politik und gesellschaftlichem Leben teilhaben zu lassen: Er unterstützt die Jugendlichen dabei, ihre Themen auf regelmäßig stattfindenden Jugendkonferenzen zu diskutieren. Vor den letzten Landtagswahlen lud der Kreisjugendring Jugendliche zum „Speeddating" und „Grillduellen" mit Kandidaten.

Identifikation mit dem Nahraum

Gemeinschaftsgefühl entsteht am ehesten dort, wo sich die Menschen mit ihrem Umfeld identifizieren, sich also als Teil einer Nachbarschaft, eines Dorfes, Quartiers oder einer ganzen Region fühlen. Dabei steht bei den meisten befragten Bürgern die kleinste Einheit an erster Stelle. Größere administrative Einheiten bieten dagegen weniger Identifikationsmöglichkeiten, zumal wenn sie ohne Rücksicht auf historische, gewachsene Strukturen zusammengefügt wurden. Das wird am Beispiel des Riesen-Landkreises Ludwigslust-Parchim (siehe S. 51) besonders deutlich: Mehrere Kreisgebietsreformen haben hier zwar die Zahl der Verwaltungen reduziert. Aber für Bewohner, für Politiker, Abgeordnete und Vertreter kreisweiter Institutionen haben die Zusammenlegungen vor allem weitere Wege gebracht. Viele Befragte bewegen sich gedanklich noch in den „Altkreisen". Einer Einzelstimme zufolge wissen manche Bewohner nicht einmal, dass sie im Landkreis Ludwigslust-Parchim leben. Teilnehmer der Diskussionsrunde in Parchim stellen die rhetorische Frage: „Was interessiert es die Leute im Nordosten, was die im Südwesten machen?"

Der Landkreis Gütersloh ist zwar viel kleiner. Dennoch grenzen sich die Bewohner des nördlichen Teils von jenen im südlichen Teil ab und umgekehrt. Der nördliche Altkreis Halle/Westfalen ist katholisch geprägt, Wiedenbrück im Süden evangelisch. Zu dieser Glaubensgrenze kommt, wie ein Experte ausführt, dass die großen Verkehrsströme im Kreis in ost-westlicher Richtung verlaufen anstatt Nord und Süd zu verbinden. Die historischen Grenzen wirken nach: „Wir im Norden lesen das ‚Haller Kreisblatt', die im Süden die ‚Glocke' – aber die beiden Blätter berichten nicht über den jeweils anderen Teil des Kreises."

In Autobahnnähe brummt es

Im Zuge mehrerer Kreisreformen ist aus den einstigen Landkreisen Schwerin, Hagenow, Ludwigslust, Lübz, Parchim und Sternberg der jetzige Landkreis Ludwigslust-Parchim entstanden. Von den 142 Gemeinden im Kreis haben sich die meisten zu Verbänden, die hier Ämter heißen, zusammengeschlossen. Zwischen der ehemaligen innerdeutschen Grenze bei Boizenburg und Plau am See liegen fast 120 Kilometer. Der Kreis ist zweigeteilt in relativ prosperierende Gemeinden und Ämter entlang der Autobahn A24 Hamburg-Berlin und periphere Gebiete, die kaum Zuzug und wirtschaftliche Entwicklung erleben.

> „Es gibt diese Diskrepanz. Einerseits erwartet die Bevölkerung: Staat, mach mal! Andererseits hat sie keine Lust sich selbst zu engagieren. Den Bürgern fehlt das Gefühl der Selbstwirksamkeit." (Ludwigshafen)

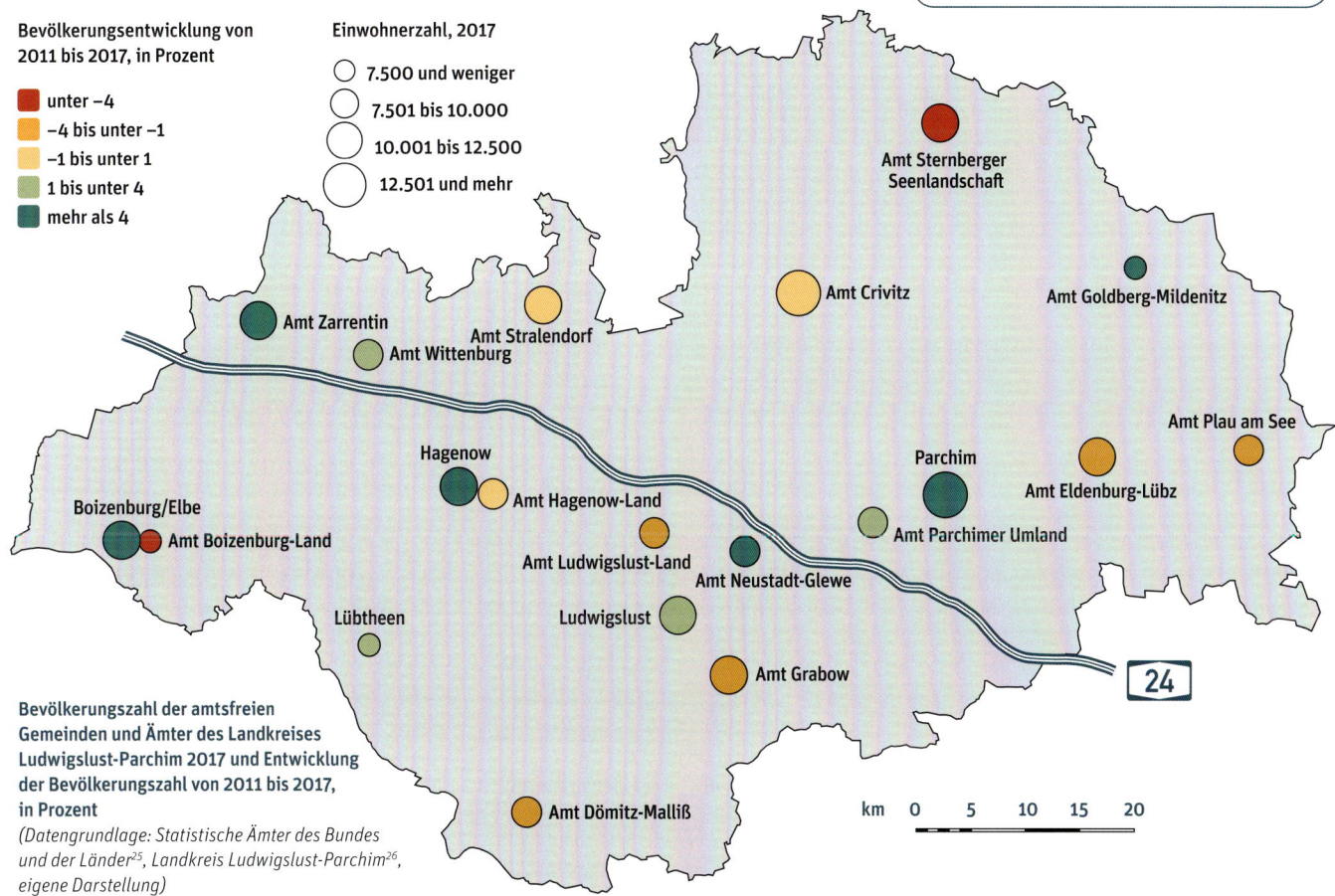

Bevölkerungsentwicklung von 2011 bis 2017, in Prozent
- ■ unter −4
- ■ −4 bis unter −1
- ■ −1 bis unter 1
- ■ 1 bis unter 4
- ■ mehr als 4

Einwohnerzahl, 2017
- ○ 7.500 und weniger
- ○ 7.501 bis 10.000
- ○ 10.001 bis 12.500
- ○ 12.501 und mehr

Bevölkerungszahl der amtsfreien Gemeinden und Ämter des Landkreises Ludwigslust-Parchim 2017 und Entwicklung der Bevölkerungszahl von 2011 bis 2017, in Prozent
(Datengrundlage: Statistische Ämter des Bundes und der Länder[25], Landkreis Ludwigslust-Parchim[26], eigene Darstellung)

„Soziales Miteinander? Es ist ja toll, wenn Menschen herziehen, aber die meisten Neuen wollen nichts von Dorfstrukturen wissen. Dabei haben wir eine vielfältige Vereinslandschaft von Gesang bis Christbaumschmuck. Wie kriegt man die Leute rein? Der Schwab' tut sich mit Neuen schwer. Aber wenn die auf uns zugehen, kein Problem, dann werden sie aufgenommen." (Ostalbkreis)

„Viele beschweren sich, das Ehrenamt werde weniger. Das stimmt für Vereinsvorsitzende, Kassierer und dergleichen. Aber es gibt bis jetzt immer genug Menschen, die anpacken, wenn der Bürgerverein das Straßenfest macht. Die Vereine haben dann da ihre Stände, eine Band tritt auf." (Stuttgart)

„Eigeninitiative? Eher selten. Die Leute wenden sich eher an den Bürgermeister. Vielleicht ist da ein Stück weit noch die Mentalität: Ich rufe die Stadtverwaltung an und die machen das." (Ludwigslust-Parchim)

„In Sachen Gemeinwesen haben wir in Südwestmecklenburg Lernbedarf." (Ludwigslust-Parchim)

Stuttgart: Hippe Stadt mit Platzproblem

Piefig? Von wegen. Baden-Württembergs Hauptstadt hat sich zu einer dynamischen und angesagten Stadt gewandelt. Abends ziehen Schwärme von Studenten durch die Straßen. Stuttgart lockt längst nicht mehr nur mit Hochkultur. Unter der Rheinbrücke und in vorübergehend leerstehenden Häusern organisieren junge Leute Lesungen, Poetry-Slam-Wettbewerbe und Konzerte. Stuttgart zieht mit 74 Menschen pro 1.000 Einwohner auffällig viele neue Bewohner auch aus anderen Ländern an. Es gibt genug Arbeitsplätze und die Einkommen sind hoch. Deshalb leben 80 Prozent der Bewohner gern in Stuttgart und das Zusammenleben 180 verschiedener Nationalitäten gelingt gut, sagen die Gesprächspartner.

Doch die Stadt steht vor einer großen Herausforderung, denn ihre Anziehungskraft fällt auf sie zurück: Es gibt nicht genug Wohnungen, um all die Zuzügler aufzunehmen. Stuttgart liegt in einem Kessel, der Platz ist beschränkt. Deshalb steigen die Mietpreise und die Schere zwischen Arm und Reich geht auseinander. 4.000 Menschen haben keine Wohnung. Weil insbesondere bezahlbarer Wohnraum fehlt, können sich Erzieher und Pfleger, die oft im Schichtdienst arbeiten, keine Wohnung in der Stadt leisten. Deshalb werden viele Stellen in Kitas und Pflegeheimen nicht besetzt. Die Infrastruktur hält mit dem Wachstum nicht mehr mit.

Auch beim Thema Verkehr: Die Straßen der Autostadt – Sitz der Konzerne Daimler, Porsche und Bosch – sind überlastet. Viele Menschen klagen über Stau und zu wenige Fahrradwege. Weil Feinstaub aus Auspüffen die Luftqualität verschlechterte, ist seit 2019 das gesamte Stadtgebiet für Dieselfahrzeuge gesperrt. Die Fahrverbote verunsichern eine Branche, der Stuttgart seinen Reichtum verdankt – und die gerade um ihre Vormachtstellung auf dem Weltmarkt kämpft.

Bisher nimmt Stuttgart pro Person jedes Jahr stolze 1.238 Euro Steuern ein – und nutzt das Geld, um gegenzusteuern: mit Mobilitäts- statt Autopolitik, Fürsorgeunterkünften und Kältebussen. Damit auch arme Menschen am Leben in der Stadt teilhaben können, verteilt die Stadt an zehn Prozent aller Einwohner Bonus- und Familiencards, die Rabatte auf Schwimmbäder, Museen und Musikhochschulen gewähren. In einer Armutskonferenz entwickelt sie das Konzept gemeinsam mit Bonuscard-Empfängern weiter. Quartiermanager und Bürgertreffs sollen den Zusammenhalt in den Stadtvierteln stärken.

2016 unterstützten 3.500 Menschen die insgesamt 9.000 Geflüchteten. Migranten- und Moscheevereine beteiligten sich. Das Forum der Kulturen, ein Dachverband von 300 Migrantenvereinen, gilt deutschlandweit als Modell. Auch Schüler engagieren sich: Sie demonstrieren für strengere Klimaziele oder kämpfen für die Sanierung oder Erweiterung ihrer Schule. Nicht selten werden sie dabei von einer Anwohnerinitiative gestoppt, die keinen Lärm will. Im Zuge der Stuttgart-21-Demonstrationen haben sich neue Netzwerke gebildet und die Bereitschaft, sich für oder gegen etwas zu engagieren, ist noch gestiegen. So legen sich die Menschen manchmal gegenseitig Steine in den Weg.

Selbstbild entscheidet über Engagement

Ob und in welchem Ausmaß Bürger sich beteiligen oder sogar selbst die Initiative ergreifen, hängt nicht nur davon ab, ob sie auf offene Ohren stoßen. Es hat auch wesentlich damit zu tun, ob sie gewohnt sind, von sich aus aktiv zu werden, oder eher erst einmal abwarten. Beides hängt wiederum von verschiedenen Faktoren ab, die sich bei der Befragung gezeigt haben: Selbstbild und Gefühl der Selbstwirksamkeit, sozialer Zusammenhalt und Identifikation mit dem Gemeinwesen, historische Prägungen, Mentalitäten und Image nach außen.

Da diese Faktoren in den 15 Regionen sehr unterschiedlich ausgeprägt sind, überrascht nicht, dass die Befragung auch deutliche regionale und soziale Unterschiede bei der Eigeninitiative und Beteiligung der Bewohner ergeben hat. In allen 15 Regionen erzählen Befragte von kleinen Orten oder Stadtteilen, die durch ein besonders reges Vereinsleben und einen guten sozialen Zusammenhalt positiv auffallen. Mitunter sind das lediglich Inseln innerhalb von Gebieten, in denen schon im nächsten Ort wieder „nichts los" ist. Dann wieder verweisen Befragte in Hamburg darauf, dass Bürgersinn und Engagement für die Gemeinschaft auch deshalb verbreitet sind, weil sie in der Hansestadt eine lange Tradition haben: Es gehört zum guten Ton, sich für andere einzusetzen, denen es nicht so gut geht. Das Selbstbewusstsein des Hamburger Bürgertums zeigt sich indes auch darin, dass sich sofort eine Gegen-Initiative bildet, wenn Bürger Unannehmlichkeiten für sich oder ihr Viertel vermuten. Unter anderem deshalb nimmt Hamburg die Bürgerbeteiligung bei Bauvorhaben und Entwicklungsplänen sehr ernst. In Stuttgart haben die Proteste gegen das Stadtumbauprojekt „Stuttgart 21" eine neue Tradition begründet: Dank des großen Zulaufs sei die Bürgerbewegung zur Grundlage für die Bildung anderer Netzwerke geworden.

Im Gegensatz dazu machen sich bei den Gesprächen vor allem in ländlichen Gegenden im Osten Überbleibsel von Obrigkeitsdenken und eine Anspruchshaltung dem Staat gegenüber bemerkbar. Der Gedanke, selbst etwas in die Hand zu nehmen, ist dort vielen fremd. Das zeigt sich etwa in den Interviews mit zwei Bürgermeistern im Osten des Landkreises Ludwigslust-Parchim. Auf die Frage, wie sie die Eigeninitiative ihrer Bürger einschätzen, beschreiben sie Bürgerbeteiligungsprojekte, die sie als Bürgermeister angestoßen haben, um dann die Bürger zum Mitmachen zu motivieren. So versuchen einige Gemeinden „Bürgerbotschafter" zu gewinnen, die an Runden Tischen in den Ortsteilen Problemlagen erfassen und Ideen für die Entwicklung der Region sammeln sollen: „Aber die wollen wissen, um welche Themen sie sich kümmern sollen. Ich sage denen, das müsst Ihr doch festlegen. Manche trauen sich nicht."

> *„Was Ludwigshafen fehlt, sind Leute, die etwas schaffen und zeigen, dass es funktioniert. Ludwigshafen sollte aufhören, sich klein zu machen. Die Stadt sollte den Blick über Tellerrand heben, Probleme in Relation setzen, positiv arbeiten."*
> (Ludwigshafen)

Mentalitäten

Wie die Menschen ihre eigene und die regionale Mentalität beschreiben, kann als Gradmesser für den praktischen wie auch den mentalen Umgang mit Herausforderungen dienen: Inwieweit sind sie bereit, Einschränkungen ihrer Teilhabechancen hinzunehmen oder aber, sich für Veränderungen stark zu machen? Das Selbstbild ist oft eng verknüpft mit überlieferten Denkweisen, Einstellungen und Erzählungen über die Region und ihre Bewohner.

Manche Vorstellungen halten sich hartnäckig in den Köpfen, auch wenn sie längst nicht mehr zutreffen. In den ostdeutschen Regionen wirkt die traumatische Erfahrung des Zusammenbruchs, der biografischen Brüche und der massiven Abwanderung bis heute nach. Das erschwert es womöglich, Verbesserungen zu sehen und Zukunftsperspektiven zu entwickeln. Wie es scheint, sitzt diese kränkende Erfahrung selbst in Dresden noch tief. Das führt zu Unzufriedenheit, obwohl Dresden wächst und blüht und die Dresdner eigentlich stolz auf sich und ihre Stadt sind.

In Ludwigslust-Parchim, das weit schlechtere ökonomische und Sozialdaten aufweist, beschreibt ein Gesprächspartner die Mecklenburger als sehr geduldig bis leidensfähig: „Was viele hier können, ist durchhalten, auch wenn lange schon Zeit für Veränderung wäre. Nicht aufgeben, sondern aushalten, weil sich bestimmt eine Lösung findet." Auf die Barrikaden zu gehen sei nicht ihre Sache, ergänzt ein anderer in der Runde und spielt scherzhaft auf die Protestbewegung in Frankreich an: „Die Gelbwesten würden bei uns nichts." Auch die Mansfelder halten sich eher zurück, wenn Veränderungen anstehen. Die lokale Mentalität beschreibt einer so: „Erst mal gucken, wie das funktioniert und ob das seine Richtigkeit hat." Ein anderer gibt sich resigniert: „Das wird hier nix mehr. Was soll denn kommen?"

Auch der Ruf, den die eigene Region in der Außenwahrnehmung genießt, schlägt auf das Selbstbild zurück. Gelsenkirchen hatte es schon schwer mit seinem Negativ-Image, als die Schlote noch rauchten. Um 1960 sang der Kabarettist Georg Kreisler: „Wer zu lang dort lebt, bekommt beim Atmen leichte Krämpfe. Aber wer lebt dort schon lang?" Längst ist der Himmel wieder blau, die Umgebung grün. Die Empfindlichkeit ist geblieben, weil die Stadt aufgrund hoher Arbeitslosigkeit, geringer Haushaltseinkommen und niedriger Lebenserwartung in Rankings regelmäßig auf dem 401. und damit letzten Platz aller Kreise und kreisfreien Städte bundesweit landet. Immerhin gibt es heute ein T-Shirt mit dem Aufdruck „#401" zu kaufen. Das zeige doch, dass die Gelsenkirchener ihr schlechtes Ansehen mit Selbstironie trügen. In Ludwigshafen sagen mehrere Interviewpartner, Minderwertigkeitskomplexe seien verbreitet, weil in der Arbeiterstadt Ludwigshafen wenig los sei, während die Akademiker und die Kultur in Mannheim sitzen. Und dann werde Ludwigshafen auch noch von Satirikern als hässlichste Stadt Deutschlands verspottet. Das nagt am Selbstbewusstsein.

Im bayerischen Tirschenreuth zeigt sich, welche Kraft das Gefühl der Selbstwirksamkeit entwickeln kann. „Der Oberpfälzer ist zwar etwas zurückgenommen und stur, aber er packt an", sind sich die Gesprächspartner einig. Die positive Entwicklung des Landkreises sei zu einem großen Teil darauf zurückzuführen. Und in Rotenburg (Wümme) sagen Gesprächspartner: „Die Menschen hier kümmern sich und nehmen die Dinge in die Hand, wenn die sonst nicht laufen."

Bürgersinn und Engagement

Es gibt vieles, was Bürger selbst in die Hand nehmen können. Aktive Freiwillige tragen dazu bei, Versorgungslücken zu füllen, indem sie etwa Dorfläden wiederbeleben oder Alternativen zum öffentlichen Nahverkehr schaffen (siehe S. 40 und 46). Sie engagieren sich im Sportverein, in der Quartiersgruppe, der Nachbarschaftshilfe oder den Fördervereinen für Schule und Feuerwehr. Sie übernehmen Verantwortung und stärken so die Gemeinschaft. „Freiwilliges Engagement ist eine Form der sozialen Teilhabe und bedeutsam für den Zusammenhalt der Gesellschaft", heißt es im Freiwilligensurvey 2014, „die Möglichkeiten zur Teilhabe sind jedoch sozial ungleich verteilt."[27]

Mit den Freiwilligensurveys lässt die Bundesregierung seit 1999 in regelmäßigen Abständen erfassen, wie sich das ehrenamtliche Engagement in Deutschland entwickelt. Die Ergebnisse decken sich weitgehend mit den Befunden aus der Befragung in den 15 Regionen: Immer mehr Menschen sind freiwillig aktiv. In Ostdeutschland ist das ehrenamtliche Engagement aber nach wie vor deutlich weniger ausgeprägt als in den alten Bundesländern. Seit einiger Zeit nimmt die Bereitschaft ab, sich langfristig zu verpflichten, etwa in Vereinsvorständen, als Chorleiter oder Jugendtrainer. Dafür gewinnt der Einsatz für zeitlich begrenzte Projekte an Beliebtheit. Ein Grund dafür ist, dass viele, die sich engagieren wollen, neben Studium, Beruf, Familie oder pflegebedürftigen Angehörigen kaum noch freie Zeit finden. Hinzu kommt, dass die Anforderungen gestiegen sind. So müssen zum Beispiel ehrenamtliche Kassenwarte von Vereinen bei der Buchhaltung und Rechenschaftslegung so viele Auflagen beachten, dass sie zunehmend an Grenzen stoßen. In einigen Regionen beobachten Interviewpartner diese Entwicklung auch beim politischen Engagement: Mancherorts werde es bereits schwierig, noch Ehrenamtliche für politische Ämter zu finden.

Die Mehrheit der Gesprächspartner bestätigt, dass Ehrenamt ein wichtiger Teil der Teilhabe ist. Es sei allerdings auch verstärkt zu unterstützen und zu fördern. Denn besonders auf dem Land haben Abwanderung und Alterung dazu geführt, dass traditionellen Vereinen der Nachwuchs ausgeht. Und fast überall zeigt sich bei der Befragung, dass es überwiegend gut gebildete Personen ohne existenzielle Sorgen sind, die zur Tat schreiten und sich engagieren, häufig gleich in mehreren Vereinen oder Initiativen. Sie verfügen über Knowhow, Kontakte und die Überzeugung, etwas bewirken zu können. In ländlichen Regionen sind es oft Zugezogene, die das Dorfleben mit Kulturangeboten oder Veranstaltungen auffrischen. Diese „üblichen Verdächtigen" vermögen andere, weniger engagierte mitzuziehen. Wenn sie aufhören oder weggehen, schlafen die Aktivitäten häufig wieder ein.

> „Teilhabe für Jugendliche steht und fällt mit den handelnden Personen vor Ort, mit Landrat, Bürgermeistern, Verwaltung und Politik, aber auch mit Jugend- und Schulsozialarbeitern. Wenn die als Grundhaltung vermitteln: ‚Hmm, gute Idee, das dauert aber', dann geht nicht viel. Aber wenn die Grundhaltung offen ist, dann entstehen ganz viele Dinge von Jugendlichen."
> (Ludwigslust-Parchim)

> „Das ehrenamtliche Engagement in Tirschenreuth ist insgesamt riesig. Mittelfristig glaube ich aber, dass ein Problem entsteht, weil Jugend die Werte weniger lebt, die in Vereinen und anderen Gemeinschaften gepflegt werden. Die lernen das vom Elternhaus aus gar nicht mehr." (Tirschenreuth)

> „Die Menschen im Ostalbkreis bringen sich sehr stark ein. Sie engagieren sich querbeet: Musik, Obst- und Gartenbauverein, Gartenfreunde, Kirchen. Vergangenes Wochenende waren in meiner Gemeinde 140 Leute als Flurputzer unterwegs, um Müll einzusammeln und aufzuräumen." (Ostalbkreis)

> „Eigeninitiative? Wir haben hier das Aktionsbündnis Wohnen. Es ist aber nicht einfach, die Menschen zu mobilisieren. Manche sind so mit sich beschäftigt oder resigniert. Und es gibt auch Leute, die weniger reflektiert sind." (Ludwigshafen)

> „Die Bereitschaft, sich für andere einzubringen, ohne unmittelbaren Vorteil für einen selbst, geht zurück. Und wenn sie doch da ist, dann wird das nicht anerkannt, sondern kritisiert. Wertschätzung für solche Tätigkeiten ist nicht da. Die Leute sagen eher: Wie kann man so dumm sein, die Freizeit dafür zu opfern?" (Gütersloh)

> „Ohne die Vereine fiele das gesellschaftliche Leben einiges öder aus." (Gelsenkirchen)

„Die Bürger sind sofort da, wenn es darum geht, gegen etwas zu sein. Aber Sie finden keinen, der das Eigeninteresse dem Gemeinwohl unterstellt. Das ist eine Katastrophe. Ich kann die permanenten Nörgler aus der hintersten Reihe nicht mehr ertragen." (Gütersloh)

„Wir haben eine rege Szene an Bürgerinitiativen. Wenn Bürger Sorgen haben, bringen sie das zum Ausdruck." (Braunschweig)

„Die dageblieben sind, engagieren sich auch. Das sind dann eben immer dieselben Wahnsinnigen, die man im Chor trifft oder in der Theatergruppe. Die machen einfach alles." (Mansfeld-Südharz)

„Das Engagement wird immer älter. Weniger Junge kommen nach. Da macht sich der gesellschaftliche Wandel bemerkbar. Die haben ihr Smartphone, wollen ihre Freizeit und Work-Life-Balance. Die Anspruchshaltung wächst. Der Staat hat es zu richten. Kümmern und einbringen wollen sich viele nur noch, wenn vor dem Haus etwas ist, was ihnen nicht passt." (Ludwigshafen)

„Wir haben viel Kultur, Galerien, ein Künstlerdorf und so weiter. Aber die Leute nehmen das nicht so wahr. Meckern, meckern, meckern, aber gehen nicht los, wenn was geboten wird. Die nehmen nichts selbst in die Hand. Es braucht immer eine Frontfrau oder einen Frontmann. Die sind hier dünn gesät." (Ludwigslust-Parchim)

„Viele Leute wollen sich engagieren. Analog zu den ‚grünen Damen', die Patienten im Krankenhaus besuchen, haben wir ‚gelbe Damen'. Die betreuen ältere Damen und kümmern sich um Nachbarschaftshilfe. Die Tafeln haben hier fünf Läden und drei Autos. Die hatten immer ausreichend Ehrenamtliche. Allerdings wenig kommt aus den türkischen oder arabischen Communities. Viele leben für sich." (Heilbronn)

Gute Beispiele: Wo Bürger etwas bewegen

Es begann mit der Idee, eine „Büchertelefonzelle" zum Tauschen und Mitnehmen in der Fußgängerzone der Stadt Schleswig aufzustellen. Inzwischen organisiert der Verein „Bürger machen mit" Feste und soziale Aktionen wie das Adventsbacken, die zu festen Einrichtungen in Schleswig geworden sind.

Bürger können viel bewegen und zur Stärkung des Gemeinwesens beitragen. Hier nur eine kleine Auswahl von Ideen: In Ludwigslust-Parchim wie auch in Schleswig-Flensburg betreiben Bürger Windparks. In der Kreisstadt Parchim hat das „Bürgerkomitee Südstadt" schon vor 25 Jahren ein Jugend- und Familienzentrum geschaffen, dessen vielfältiges Freizeitangebot vor allem junge Menschen rege nutzen. Das Komitee hat außerdem eine Koordinations- und Beratungsstelle für bürgerschaftliches Engagement gegründet. In Werther im Landkreis Gütersloh hat ein Verein den Betrieb eines Freibades übernommen, das kurz vor der Schließung stand.

2.7 Perspektiven

Unterschiedliche Entwicklungsdynamik

Soweit die Bestandsaufnahme. Die Daten für die 15 Regionen und die subjektiven Einschätzungen zur Versorgung, zur wirtschaftlichen Situation, zur Ab- und Zuwanderung decken sich weitgehend. Was die Gestaltungsspielräume von Kommunen und Bürgern angeht, sind in die Clusteranalyse nur zu einem Indikator harte Daten eingeflossen, der finanziellen Ausstattung der Kommunen. Die Befragung hat darüber hinaus Einschätzungen zu „weichen" Faktoren wie Identifikation mit dem Gemeinwesen, sozialem Zusammenhalt oder Eigeninitiative erfasst. Die Antworten lassen schon erahnen, in welchen Regionen sich tatsächlich ein Gefühl des Abgehängtseins breitmacht und wo eine eher positive Grundstimmung herrscht.

Um das Bild zu vervollständigen, sind wir auch der Frage nachgegangen, welche Entwicklung die Region aus Sicht der Menschen nimmt. Wie schätzen sie die heutige Situation gegenüber früher ein: Hat es Fortschritte oder Verschlechterungen gegeben? Oder ist alles wie immer? Und welche Perspektiven sehen die Befragten für die kommende Entwicklung und für ihre Teilhabechancen? Ob sich in einer Region eher Aufbruchs- oder Niedergangstimmung verbreitet, prägt entscheidend, wie die Menschen in die Zukunft blicken.

Angesichts der unterschiedlichen Entwicklungen in der Vergangenheit überrascht nicht, dass die Menschen mancherorts hoffnungsfroh bis freudig in die Zukunft blicken, mancherorts eher schwarz sehen, und die wahrgenommenen Perspektiven sogar innerhalb der Regionen unterschiedlich ausfallen. Dennoch lässt sich für jede der 15 Befragungsregionen eine Grundtendenz feststellen.

Schleswig-Flensburg: Abgeschieden, aber glücklich

Die Bewohner Schleswig-Flensburgs sind sich ihrer totalen Randlage im hohen Norden der Republik bewusst, eingerahmt von Nordsee, Ostsee und Dänemark. Viele schätzen gerade die Ruhe und Abgeschiedenheit – wenn nicht gerade ein Tornado aus dem Bundeswehr-Luftwaffengeschwader „Immelmann" über den Kreis donnert. Die alte Wikingersiedlung Haithabu an der Schlei zählt seit 2018 zum Unesco-Weltkulturerbe. Die Erinnerung an die Nordmänner spielt immer noch eine Rolle: Die Kreisstadt Schleswig wirbt als „Wikingerstadt" um Touristen.

„Abgehängt" zu sein ist hier wörtlich zu verstehen. Viele fühlen sich abgeschnitten vom Rest des Landes, denn südlich begrenzt der Nord-Ostsee-Kanal die Region. Um ihn auf der Straße zu überqueren, gibt es zwei Möglichkeiten: Die Autobahn A7 führt über das Nadelöhr Rader Hochbrücke; dieses Bauwerk aus den 1970er Jahren ist marode und deshalb nur mit Einschränkungen befahrbar, der geplante Neubau dürfte frühestens 2023 beginnen. Die Alternativroute durch den Kanaltunnel Rendsburg ist aufgrund von Sanierungsarbeiten seit 2011 nur teilweise nutzbar. Der ICE aus dem Süden fährt bis Kiel, weiter nördlich gibt es nur noch langsamere Bahnverbindungen.

Jugendämter aus ganz Deutschland schicken „Problemjugendliche" in die psychosozialen Einrichtungen Schleswig-Flensburgs – möglicherweise trägt die abgeschiedene Lage des Landkreises ihren Teil dazu bei. Viele dieser jungen Menschen bleiben anschließend in der Region.

Der Landkreis hat zwar wenig zu bieten. Aber die kreisfreie Stadt Flensburg lockt mit ihren Hochschulen und Versorgungsangeboten Menschen aus dem Umland.

Und manch einer fährt zum Arbeiten ins Nachbarland Dänemark, denn die Löhne dort sind höher.

Das öffentliche und kulturelle Leben spielt sich hauptsächlich in Schleswig ab. Hier finden sich neben der Kreisverwaltung verschiedene Landeseinrichtungen und zahlreiche Unternehmen. Dennoch steht die Stadt vor Problemen. Es fehlt an Geld. Die Arbeitslosigkeit ist deutlich höher als im Umland. Sozialhilfeempfänger ziehen wegen der günstigen Mieten und der guten Versorgung in die Stadt – und weil man im Rest des Kreises auf ein Auto angewiesen ist. Mittlerweile mangelt es an Wohnungen. Anders sieht es im ländlichen Teil des Kreises aus. Je weiter die Gemeinden von den Städten oder der Autobahn entfernt sind, desto eher werden sie als abgehängt beschrieben.

Die Politik bemüht sich, die mangelnde Versorgung in den ländlichen Gebieten und die sozialen Probleme in der Kreisstadt zu verbessern. Seit 2015 verfolgt der Kreis mithilfe eines Sozialberichts die soziale Entwicklung. In einer Reihe von Regionalkonferenzen versucht er, gemeinsam mit Verantwortlichen und Bürgern aus den Gemeinden Lösungen zu entwickeln. Daraus gingen bisher verschiedene Pläne hervor, etwa Schulen zusammenzulegen, medizinische Versorgungszentren einzurichten und den öffentlichen Nahverkehr schrittweise umzustrukturieren (siehe S. 40).

Die Bürger beteiligten sich rege an diesen Prozessen. Auch darüber hinaus sind viele aktiv. In den Dörfern gibt es eine lebendige Vereinslandschaft. In Schleswig bemüht sich unter anderem die Initiative „Bürger machen mit" um die Verbesserung der Lebensverhältnisse.

Der Blick in die Zukunft: von trüb bis rosig mit Vorbehalten

In den ostdeutschen Regionen fließt immer auch die Erfahrung des Nachwende-Umbruchs in die Bewertung ein. Die empfundenen Einschnitte und Verluste wirken offenbar noch Jahrzehnte nach. Daraus resultiert jedoch nicht nur Unzufriedenheit. Ludwigslust-Parchim hat zumindest entlang der ehemaligen DDR-Grenze von der Öffnung zur Metropolregion Hamburg profitiert. Der östliche Teil, der Altkreis Parchim „dümpelt heute noch so ein bisschen". Aber, so eine Stimme: „Wenn man die gegenwärtige Entwicklungstendenz als Grundlage nimmt, wenn all das etwas wird, was man gegenwärtig anzufangen versucht, dann könnte was draus werden. Wenn die Politik da aktiv dranbleibt und Versprechungen umsetzt."

In Mansfeld-Südharz sehen zwar viele keine Perspektive. Ein Bewohner fasst zusammen: „Man hört hier oft: Es nützt ja eh nix. Wenn das Kupferwerk auch noch schließt, ist der Kreis am Boden." Trotzdem gibt es positive Betrachtungsweisen: „Die Wende war das größte Glück für uns. Wer rummeckert, weiß nicht, was vorher los war. Aber durch die Globalisierung gehen unsere kleinen Probleme unter. Da kommt keiner mehr mit."

In Cottbus drückt der Kohleausstieg auf die Stimmung. Die Menschen sehen kaum Lichtblicke: „Wir sind an einem Scheideweg. Wir haben eine Umbruchsituation in der Wirtschaftsstruktur. Das muss gestaltet werden. Der Ausstieg scheint klar. Aber wann kommt er? Die Strukturkommission des Bundes muss klären, was in der Region an Perspektiven da ist."

Dresden gehört nach den Daten eindeutig zu den Aufsteigerregionen und hat gute Perspektiven. „Im Großen und Ganzen geben sich die Menschen zufrieden und gucken auch positiv in die Zukunft", meint ein Gesprächspartner aus der Politik, gibt allerdings zu bedenken: „Im Vergleich zu ostdeutschen Städten steht Dresden gut da. Aber im Vergleich zu westdeutschen Städten eher nicht so gut. Dresden ist finanziell schlechter ausgestattet und hat weniger Mittel für die Daseinsvorsorge. Außerdem haben wir Probleme mit dem gesellschaftlichen Konsens."

Unter den westdeutschen Regionen, die wir besucht haben, sind einige, in denen sich seit langem wenig verändert hat. Nur der Flüchtlingszustrom im Jahr 2015 hat einen Augenblick lang die Ruhe gestört. Gütersloh gehört zu den Landkreisen, in denen die Mehrheit der Befragten sagt: „Wir hoffen, dass es so weitergeht." Die Stärke der Wirtschaft sorgt für Zuversicht. Allerdings gibt es auch mahnende Stimmen: „Heute wissen die Kommunen nicht wohin mit dem Geld. Wenn eine Freizeittreppe statt wie ursprünglich geplant 150.000 Euro plötzlich 350.000 kostet, schüttelt man sich kurz und macht es dann trotzdem. In Hoyerswerda würde man das Projekt abbrechen. Aber wenn wir uns den Herausforderungen durch die Digitalisierung nicht stellen, wird es deutlich schwieriger."

Auch den baden-württembergischen Regionen Heilbronn und Stuttgart geht es seit langem gut und immer besser. Den Daten zufolge müssten die Menschen hier hochzufrieden sein. Doch trotz Spitzen-Haushaltseinkommen, Rekord-Steuereinnahmen und vergleichsweise optimaler Versorgung wird viel genörgelt und gejammert. Selbst im Ostalbkreis ist wenig Aufbruchstimmung zu verspüren, obwohl der Kreis den Aufstieg von der „grauen Maus" innerhalb Baden-Württembergs auf das Niveau des übrigen Bundeslandes und in ein Cluster mit Gütersloh geschafft hat. In Stuttgart stellt eine Expertin fest: „Die Stuttgarter sind insgesamt schon sehr verwöhnt. Aber den Leuten ist das nicht bewusst. Es kommen eher Beschwerden. Man vergleicht sich nie nach unten." An anderer Stelle ist von Neid auf andere, denen es in der wohlhabenden Stadt noch besser geht, die Rede. Für Verunsicherung und sogar Zukunftsängste sorgt in allen drei Regionen, dass der Automobilindustrie, von der so vieles in Baden-Württemberg abhängig ist, große Umbrüche bevorstehen. Nicht nur aufgrund des Dieselskandals und der Umstellung auf Elektroantrieb, sondern auch wegen globaler Handelskonflikte und politischer Verschiebungen.

Die Abhängigkeit von einzelnen Wirtschaftsriesen ist auch in anderen gut aufgestellten Regionen Anlass zu Vorsicht bei der Einschätzung. Dort sind teilweise Abstiegsängste zu verspüren. In Hamburg hängt die Zukunft der Stadt unter anderem davon ab, ob es der Hafenwirtschaft gelingt, ihre internationale Bedeutung aufrecht zu erhalten: „Es gibt die Gefahr der Selbstzufriedenheit. Wir drohen zurückzufallen, haben schon heute Rückstände gegenüber Metropolen im Süden Deutschlands." In Braunschweig macht ein Spruch die Runde, der abgewandelt auch auf andere Regionen passt: „Wenn VW hustet, hat Niedersachsen eine Lungenentzündung." Braunschweig müsse deshalb noch daran arbeiten, seine Wirtschaftsstruktur auf breitere Füße zu stellen, sagt ein Experte. Insgesamt geben sich die Befragten in Braunschweig aber mehrheitlich gutgelaunt und sehen die weitere Entwicklung optimistisch. „Zukunft? Steil nach oben. Braunschweig wird wachsen."

Rotenburg (Wümme) und Tirschenreuth können als Beispiele dafür dienen, dass es die Menschen unabhängig von der Ausgangslage optimistisch stimmt, wenn sie einen Aufwärtstrend verspüren. In Rotenburg ist zu hören: „Früher sind die Leute zum Arbeiten nach Bremen oder Hamburg gependelt, heute ist es oft auch umgekehrt." Und in der bayerischen Grenzregion Tirschenreuth ist der Fall des Eisernen Vorhangs Anlass zu uneingeschränkter Freude: „Wir waren früher am Ende der Welt, jetzt sind wir in der Mitte Europas. Das ist ein großes Potenzial." Die kontinuierlich gute Entwicklung zeigt sich in gestiegenem Selbstbewusstsein. Die Tirschenreuther verbreiten fröhliche Zuversicht. Die wünschen sich manche Befragte in Ludwigshafen. „Die Grundunzufriedenheit wächst", stellt einer fest. In Gelsenkirchen sind Fortschritte bei der Umwandlung verlassener Industriestandorte nur allmählich zu sehen. Die Perspektiven fasst ein Interviewpartner mit einem Schuss Ironie zusammen: „Ich sehe die künftige Entwicklung natürlich optimistisch, wünsche mir aber, dass es weniger phlegmatisch zugeht."

„Wir haben keinen Großkonzern, von dem wir abhängig sind, sondern eine starke sehr kleinteilige Wirtschaftsstruktur. 2008 bei der Finanzkrise haben wir bemerkt, dass wir nahezu gar nicht betroffen waren. Diese Struktur ist weniger anfällig." (Mansfeld-Südharz)

„Die Stimmung in der Bevölkerung ist: Die haben uns alles weggenommen, aber es kommt nichts Neues. Für junge Männer im Metallbereich ist die Situation schlecht." (Mansfeld-Südharz)

„Wir haben einen Slogan: ‚Raum mit Zukunft'. Die Voraussetzungen sind nicht schlecht." (Ludwigslust-Parchim)

„Die Region hat weiterhin Chancen. Im Laufe der Jahre hat auch der Tourismus zugelegt. Das ist ein Pfund, mit dem die Region wuchern kann und sollte." (Ludwigslust-Parchim)

„Einfach haben wir's nicht, aber wir haben noch nicht aufgegeben. Allerdings sind uns die Hände gebunden, da wir so finanzschwach sind. Um Energie zu sparen, haben wir die Straßenbeleuchtung auf LED umgestellt. Wir leben auf niedrigem Niveau, aber wir gucken immer auch über den Tellerrand." (Mansfeld-Südharz)

„Wir haben uns als Gemeinde mal bei einer Messe als Standort für Investitionen vorgestellt. Wir haben festgestellt: Die Region ist unbekannt. Und wenn sie was wussten, dann immer nur Negatives: Umwelt, Dioxin, Hütten. Eine Ansiedlung ist schon daran gescheitert, dass da Hamster leben. Da haben die Leute gefragt: Ist der Hamster wichtiger als Arbeitsplätze zu schaffen?" (Mansfeld-Südharz)

„Der Strukturwandel ist das größte Problem. Da sehe ich keinen Lichtblick. Wenn nicht endlich etwas geschieht, wird es schlimm." (Cottbus)

„Ich sage, hier Industriearbeitsplätze hinzubringen, das wird nicht passieren. In Breslau gibt es 160.000 Studenten, das ist eine Boomtown. Cottbus liegt zwischen Leipzig, Dresden, Berlin. Die Weltwirtschaft ist im Rhein-Main-Dreieck, in Brüssel, Mailand – aber doch nicht in Cottbus." (Cottbus)

„Seit der Bundesgartenschau in den 1990er Jahren ist die Stadt verschuldet, zurzeit mit etwa 270 Millionen Euro. Es fehlt also Geld für größere Investitionen. Zudem bangt die Verwaltung seit längerem, dass Cottbus den Status einer Großstadt verlieren könnte und die Zuwendungen aus Potsdam weniger reichlich fließen. Bisher haben uns die 5.000 Studenten der Technischen Universität gerettet." (Cottbus)

„Meine Familie ist vom Strukturwandel sehr betroffen. Unser Sohn hat hier keine Arbeit gefunden, jetzt wohnt er am anderen Ende von Deutschland. Mein Mann ist in der Zuarbeit für die Kohle, er wartet seit drei Jahren auf die Kündigung und bekommt die versprochene Lohnerhöhung nicht. Das ist zermürbend. Ich selbst arbeite selbständig im Gesundheitsbe-

reich, komme aber nur wenig über Mindestlohn, wenn ich die Miete und den Lohn für die Angestellten bezahlt habe. Ich bin wütend. Für mich sehe ich nur persönliches Leid und null Hoffnung auf Verbesserung." (Cottbus)

„Hier gab es schon Boomjahre und wieder andere. Wirtschaftlich mache ich mir nicht so Sorgen. Man kann hier ein Einbrechen gut verkraften, dann wird es halt nicht mehr so viel Zuzug geben, ist ja auch nicht schlimm. Insgesamt glaube ich, dass wir uns im Vergleich zu anderen ländlichen Kreisen nicht so stark verändern werden. Wir bleiben mobil. Und wir haben die vielen Arbeitsplätze." (Gütersloh)

„Es gab Zeiten mit hoher Arbeitslosigkeit und politischer Unsicherheit. Vielleicht würde es guttun, wenn mal wieder schlechte Zeiten kämen. Aber es wäre schön, wenn es bleibt, wie es ist." (Ostalbkreis)

„Wenn die wirtschaftliche Gesamtsituation so bliebe, tun wir uns erheblich leichter. Aber wir werden nicht auf Dauer diesen Boom haben. Wir haben bei der Kinderbetreuung deutlich aufgestockt. Die große Frage ist, ob wir uns das noch leisten können, wenn ein Abschwung kommt." (Ostalbkreis)

„Wir müssen nicht höher, weiter, größer werden. Wenn wir das Niveau halten, haben wir viel geschafft. Wenn es noch mehr wird, kann das negative Seiten für andere haben." (Ostalbkreis)

„Schon ungewöhnlich, diese lange konjunkturelle Aufschwungphase. Jetzt erst gibt es Verunsicherung im Automobilbereich, wegen der Dieselkrise und der Umstellung auf Elektromobilität." (Ostalbkreis)

„Es funktioniert hier in der Ecke schon alles recht gut. Der sechsspurige Ausbau der A1 ist natürlich ein Traum für uns." (Rotenburg)

„Der Aufschwung hält an. Immer mehr Menschen ziehen in Mittelzentren." (Rotenburg)

„Auf Sicht sieht das ganz gut aus." (Rotenburg)

Gütersloh: Globale Unternehmen in

Der Wohlstand des Landkreises erschließt sich nicht auf den ersten Blick. Die Bausubstanz in den weitläufigen Einfamilienhaus-Siedlungen ist in die Jahre gekommen. Zwischen den Orten erstrecken sich Äcker und Grünland. Die Kreisstadt Gütersloh, die mit ihren knapp 100.000 Einwohnern gerade noch als Großstadt gelten darf, verströmt den Charme eines Provinzstädtchens der 1970er Jahre. Sobald abends die letzten Geschäfte geschlossen haben, wird es sehr ruhig in der Stadt. Dass es nicht an Geld fehlt, zeigt sich an dem mächtigen Rathaus, das im Zentrum über allem thront, oder an dem weißen Kubus des Theaterneubaus von 2010.

Ländlich, aber trotzdem industriell geprägt, so charakterisiert ein Gesprächspartner die Region. Global agierende Konzerne wie Bertelsmann, Branchenriesen wie der Haushaltgerätehersteller Miele, der Landmaschinenbauer Claas oder der Schweinefleischverarbeiter Tönnies haben ihren Sitz im Kreis Gütersloh, neben vielen Mittelständlern und „Hidden Champions", also relativ unbekannten Weltmarktführern. Es herrscht beinahe Vollbeschäftigung. Das durchschnittliche Haushaltseinkommen im Landkreis kann sich mit dem von Hamburg messen. Die Steuern fließen reichlich. Und was Gütersloh nicht bietet, etwa eine Universität oder mehr Kultur, findet sich im benachbarten Bielefeld.

Ob hier geboren und geblieben, ob zurückgekehrt oder zugezogen – die Menschen leben gerne in Gütersloh. Sie loben das Kultur- und Freizeitangebot, etwa die Frei- und Hallenbäder, die in weniger begüterten ländlichen Regionen längst geschlossen worden wären. Die Versorgung ist gut. Einzig der öffentliche Nahverkehr lässt zu wünschen übrig, aber man hat ohnehin ein

ländlicher Umgebung

oder mehrere Autos. Und der Internetzugang wird schon an den Rändern der Kreisstadt nach außen hin schwächer, aber das scheint bislang nicht groß zu stören.

Dank der Wirtschaftskraft der Region wächst die Bevölkerung weiterhin. Aufgrund des hohen Anteils an produzierendem und Logistik-Gewerbe sowie der EU-Freizügigkeit zieht der Standort auch wenig qualifizierte Zuwanderer an. Billiglohnkräfte aus Südosteuropa finden nach Ablauf ihrer befristeten Arbeitsverträge teilweise keine neuen Jobs mehr, bleiben aber trotzdem mit ihren Familien in Gütersloh wohnen. „Das verändert die Gesellschaft", meint ein Gesprächspartner.

Die Güterloher nehmen das ähnlich gleichmütig hin wie ihren Wohlstand. Die weitere Entwicklung sehen sie optimistisch, solange die Wirtschaft im Kreis brummt – und, wie einige kritisch anmerken, solange wenigstens bis zum eigenen Gartenzaun alles in Ordnung ist. Besorgnis äußern die Befragten allenfalls über gestiegene Mieten und zu wenig bezahlbaren neuen Wohnraum. Reserven wären da, zum Beispiel in einer leer stehenden ehemals britischen Kaserne. Oder in den vielen Einfamilienhäusern in den Dörfern, in denen nur noch eine alleinstehende ältere Person lebt – viele von ihnen würden gern verkaufen und in eine kleine Wohnung in der nächstgelegenen Stadt ziehen, erlösen aber zu wenig, um sich das leisten zu können. Für Neubauten seien indessen nicht mehr viele Flächen verfügbar, heißt es bei den Verwaltungen. Und wenn verdichtetes Bauen, also Wohngebäude mit mehr als drei Geschossen geplant seien, gebe es sofort Proteste aus der Bürgerschaft. Die Mehrheit der Interviewpartner kommt zum Schluss: „Wir jammern schon auf hohem Niveau".

Geht es anderen etwa besser?

Die Wahrnehmung der eigenen Situation wird letzten Endes auch davon beeinflusst, ob eine Person oder Region sich selbst genug ist oder auf andere schielt. Ranglisten nach verschiedenen Indikatoren können die Neigung verstärken, sich mit anderen zu vergleichen. Im Ergebnis der Befragung scheint diese Neigung jedoch ausgerechnet im Süden der Bundesrepublik, vor allem in Baden-Württemberg, besonders ausgeprägt zu sein, obwohl dort praktisch keine Regionen aus den Clustern mit den geringsten Teilhabechancen zu finden sind. Dabei geht es meist um Kleinigkeiten, dass etwa in der nächstliegenden Gemeinde oder im Nachbarkreis die Straßen besser unterhalten sind. Allem Anschein nach steigt mit dem Wohlstand auch die Anspruchshaltung. Dagegen findet in den ostdeutschen Regionen zwar stets Erwähnung, dass die Wirtschafts- und Sozialdaten dort schlechter ausfallen und die Kommunen weniger Geld haben als im Westen, aber damit scheinen sich die meisten erst einmal eingerichtet zu haben. Offensichtlicher Neid war nicht herauszuhören.

„Verglichen mit der Prignitz oder dem Osten Mecklenburgs stehen wir gut da. Nur Rostock ist auch gut, was Dynamik und wirtschaftliche Entwicklung angeht, aber dann kommen schon fast wir. Gemessen an den Boomregionen in Bayern haben wir sicher noch Puffer. Im Nahbereich ist dieser Landkreis gut unterwegs." (Ludwigslust-Parchim)

„Ich stamme aus dem Südharz. In meiner Herkunftsregion sind die Probleme grundlegender als hier in Braunschweig." (Braunschweig)

„Privilegiert? Naja, es ist nicht wie in München hier. Man sieht nicht, dass Stuttgart reich ist. Das geht an den meisten vorbei, weil Leute den Standard gewohnt sind. Sollten mal eine Auszeit in einer benachteiligten Stadt machen." (Stuttgart)

„Wenn ich aus Berlin nach Hamburg zurückkomme, denke ich immer: Das ist ja langweilig hier." (Hamburg)

„Zufriedenheit? Wenn sich Menschen bewusst mit anderen Regionen vergleichen, müssen sie zum Ergebnis kommen, dass sie in einer guten Region leben. Aber manchmal hängt das gar nicht so daran, sondern da ziehen sie relativ kleine Teile heraus und sagen: Bei denen ist es aber viel schöner. Oder: Das passt nicht zu einem prosperierenden Landkreis, dass die Straßen so schlecht sind. Und dann sagen sie mit Blick auf die Förderung für den Osten: Die haben doch viel bessere Straßen als wir." (Heilbronn)

„Wir sind gut aufgestellt im Vergleich zu anderen Gemeinden. Aber die Bürger vergleichen sich mit Bayern: Die bauen viel mehr Straßen. Wir wünschen uns schon lange eine Umgehung. Dann heißt es: Schauen Sie Bayern an, da funktioniert es. Man sucht sich Dinge aus beim Nachbarn, die man nicht hat, und blickt neidisch rüber. Ist völlig menschlich." (Ostalbkreis)

„Wir werden im negativen Sinne beobachtet. Aus Stuttgart. Wenn man die Weltwirtschaft anguckt: Deutschland ist der Hammer. Aber dann wird Erde, die in Stuttgart abgebaggert wird, aufs Land rausgefahren. Hauptsache die Städter können sich entwickeln. Der urbane Raum wird bevorzugt. Wenn sie es nicht schaffen, uns mitzunehmen, wird's schwierig." (Ostalbkreis)

„Viele fühlen sich abgehängt, weil sie in Ludwigshafen wohnen." (Ludwigshafen)

3 | FAZIT

Ungleichwertige Lebensverhältnisse

Der Wohnort bestimmt über die Chancen der Bürgerinnen und Bürger, an der gesamtgesellschaftlichen Entwicklung teilzuhaben. Bei der Befragung in 15 exemplarischen Regionen Deutschlands hat sich bestätigt, was die Clusteranalyse aller 401 Kreise und kreisfreien Städte ergeben hat: dass Stadtbewohner andere Möglichkeiten haben, ihr Leben zu gestalten, als die Menschen in ländlichen Gebieten und dass die Teilhabechancen erheblich davon abhängen, in welchem Teil Deutschlands der Wohnort liegt. Die Kreise und Städte im wirtschaftlich erfolgreichen Süden bieten ihren Bewohnern im Schnitt mehr Möglichkeiten als jene nördlich des Mains. Und die ostdeutschen Länder haben in puncto Lebensverhältnisse auch drei Jahrzehnte nach dem Mauerfall noch immer nicht zu jenen im alten Bundesgebiet aufgeschlossen. Indessen haben auch im Westen zahlreiche Städte, etwa im Ruhrgebiet, noch mit dem Strukturwandel zu kämpfen.

Viele Städte weisen hohe Quoten von Sozialleistungsempfängern und geringe durchschnittliche Einkommen auf, sind aber wegen der vielfältigen Arbeitsmöglichkeiten sowie der guten Bildungs- und Freizeitangebote dennoch attraktiv für junge Menschen. Gerade diese kehren umgekehrt den abgelegenen ländlichen Regionen oft den Rücken. Das betrifft am stärksten die benachteiligten Kreise, die in Cluster 6 zusammengefasst sind. Es läge daher nahe, diese Regionen als „abgehängt" zu bezeichnen: Sie stehen wirtschaftlich schlecht da, die Steuersäckel der Kommunen sind leer, der Internetzugang ist langsam.

Subjektive Wahrnehmung objektiver Bedingungen

Aber fühlen sich die Bewohner dieser Regionen tatsächlich abgehängt? Oder bestimmen möglicherweise andere Faktoren, wie die Bewohner ihre Region und ihre eigene Perspektive wahrnehmen? Aus der Vielzahl von Gesprächen in den 15 Regionen lässt sich keine eindeutige Antwort ableiten.

Zwar stimmt die Wahrnehmung der Menschen vielerorts mit der Einordnung in die entsprechenden Cluster überein. Es gibt jedoch auch überraschende Widersprüche und Ambivalenzen: So sind sich die meisten der befragten Landbewohner des Nachteils bewusst, dass sie zum Arbeiten pendeln müssen und auf die nächste größere Stadt angewiesen sind, wenn ein Krankenhausaufenthalt oder ein spezieller Einkauf ansteht. Dennoch sind wir auch in schlecht aufgestellten Regionen auf zufriedene Menschen getroffen, die für ihren Ort und für sich Perspektiven sehen. Umgekehrt haben wir auch in den erfolgreichen Städten und Kreisen der Cluster 1 und 4 Klagen über alles Mögliche gehört. Zumindest in den attraktiven Großstädten wie Hamburg, Stuttgart oder Dresden treibt viele um, dass sie sich aufgrund steigender Mieten ihre Wunschwohnung nicht leisten können, oder dass der dichte Verkehr sie wertvolle Lebenszeit kostet. Geklagt wird aber auch über weniger existenzielle Probleme wie Löcher in den Straßen oder verschmutzte Gehwege. In der Regel ist den Befragten bewusst, dass es sich dabei um ein „Jammern auf hohem Niveau" handelt, aber gejammert wird fast überall.

Überdies sind weder die Städte noch die Landkreise in sich homogen. Überall gibt es Quartiere oder Ortschaften, die vor größeren Problemen stehen als ihre Nachbarbezirke oder -dörfer. In den Städten sind das oft sogenannte Vielfaltsquartiere, in denen ein hoher Anteil an Transferempfängern und Zugewanderten auf eine mangelhafte Infrastruktur und klamme öffentliche Kassen trifft. Von den Menschen, die wir in Hamburg-Harburg nach ihren Perspektiven gefragt haben, bekamen wir etwas Anderes zu hören als von jenen im reichen Westen des Stadtbezirks Altona. Auf dem Land hängt das Schicksal einer Gemeinde oft an der Nähe zur Autobahn oder zum nächsten Bahnhof. Während in Rotenburg (Wümme) die direkt an der Autobahn nach Hamburg und Bremen gelegene Gemeinde Sittensen prosperiert und sogar junge Familien anlockt, haben es die Gemeinden im Norden und Süden des Landkreises, fernab der großen Städte und der Autobahn, schwer.

Was beeinflusst die Sicht auf die Region?

Die objektive Sachlage – basierend auf den Daten, die wir in der Clusteranalyse berücksichtigt haben – erklärt mithin nur zum Teil, wie Bewohner ihre Region und ihre eigenen Teilhabechancen sehen. Wie aus den Gesprächen hervorgeht, wirken sich verschiedene nicht messbare Faktoren auf die Wahrnehmung aus. So spielen **Veränderungen in der Vergangenheit** eine Rolle: Viele der befragten Landbewohner sind unglücklich über Kreisgebietsreformen, die in den meisten Köpfen nicht angekommen sind und Konkurrenz innerhalb der Kreise sowie zusätzliche lange Wege verursacht haben.

Veränderungen im unmittelbaren Umfeld üben einen starken Einfluss auf die subjektive Wahrnehmung der Entwicklung des Wohnorts aus. Wenn der Dorfladen schließt, wenn die örtliche Schule mit jener der Nachbargemeinde zusammengelegt wird oder auch nur die Schlaglöcher vor der eigenen Haustür nicht mehr ausgebessert werden, empfinden viele dies als Niedergang – selbst wenn sich die Region als Ganze positiv entwickelt. Das gilt auch umgekehrt: Ist ein Ort gut angebunden und zieht junge Familien an, welche die Ruhe auf dem Land suchen, dreht sich die Stimmung bald ins Positive. Engagierte Bürgermeister sind dann schnell dabei, neue Kindergärten zu bauen. Das schafft neue Jobs. Mit etwas Glück bleiben dann auch der Bäcker oder der Laden rentabel oder kehren sogar zurück.

Auch der **Vergleich mit anderen Gemeinden und Regionen** ist wichtig. Der Blick über den Zaun hilft, den eigenen Erfolg einzuschätzen. Entscheidend ist dabei, mit welcher Region sich die Menschen vergleichen. Ludwigslust-Parchim aus Cluster 6, das die ländlichen Kreise mit den geringsten Teilhabechancen umfasst, liegt ganz im Westen von Mecklenburg-Vorpommern, grenzt an die Landeshauptstadt Schwerin und gehört zur Metropolregion Hamburg. Als Maßstab dienen den Gesprächspartnern hier meist die noch dünner besiedelten Kreise im östlichen Vorpommern. Diese liegen kurz vor der polnischen Grenze, fernab von Hamburg oder Schwerin, und sind wirtschaftlich sehr schwach. Für die Befragten in Ludwigslust-Parchim fällt der Vergleich mithin äußerst positiv aus. Anders im reichen schwäbischen Ostalbkreis, der in Cluster 4 mit hohen Teilhabechancen eingeordnet ist. Hier schauen in den Interviews oder Gruppendiskussionen viele auf die Landeshauptstadt Stuttgart und fühlen sich als Bewohner einer ländlichen Region benachteiligt. Das wirkt sich auf die Selbstwahrnehmung aus. Zwar ist man sich bewusst, dass viele ostdeutsche Regionen vor ganz anderen Problemen stehen. Aber diese sind weit weg und spielen für das Selbstbild kaum eine Rolle.

Schließlich beeinflusst die **Entwicklungsrichtung** die Einschätzung der Situation. Haben Bewohner das Gefühl, dass sich die Region positiv entwickelt, schätzen sie ihre Perspektiven optimistisch ein. Auch hier lohnt ein Blick auf Ludwigslust-Parchim. Der Kreis erlebte nach der Wende einen beispiellosen wirtschaftlichen und demografischen Niedergang. Unternehmen brachen zusammen, die Jungen flohen vor der massiven Arbeitslosigkeit in den Westen. Noch immer sind die Versorgungsmöglichkeiten schlecht und die Einkommen gering. Aber es geht zaghaft bergauf und die Bewohner spüren das. Es gibt wieder mehr Arbeit und in den Gesprächen heißt es oft, dass sich wieder mehr junge Leute entscheiden, hier zu leben. Das stimmt viele optimistisch. Anders in Mansfeld-Südharz. Der Kreis erfuhr nach der Wende eine ähnliche Entwicklung wie Ludwigslust-Parchim. Allerdings erlebten wir hier ein Gefühl des anhaltenden Niedergangs, der gesellschaftlichen Erosion und der Perspektivlosigkeit. Es entstehen keine Jobs, viele sind seit Jahren arbeitslos und von den Jungen geht weg, wer kann.

Eine solche Kombination von wirtschaftlichem Zusammenbruch in der Vergangenheit und fehlender Dynamik in der Gegenwart ist fatal. Wenn die Perspektiven fehlen und der Niedergang chronisch wird, entsteht das Gefühl, abgehängt zu sein. Vielen Menschen fehlt die Hoffnung, dass sich irgendwann etwas ändern wird. Resigniert fragt man uns in Mansfeld-Südharz: „Was soll denn noch kommen?" Auch in Cottbus blicken viele Bewohner wenig hoffnungsvoll in die Zukunft. Nach der Wende gingen in der Lausitz zehntausende Arbeitsplätze in der Braunkohleförderung verloren. Die Stadt hat sich nur bedingt davon erholt. Der drohende vollständige Ausstieg aus der Braunkohle macht vielen Cottbussern Angst. Sie sagen, sie wüssten nicht, was komme, und fühlen sich von der großen Politik und dem Rest der Gesellschaft alleingelassen.

Was hält die Menschen in den Regionen?

Heimatgefühle, im Sinne einer Bindung zur Herkunftsregion, spielen für viele tatsächlich eine Rolle. Ob auf dem Land oder in der Stadt, ob in einer Boom- oder Schrumpfregion, überall berichten uns Gesprächspartner von der besonderen Bindung zu ihrer „Heimat". Ein Dresdner berichtet von seiner Studienzeit in Berlin. Er wolle die aufregenden Jahre in der Hauptstadt zwar nicht missen, nach dem Abschluss habe es ihn aber zurück in das vertraute Dresden gezogen. Auch manche ehemaligen Dorfbewohner kehren nach dem Studium oder der Ausbildung in der Stadt gerne zurück, wenn sie ein Auskommen finden können. Junge Familien mit Wurzeln in einer ländlichen Region entscheiden sich, dort ihre Kinder aufzuziehen. In Städten wie auch auf dem Land haben wir Zugezogene getroffen, die angaben, sich in ihrer Wahlheimat zuhause zu fühlen.

Trotz der großen Unterschiede zwischen den Regionen und den Chancen, die diese ihren Bewohnern bieten, geben die meisten Befragten an, nicht woanders leben zu wollen, wo sie unter Umständen bessere Chancen gesellschaftlicher Teilhabe hätten. Wie sich in den Gesprächen zeigt, bewirken das Gefühl der Verbundenheit zu einer Region und die **Identifikation mit dem Gemeinwesen**, dass die Bewohner über gewisse Defizite bei den Teilhabechancen hinwegsehen. Denn gleichwertig heißt nicht gleich: Den Wert der Lebensverhältnisse einer Region bestimmen die Menschen, die dort leben. Mit den Unterschieden in Sachen Gleichwertigkeit gehen die Befragten recht nüchtern und pragmatisch um.

Wo Bürger Verantwortung übernehmen

Mit der Identifikation geht ein Gefühl der Verantwortung für die Region und die dort lebenden Menschen einher. Wer sich einem Ort verbunden fühlt, ist eher bereit, sich zu engagieren und zur Verbesserung der Lebensbedingungen beizutragen. Dennoch ist die Bereitschaft, Verantwortung zu übernehmen, nicht überall gleichermaßen ausgeprägt.

Gelegenheiten, sich einzubringen – sei es durch Engagement in Vereinen oder durch Beteiligung an Entscheidungsprozessen auf der kommunalen Ebene – gibt es im Grunde überall. Die Motivation, diese Gelegenheiten zu ergreifen und sich zu engagieren, hängt aber auch von den Erzählungen der Bewohner über sich selbst und ihre Mitmenschen ab: Wenn Befragte ihren „Menschenschlag" als eher aktiv beschreiben, ist tendenziell auch ein ausgeprägtes **Gefühl der Selbstwirksamkeit** zu verspüren und eine vermehrte Bereitschaft sich zu engagieren. In Tirschenreuth meinen Befragte, die Oberpfälzer seien zwar zurückgenommen, aber zupackend; entsprechend würden sie die Ärmel hochkrempeln und die Dinge in die Hand nehmen. Auch in Rotenburg (Wümme) und Gütersloh sagen viele Gesprächspartner, Engagement, vor allem in Vereinen, sei hier selbstverständlich. In Hamburg berichten Gesprächspartner immer wieder von der langen Tradition des Bürgersinns und der Bürgerbeteiligung. Die Erwartung, etwas zu bewirken, kann sich auch in Protesten gegen wahrgenommene Mängel oder Fehlentwicklungen äußern. Findet der Einsatz der Bürger Gehör, kann das wiederum ihr Gefühl der Selbstwirksamkeit verstärken. Befragten in Stuttgart zufolge hat der organisierte Widerstand gegen das Stadtumbauprojekt Stuttgart 21, wenngleich erfolglos, die Entstehung einer neuen Beteiligungs- und Protestkultur angestoßen.

Anders lauten viele Erzählungen in Ludwigslust-Parchim: Die Mecklenburger seien leidensfähig und ertrügen Missstände, bis es nicht mehr gehe. Hier stehen viele Befragte dem Gedanken, selbst die Initiative zu ergreifen, skeptisch gegenüber. Stattdessen ertönt schnell der Ruf nach den Politikern, die sich kümmern und Lösungen finden sollten. In Gelsenkirchen sehen etliche Bewohner, mit denen wir gesprochen haben, aus anderen Gründen wenig Hoffnung: Es fehle eine Mittelschicht, die Veränderungen anstoßen und mittragen könnte.

Diese pessimistische Einstellung kommt nicht von ungefähr. Sowohl Ludwigslust-Parchim als auch Gelsenkirchen haben nach der Wende beziehungsweise dem Ende der Montanindustrie einen dramatischen Strukturwandel erlebt, dem die Bewohner tatsächlich wenig entgegenzusetzen hatten und haben. Noch immer leiden beide Regionen unter den wirtschaftlichen Folgen dieser Entwicklungen. Die Herausforderungen, vor denen die Menschen hier stehen, sind von einer anderen Qualität als in den wohlhabenderen Regionen.

In ländlichen westdeutschen Regionen, denen es gut geht, die aber vom Wohl und Wehe der großen Arbeitgeber in ihrem Umfeld abhängen, äußern jedoch einige Befragte Befürchtungen, dass ihnen ein wirtschaftlicher Niedergang bevorstehen könnte. Sie beschreiben Ängste, dass internationale Entwicklungen über sie hinwegfegen, ohne dass sie etwas dagegen tun könnten. Daraus resultiert ein diffuses Gefühl der Verunsicherung.

4 | WAS TUN?

Der ländliche Raum und die wirtschaftlichen Disparitäten in Deutschland ziehen zwar neues Interesse auf sich. Die Erkenntnis, dass sich die Regionen als Folge eines Strukturwandels auseinanderentwickeln, ist aber nicht neu. Seit Jahren ist bekannt, dass viele Kommunen und ganze Landstriche unter starker Abwanderung leiden und Einrichtungen der Daseinsvorsorge oftmals nicht aufrechterhalten können. Doch offenbar hat erst der Protest an der Wahlurne die etablierten Parteien aufgeschreckt.

Es ist allerdings fraglich, ob sich wirtschaftliches Wachstum und damit eine Stabilisierung der Bevölkerungszahlen in angeschlagenen Räumen, ob ländlich oder städtisch, erzwingen lassen. Die Politik wird den demografischen Wandel und den Bevölkerungsschwund in solchen Regionen kaum aufhalten oder gar umkehren können. Die Erfahrung im Umgang mit dem Strukturwandel zeigt, dass sich dieser auch mit viel Geld nicht stoppen lässt.

Die verbreitete Wahrnehmung, abgehängt zu sein, in ländlichen wie auch einigen städtischen Regionen, und die gefühlte Verunsicherung angesichts globaler Entwicklungen selbst in prosperierenden Regionen haben die Politik veranlasst, „gleichwertige Lebensbedingungen" zu einem der Hauptziele zu machen. Damit weckt sie Erwartungen, die sich kaum erfüllen lassen, und programmiert Enttäuschungen und weitere Frustrationen. Die Politik sollte also die Realität und ihre eigenen Möglichkeiten nüchtern einschätzen und dort investieren, wo die Unterstützung tatsächlich eine Verbesserung der Lebenslagen verspricht. Sie muss den Menschen überall im Land gesellschaftliche Teilhabe ermöglichen, dafür aber geeignete und an den jeweiligen regionalen Möglichkeiten und Bedürfnissen orientierte Lösungen finden.

A. Regionale Vielfalt zur Grundlage der Politik machen

1 „Gleichwertigkeit" als Ziel hinterfragen

Mit der „Gleichwertigkeit der Lebensverhältnisse" verfolgt die Politik ein Ziel, dessen genaue Definition sie vermeidet. So weckt sie Erwartungen, die sie nicht erfüllen kann und provoziert geradezu Enttäuschungen. Denn die Lebensbedingungen in den verschiedenen Regionen des Landes sind naturgemäß vielfältig, ebenso die Bedürfnisse, welche die Menschen vor Ort haben. Die Bundesregierung und das Heimatministerium sollten diese Vielfalt akzeptieren und zur Grundlage ihrer Politik machen.

2 Grundversorgung garantieren

Der unbestimmte Begriff der Gleichwertigkeit verleitet dazu, Dinge gegeneinander aufzuwiegen, die wenig bis nichts miteinander zu tun haben – zugespitzt etwa die notärztliche Versorgung mit der Nähe zur Natur. Gerade die Bewohner abgelegener ländlicher Gegenden würden davon profitieren, wenn die Politik eine bundesweit einheitliche Grundversorgung definierte und garantierte, von der Elektrizitätsversorgung bis zu einer ordentlichen Datenleitung. Die Bürgerinnen und Bürger hätten dann die Gewissheit, auf welche Leistungen sie Anspruch haben und könnten diese im Zweifelsfall einklagen. Die Kommunen müssten dann so ausgestattet werden, dass sie Leistungen der Grundversorgung selbst organisieren können und für alles, was darüber hinaus geht, gemeinsam mit der Bürgerschaft und im Rahmen der finanziellen Möglichkeiten Konzepte entwickeln können.

3 Gleiche Bildungschancen – überall

Die wichtigste Grundversorgung für die Nachwuchsgenerationen ist Bildung. Große regionale Unterschiede bei den Bildungsergebnissen zeigen aber, dass junge Menschen gerade in den strukturell angeschlagenen Gebieten erheblich benachteiligt sind. Die Politik muss deshalb – über Kindergärten, Vorschulen und Schulen – dafür sorgen, dass die Jugend unabhängig ihres Wohnortes und ihrer sozialen Herkunft gleiche Bildungschancen bekommt. Denn nur mit einem guten Bildungsfundament werden aus diesen Jugendlichen später produktive und eigenständige Mitglieder der Gesellschaft, die für ihren persönlichen Wohlstand sorgen und an den Errungenschaften der Gemeinschaft teilhaben können.

B. Die Kommunen stärken und Versorgung neu denken

4 Ideen „von unten" zulassen

Die Kommunen haben allerdings bis dato eingeschränkte Handlungsspielräume, die Versorgung ihrer Bürger zu verbessern. Starre gesetzliche Vorgaben, wie sie die Leistungen der Daseinsvorsorge auszugestalten haben, und eine Zweckbindung von Fördergeldern verhindern allzu oft eine an den regionalen Bedürfnissen orientierte Problemlösung. Die Bundespolitik sollte akzeptieren, dass die Menschen vor Ort die Experten für ihre Region sind, und das Subsidiaritätsprinzip stärken. Die Kommunen brauchen mehr Finanz- und Entscheidungsautonomie, damit sie dort ansetzen können, wo es am dringendsten ist, ob das der Erhalt der Grundschule oder der Bau eines weiteren Verkehrskreisels ist. Die Bundes- und Landespolitik sollten bei der Umsetzung von Ideen fördernd und beratend zur Seite stehen, also von „oben" die Rahmenbedingungen so setzen, dass „unten" neue Ideen entstehen und sich entfalten können.

5 In Dienstleistungen statt in Strukturen denken

Vielerorts fehlt es in schrumpfenden ländlichen Regionen an finanziellen Mitteln, um die immer seltener genutzten Einrichtungen der öffentlichen Versorgung nach den vorgeschriebenen Standards aufrecht zu erhalten. Das hat oft zur Folge, dass Versorgungsangebote ganz verschwinden, wenn sie die gesetzliche Vorgabe nicht mehr erfüllen. Schulen werden etwa geschlossen, weil sie die vorgegebene Mindestschülerzahl unter-

schreiten. Schulen sollten aber nicht als normierte Strukturen mit Mindestschülerzahlen verstanden werden, sondern als Dienstleistungseinrichtungen, die Kinder auf das weitere Leben vorzubereiten haben. Unter diesen Bedingungen werden Strukturen nachrangig und stattdessen können Schulverbünde mit Filialschulen entstehen, Zwergschulen oder Schulen, in denen Kinder und Jugendliche unterschiedlichen Alters länger gemeinsam lernen. Gerade in dünn besiedelten Regionen gilt es die starren Vorgaben zu überdenken, damit etwa Grundschulen erhalten bleiben und die Wege für die Kleinsten kurz bleiben.

6 Förderung der Kommunen entbürokratisieren

Um ihren Einwohnern Versorgungsangebote zur Verfügung stellen zu können, sind die Kommunen auf Fördergelder der Länder, des Bundes oder der Europäischen Union angewiesen. Fördermittel zu beantragen ist allerdings meist mit einem hohen bürokratischen Aufwand verbunden. Und ist das Geld endlich bewilligt, müssen Kommunen sich häufig an zahlreiche Vorgaben halten, wie die Mittel zu verwenden sind. Dies erschwert es, lokal angepasste Lösungen zu finden. Daher sollten die Kommunen mehr Freiräume bekommen und gemeinsam mit den Bürgern entscheiden dürfen, in welche Vorhaben sie die finanziellen Mittel stecken wollen.

7 Soziale Mischung in den Städten stärken

In allen besuchten Städten gibt es neben „besseren" und „gutbürgerlichen" Nachbarschaften auch benachteiligte, wenn nicht sogar abgehängte Wohngebiete, in denen sich Armut und soziale Probleme häufen. Manche sind als soziale „Brennpunkte" über die Stadtgrenzen hinaus bekannt und ihnen haftet ein schlechter Ruf an. In der Folge zieht es viele weg, die sich eine Bleibe in

einem angeseheneren Stadtteil leisten können. Für die Problemviertel ist diese Entwicklung fatal, denn sie verlieren zum einen jene Bewohner, die sie für eine soziale Mischung bräuchten. Zum anderen entsteht in diesen (Durchgangs-)Vierteln nur schwerlich ein Gemeinschaftsgefühl, bei dem sich die Menschen mit ihrem Lebensumfeld identifizieren und dafür auch einsetzen.

Die sozialräumliche Spaltung zwischen Arm und Reich dürfte vor allem in den rasant wachsenden Städten noch weiter zunehmen. Steigende Mieten und Wohnungsnot stellen dabei große Teile der Bewohner vor existenzielle Probleme und heizen Verdrängungsprozesse und räumliche Segregation weiter an. Die Verantwortlichen in den Rathäusern müssen noch stärker als bisher auf diese Entwicklung reagieren und Konzepte entwickeln, wie sie die Lebensqualität in benachteiligten Vierteln verbessern wollen und dabei auch die Bewohner an einen Tisch bekommen. Und sie müssen bezahlbaren Wohnraum für finanziell schwächere Familien auch in besser gestellten Stadtteilen schaffen.

C. Identifikation und Zusammenhalt stärken

8 Verantwortungsgefühl wecken und demokratische Teilhabe fördern

Wenn sich die Menschen mit dem Gemeinwesen identifizieren, sind sie eher bereit, sich für dessen Wohlergehen einzusetzen. Bürgermeister und Verwaltungen sollten daher versuchen, den Zusammenhalt zu stärken. In Bürgerversammlungen oder regelmäßigen Bürgersprechstunden können Bürgermeister oder Amtsvorsteher die Grundlagen bestimmter Entwicklungen verständlich machen und gleichzeitig die Wünsche, Sorgen und Vorschläge der Bürger hören (siehe S. 63 und 64).

9 Ehrenamt und Engagement fördern

Ehrenamtliche können viel dazu beitragen, wegbrechende herkömmliche Versorgungsangebote durch neue Konzepte auszugleichen (siehe S. 69). Multifunktionale Dorfläden (siehe S. 46), Bürgerbusse (siehe S. 40) oder organisierte Nachbarschaftshilfen können helfen, Versorgungslücken zu schließen. Gemeinden sollten ihre Einwohner über die vielfältigen Möglichkeiten ehrenamtlichen Engagements informieren und sie ermutigen, sich für ihr Lebensumfeld einzusetzen. Die Verwaltung sollte regionale Initiativen wo immer möglich unterstützen, etwa durch die Bereitstellung von Büros, Fortbildungen, rechtliche Beratung oder die unbürokratische Vergabe kleiner Förderbeträge, zum Beispiel für Fahrkosten. Um ein vielfältiges Engagement auch dauerhaft zu ermöglichen, sind eine niedrigschwellige Unterstützung einzelner Initiativen sowie eine langfristige Finanzierung der Engagement-Infrastrukturen erforderlich.

10 Kreisgebietsreformen mit Bedacht durchführen

Die Zusammenlegung von Landkreisen soll die Effektivität der Verwaltung erhöhen. Das mag aus haushaltspolitischer Sicht sinnvoll erscheinen, kann sich jedoch negativ auf den Zusammenhalt und die Zufriedenheit der Einwohner auswirken, etwa, weil diese dann längere Wege zu Verwaltungseinrichtungen in Kauf nehmen müssen. Statt einer gemeinsamen Identität und gegenseitiger Solidarität entsteht allzu oft Konkurrenz zwischen den Gemeinden der ursprünglichen Kreise. Wenn die Verwaltung bei allen Entscheidungen auf Ausgleich bedacht sein muss, kann das ihre Arbeit erschweren. Gebietsreformen sind daher nur dann anzustreben, wenn sie einen echten Mehrwert bedeuten – und die Bevölkerung sie versteht und mitträgt.

D. Ordnungsrahmen für unterschiedliche Entwicklungen schaffen

11 Schrumpfung akzeptieren

Die Politik muss die Erkenntnisse demografischer Forschung bei der Raumplanung berücksichtigen. In ländlichen Schrumpfregionen muss sie den Bevölkerungsrückgang akzeptieren und gestalten. Für den Umgang mit dieser vielerorts realen, seit Jahrzehnten anhaltenden und überschaubarerweise nicht mehr umkehrbaren Entwicklung fehlen allerdings immer noch raumplanerische Konzepte. Dabei muss Schrumpfung nicht zwingend eine Abnahme von Lebensqualität bedeuten. Mithilfe von innovativen Ansätzen und Kooperationen zwischen Kommunen können diese ihre finanziellen Mittel bündeln und effektiver einsetzen.

Breitband für alle

Die Bundesregierung verspricht seit Jahren, durch den flächendeckenden Ausbau des Glasfasernetzes möglichst alle Haushalte in Stadt und Land mit breitbandigen Internetanschlüssen zu versorgen. Vor allem in abgelegenen ländlichen Gegenden surfen aber noch immer viele Haushalte im Schneckentempo. Dabei entscheidet der Anschluss ans Netz mit über die Zukunftsfähigkeit der Regionen. Für Unternehmen handelt es sich um einen wichtigen Standortfaktor. Wo Wirtschaftstreibende keine Perspektive für sich sehen, werden auch keine neuen Arbeitsplätze entstehen. Eine gute Internetverbindung kompensiert zudem so manches andere Versorgungsdefizit. Home-Office, Online-Shopping oder Telemedizin können den Landbewohnern manchen weiten Weg ersparen. Wenn die Bundesregierung oder das Heimatministerium den Anschluss ländlicher Regionen fördern will, sollte sie daher eher darauf setzen, die Breitbandversorgung zu verbessern, als zu versuchen, Unternehmen und Behörden in die entlegensten Winkel der Republik zu drängen.

Der Ausbau scheitert bislang noch zu oft an den komplizierten Förderbedingungen, die gerade kleine Gemeinden oft überfordern (siehe S. 39). Der freie Markt sorgt dafür, dass die Telekommunikationsunternehmen den Breitbandausbau nur in dichter besiedelten Gegenden vorantreiben, die für sie wirtschaftlich interessant sind. Deshalb führt zwar in manches Dorf ein Glasfaserkabel, es endet dann aber im Verteilerkasten. Reicht das Kabel nicht bis in die Häuser hinein, kommen die Bewohner nicht in den Genuss superschnellen Internets. Dabei sollte ein Breitbandanschluss heute zur Grundversorgung gehören. Die Bundesregierung sollte den Förderprozess entbürokratisieren und den flächendeckenden Ausbau aktiv vorantreiben.

12 Wachstum gestalten

Die Bewohner mancher attraktiver Städte leiden unter den Folgen des schnellen Wachstums, vor allem unter steigenden Mieten und überlasteten Verkehrswegen. Mithilfe von Instrumenten wie sozialem Wohnungsbau sollte die Politik dafür sorgen, dass Menschen, die sich für ein Leben in der Stadt entscheiden, sich das auch leisten können. Mit diesem Instrument kann sie auch sozialer Segregation und der Entstehung von Problemvierteln entgegenwirken. Um den Verkehrskollaps zu verhindern, sollten der öffentliche Nahverkehr ausgebaut und innovative Konzepte für Mobilität erprobt und umgesetzt werden.

METHODISCHE ANMERKUNGEN

Teil 1: Clusteranalyse

Datengrundlage: Die 401 Landkreise und kreisfreien Städte in Deutschland wurden mit Hilfe einer Clusteranalyse in sechs Gruppen eingeteilt. In die Analyse sind acht Indikatoren eingeflossen, die auf gesellschaftliche Teilhabechancen schließen lassen. Die Indikatoren „Breitbandverfügbarkeit", „Lebenserwartung" sowie die in den Versorgungsindex eingeflossenen Daten stammen vom Bundesinstitut für Bau-, Stadt- und Raumforschung, die restlichen Indikatoren „Kommunale Steuereinnahmekraft", „SGB II-Quote der unter 65-Jährigen", „Schulabgänger ohne Hauptschulabschluss", „jährliches verfügbares Haushaltseinkommen je Einwohner" und „Wanderungssaldo der 18- bis 29-Jährigen" wurden von den Statistischen Ämtern des Bundes und der Länder bereitgestellt (für eine ausführliche Beschreibung der Indikatoren siehe S. 12/13).

Bezugsjahr: Die Daten beziehen sich im Falle der Indikatoren „SGB II-Quote", „Verfügbares Haushaltseinkommen", „Schulabgänger ohne Hauptschulabschluss" und „Breitbandversorgung" auf das jüngste verfügbare Jahr 2017 beziehungsweise 2016 (Haushaltseinkommen). Die Lebenserwartung bezieht sich auf die Auswertung der Periodensterbetafeln 2013 bis 2015. Beim Indikator „Wanderungssaldo" wurde der Mittelwert der Jahre 2013 bis 2017 berechnet. Der Versorgungsindex gibt die Anzahl ausgewählter Versorgungseinrichtungen an, die im jeweiligen Kreis im Schnitt weniger als 1.000 Meter entfernt vom Wohnort liegen: Apotheken (2015), Hausärzte (2015), Supermärkte/Discounter (2015), Grundschulen (2014-2016), Oberschulen (2014-2016) und Haltestellen des öffentlichen Nahverkehrs mit mindestens zehn Abfahrten am Tag (2016). Ende 2016 fusionierte der bisherige Landkreis Göttingen mit dem Kreis Osterode am Harz zum neuen Landkreis Göttingen. Die Daten, die vor der Fusion in den beiden ursprünglichen Landkreisen erhoben wurden, haben wir entsprechend der Einwohnerzahl gewichtet zusammengeführt.

Methode: Als Vorbereitung für die Clusteranalyse wurden alle Indikatoren zunächst mittels einer z-Transformation standardisiert. So konnten wir unterschiedliche Gewichtungen aufgrund der verschiedenen Maßeinheiten vermeiden. Zur Bestimmung der Clusteranzahl und der Identifikation von Ausreißern haben wir danach eine hierarchische Clusteranalyse nach dem Ward-Verfahren mit dem hierzu passenden quadratischen euklidischen Distanzmaß durchgeführt. Allen Indikatoren wurde dabei das gleiche Gewicht zugeschrieben. Nach einer Betrachtung der Ergebnisse hinsichtlich ihrer Interpretierbarkeit haben wir die Zahl der Cluster auf sechs festgesetzt.

Die ermittelten Cluster bieten dem Leser eine Orientierung, um die gesellschaftlichen Teilhabechancen in den Landkreisen und kreisfreien Städten einzuordnen und in Relation zueinander zu stellen. Sie sind jedoch keineswegs die einzig mögliche Form der Klassifizierung: Andere Indikatoren hätten das Ergebnis ebensoleicht abwandeln können wie methodische Abwandlungen oder ein anderer Beobachtungszeitraum. Zudem befinden sich einige Kreise oder Städte am „Rand" einer Gruppe und hätten unter geringfügig veränderten Umständen auch einer anderen Gruppe zugeordnet werden können. Diese Grenzfälle tun dem entstehenden Gesamtbild aber keinen Abbruch. Angesichts der genannten Limitierungen bietet die gewählte Methode ein Höchstmaß an Präzision bei gleichzeitiger Interpretierbarkeit der Ergebnisse.

Teil 2: Qualitative Befragung

Auswahl der Regionen: Auf Grundlage der Clusteranalyse haben wir 15 exemplarische Regionen ausgewählt, die wir im ersten Quartal 2019 bereist haben, um mit den Menschen vor Ort zu sprechen. Aus jedem der sechs Cluster haben wir 2 Regionen ausgewählt, bei denen die Ausprägung möglichst vieler Indikatoren dem Clusterdurchschnitt nahekommt. Zusätzlich haben wir drei Regionen ausgewählt, die eine auffällige Ausprägung eines oder mehrerer Indikatoren aufweisen (Mansfeld-Südharz, Gelsenkirchen und Heilbronn). Bei der Auswahl der Regionen haben wir auch auf die Verteilung über das gesamte Bundesgebiet geachtet.

Auswahl der Interviewpartner: Im Vorfeld der Befragungen haben wir Einzelinterviews vereinbart und zu ein bis zwei Gruppendiskussionen pro Region eingeladen. Bei der Auswahl der Interviewpartner haben wir uns bemüht, ein möglichst breites Spektrum an Personen abzubilden. So haben wir mit 174 Experten aus Politik, Verwaltung, Wirtschafts- und Wohlfahrtsverbänden, weiterführenden und Berufsschulen, Kirchengemeinden, zivilgesellschaftlichen Organisationen und Medien gesprochen. Hinzu kamen 118 Bürger, die sich zu Einzel- oder Gruppengesprächen eingefunden haben (weitere Informationen zu den Interviewpartnern siehe S. 34).

Durchführung der Befragung: Interviews und Gruppendiskussionen folgten einem Leitfaden. Auf diese Weise konnte sichergestellt werden, dass alle Gesprächen die gleichen Themen abdecken. Darüber hinaus ergaben sich im Verlauf der Gespräche weitere Fragen, etwa bezogen auf Besonderheiten der Region oder die Tätigkeit des jeweiligen Gesprächspartners. Die Einzelgespräche dauerten zwischen 30 und 60 Minuten, die Gruppengespräche bis zu 90 Minuten. Letztere waren mit Teilnehmerzahlen zwischen 2 und 35 unterschiedlich gut besucht.

Auswertung: Alle Interviews und Gruppendiskussionen wurden aufgezeichnet und im Anschluss an die Befragung ausgewertet. Dabei haben wir die wichtigen Themen gesammelt und die entscheidenden Zitate anonymisiert transkribiert. Die Ergebnisse bilden die Grundlage des zweiten Teils dieser Studie. Eine qualitative Untersuchung liefert keine repräsentativen Daten. Auch hier gilt, dass die Auswahl der Interviewpartner das Ergebnis beeinflusst. Die wichtigen Aussagen decken sich aber in den einzelnen Regionen. Einzelaussagen haben wir in der Auswertung als solche benannt. Die Interviews geben ein Bild dessen, was die Menschen in den verschiedenen Regionen bewegt und wie zufrieden sie sind.

Leitfaden: Folgende übergeordnete Themen haben wir in allen Interviews abgefragt. Der Leitfaden umfasste zu den Themen noch detaillierte Fragen.

Gespräche mit Personen in öffentlichen Funktionen und anderen Experten:

▣ Was läuft gut in Ihrem/Ihrer Kreis/Stadt/Gemeinde? Wo fehlt es?

▣ Wie sehen Sie Ihre Region im Vergleich mit anderen in Deutschland?

▣ In welche Richtung entwickelt sich nach Ihrer Einschätzung Ihre Region?

▣ Was können Sie tun, um Verbesserungen zu erzielen?

▣ Gibt es Unzufriedenheit in der Bevölkerung?

▣ Was können die Menschen selbst dazu beitragen, um ihr Leben nach ihren Vorstellungen zu gestalten?

▣ Gibt es ein Gefühl des sozialen Zusammenhalts in Ihrem/Ihrer Kreis/Stadt/Gemeinde?

Einzel- und Gruppengespräche mit Bürgern:

▣ Was gefällt Ihnen am Leben im Kreis/in der Stadt? Woran fehlt es?

▣ In welche Richtung entwickelt sich nach Ihrer Einschätzung Ihre Region?

▣ Geht die Politik auf die Bedürfnisse der Region/Stadt ein?

▣ Tut die Gemeinde/der Kreis genug für die Bevölkerung, für Sie?

▣ Was können Sie tun, um gegebenenfalls Verbesserungen zu erreichen? Können Sie und die Menschen in Ihrem Umfeld ihr Leben nach ihren Vorstellungen gestalten?

▣ Beteiligen Sie sich im Allgemeinen an Wahlen?

▣ Betätigen Sie sich ehrenamtlich oder politisch?

▣ Gibt es ein Gefühl des sozialen Zusammenhalts in Ihrem Umfeld/Ihrem Ort?

QUELLEN

Teil 1

1 Der Bundeswahlleiter (2017). Wahl zum 19. Deutschen Bundestag am 24. September 2017. Endgültige Ergebnisse nach Wahlkreisen. Wiesbaden.

2 S. Endnote 1.

3 Drewes, S. (2017). Geteilte Räume. In Heinrich-Böll-Stiftung (Hrsg.), Geteilte Räume. Strategien für mehr sozialen und räumlichen Zusammenhalt: Bericht der Fachkommission „Räumliche Ungleichheit" der Heinrich-Böll-Stiftung (Schriften zu Wirtschaft und Soziales, Band 21), S. 9–15. Berlin: Heinrich-Böll-Stiftung; Kersten, J., Neu, C. & Vogel, B. (2017). Gleichwertige Lebensverhältnisse. Mindeststandards genügen nicht. Arch+, 228, S. 188–191; Tautz, A., Stielike, J. M. & Danielzyk, R. (2018). Gleichwertige Lebensverhältnisse neu denken - Perspektiven aus Wissenschaft und Praxis. In Bundesinstitut für Bau-, Stadt- und Raumforschung (Hrsg.), Mal über Tabuthemen reden. Sicherung gleichwertiger Lebensbedingungen, Mindeststandards, Wüstungen ... – worüber nur hinter vorgehaltener Hand diskutiert wird (BBSR-Online-Publikation, 02/2018), S. 25–36. Bonn.

4 Bundesinstitut für Bau-, Stadt- und Raumforschung (2017). Regionen mit stark unterdurchschnittlichen Lebensverhältnissen. Analyse hinsichtlich der Kleinen Anfrage der Bundestagsfraktion Bündnis 90/Die Grünen (Bundestagsdrucksache 18/10951). Bonn. www.bbsr.bund.de/BBSR/DE/Raumentwicklung/RaumentwicklungDeutschland/Projekte/abgehaengte-regionen/abgehaengte_regionen.html?nn=422250 (07.03.18).

5 Brenke, K. & Kritikos, A. S. (2017). Wählerstruktur im Wandel. In DIW Berlin (Hrsg.), Wählerschaft der Parteien (DIW Wochenbericht, 29/2017, 29/2017), S. 595–606. Berlin.

6 Art. 72 Abs. 2 GG.

7 Deutscher Bundestag (2008). Raumordnungsgesetz §2 Abs. 2 (1).

8 BVerfG 2 BvF 1/01 - Rn. (1-392).

9 CDU, CSU, SPD (2018). Koalitionsvertrag zwischen CDU, CSU und SPD. Ein neuer Aufbruch für Europa. Eine neue Dynamik für Deutschland. Ein neuer Zusammenhalt für unser Land. Berlin.

10 Bundesministerium des Innern, für Bau und Heimat; Bundesministerium für Ernährung und Landwirtschaft; Bundesministerium für Familie, Senioren, Frauen und Jugend (2019). Unser Plan für Deutschland - Gleichwertige Lebensverhältnisse überall. Schlussfolgerungen von Bundesminister Horst Seehofer als Vorsitzendem sowie Bundesministerin Julia Klöckner und Bundesministerin Dr. Franziska Giffey als Co-Vorsitzenden zur Arbeit der Kommission „Gleichwertige Lebensverhältnisse". Berlin.

11 S. Endnote 6.

12 Krumrey, H. & Markwort, H. (13.09.04). Interview mit Horst Köhler. „Einmischen statt abwenden". Focus, S. 23. www.focus.de/politik/deutschland/deutschland-einmischen-statt-abwenden_aid_199451.html (19.03.18).

13 Brandenburgische Staatskanzlei (2004). Aufbau Ost an einem Wendepunkt. Wie kann Brandenburg das Gemeinschaftswerk Aufschwung Ost unter den Herausforderungen des kommenden Jahrzehnts fortsetzen? Potsdam. www.stk.brandenburg.de/cms/detail.php?id=152753 (16.03.18).

14 Bundesinstitut für Bau-, Stadt- und Raumforschung (2012). Raumordnungsbericht 2011. Bonn; s. Endnote 4.

15 S. Endnote 4.

16 Friedrich-Ebert-Stiftung (2016). Ungleiches Deutschland: Sozioökonomischer Disparitätenbericht 2015. Bonn.

17 S. Endnote 16.

18 Wissenschaftszentrum Berlin für Sozialforschung (2018). Wie brüchig ist die soziale Architektur unserer Städte? Trends und Analysen der Segregation in 74 deutschen Städten (Discussion Paper P 2018-001). Berlin.

19 Kersten, J., Neu, C. & Vogel, B. (2017). Gleichwertige Lebensverhältnisse. Mindeststandards genügen nicht. Arch+, 228, S. 188–191; Tautz, A., Stielike, J. M. & Danielzyk, R. (2018). Gleichwertige Lebensverhältnisse neu denken - Perspektiven aus Wissenschaft und Praxis. In Bundesinstitut für Bau-, Stadt- und Raumforschung (Hrsg.), Mal über Tabuthemen reden. Sicherung gleichwertiger Lebensbedingungen, Mindeststandards, Wüstungen ... – worüber nur hinter vorgehaltener Hand diskutiert wird (BBSR-Online-Publikation, 02/2018), S. 25–36. Bonn.

20 Friedrich-Ebert-Stiftung (2015). Der Wert gleicher Lebensverhältnisse. Bonn.

21 Bundesinstitut für Bau-, Stadt- und Raumforschung (2017). Breitbandverfügbarkeit 2017. Bonn; Bundesinstitut für Bau-, Stadt- und Raumforschung (2017). Indikatoren zur Nahversorgung. Bonn; Bundesinstitut für Bau-, Stadt- und Raumforschung (2017). Lebenserwartung neugeborener Mädchen/neugeborener Jungen – Landkreise und kreisfreie Städte. Bonn, https://www.bbsr.bund.de/BBSR/DE/Home/Topthemen/interaktive-karten/lebenserwartung/lebenserwartung.html (26.07.19); Statistische Ämter des Bundes und der Länder (2019). Realsteuervergleich. Tabelle 71231-01-03-5-B, https://www.regionalstatistik.de (11.06.19); Statistische Ämter des Bundes und der Länder (2019). Personen in Bedarfsgemeinschaften nach Geschlecht, Nationalität, Alter und Erwerbsfähigkeit des Leistungsberechtigten - Stichtag 31.12. Tabelle 22811-02-02-4. https://www.regionalstatistik.de (26.06.19); Statistische Ämter des Bundes und der Länder (2019). Statistik der allgemeinbildenden Schulen. Tabelle 21111-02-06-4. https://www.regionalstatistik.de (11.06.19); Statistische Ämter des Bundes und der Länder (2019). Volkswirtschaftliche Gesamtrechnungen der Länder. Verfügbares Einkommen in EUR je Einwohner. Tabelle 82411-01-03-4. https://www.regionalstatistik.de (26.06.19); Statistische Ämter des Bundes und der Länder (2019). Zu- und Fortzüge nach Altersgruppen (über die Kreisgrenzen). Tabelle 12711-04-02-4. https://www.regionalstatistik.de (23.07.19).

22 Bundesinstitut für Bau-, Stadt- und Raumforschung (2017). Indikatoren zur Nahversorgung. Bonn.

23 Bundesinstitut für Bau-, Stadt- und Raumforschung (2017). Breitbandverfügbarkeit 2017. Bonn.

24 Bundesinstitut für Bau-, Stadt- und Raumforschung (2016). Wandel demografischer Strukturen in deutschen Großstädten (BBSR-Analysen KOMPAKT 04/2016). Bonn.

25 Sander, N. (2014). Internal migration in Germany, 1995-2010. New insights into east-west migration and re-urbanisation. Comparative Population Studies, 39(2), S. 217–246.

26 Günthner, S. (2012). ÖPNV und wohnungsnahe Versorgung – Attraktivitätsfaktoren großer Städte. In Bundesinstitut für Bau-, Stadt- und Raumforschung (Hrsg.), Die Attraktivität großer Städte: ökonomisch, demografisch, kulturell. Ergebnisse eines Ressortforschungsprojekts des Bundes, S. 73–79. Bonn; Adam, B. & Sturm, G. (2012). „Neue" Attraktivität und Attraktivitätspolitik der Städte. Fazit aus den Ergebnissen eines Forschungsprojektes. In Bundesinstitut für Bau-, Stadt- und Raumforschung (Hrsg.), Die Attraktivität großer Städte: ökonomisch, demografisch, kulturell. Ergebnisse eines Ressortforschungsprojekts des Bundes, S. 97–105. Bonn.

27 Statistische Ämter des Bundes und der Länder (2019). Zu- und Fortzüge nach Altersgruppen (über die Kreisgrenzen). Tabelle 12711-04-02-4. https://www.regionalstatistik.de (23.07.19).

28 Statistische Ämter des Bundes und der Länder (2019). Personen in Bedarfsgemeinschaften nach Geschlecht, Nationalität, Alter und Erwerbsfähigkeit des Leistungsberechtigten - Stichtag 31.12. Tabelle 22811-02-02-4. https://www.regionalstatistik.de (26.06.19).

29 S. Endnote 24.

30 Institut für Arbeitsmarkt- und Berufsforschung (2008). Verteilung von Arbeitslosigkeit im Erwerbsleben. Hohe Konzentration auf wenige - steigendes Risiko für alle (IAB-Kurzbericht 24/2008). Nürnberg.

31 Statistisches Landesamt Baden-Württemberg (2019). Innovationsindex 2018: Baden-Württemberg im europäischen Vergleich (Statistisches Monatsheft Baden-Württemberg 1/2019). Stuttgart.

32 Die Industrie- und Handelskammern in Baden-Württemberg (2017). Die größten Unternehmen in Baden-Württemberg. Stuttgart.

33 Statistische Ämter des Bundes und der Länder (2019). Volkswirtschaftliche Gesamtrechnungen der Länder. Verfügbares Einkommen in EUR je Einwohner. Tabelle 82411-01-03-4, https://www.regionalstatistik.de (26.06.19).

34 Berlin-Institut für Bevölkerung und Entwicklung (2017). Hohes Alter, aber nicht für alle. Wie sich die soziale Spaltung auf die Lebenserwartung auswirkt. Berlin; Robert Koch-Institut (2015). Gesundheit in Deutschland. Gesundheitsberichterstattung des Bundes. Gemeinsam getragen von RKI und Destatis. Berlin.

35 Statistisches Bundesamt (2016). Regionale Unterschiede in der Lebenserwartung haben in den letzten 20 Jahren abgenommen. Wiesbaden. www.destatis.de/DE/PresseService/Presse/Pressemitteilungen/2016/10/PD16_378_12621pdf.pdf?__blob=publicationFile (07.06.18).

36 Bundesinstitut für Bau-, Stadt- und Raumforschung (2017). Lebenserwartung neugeborener Mädchen/neugeborener Jungen – Landkreise und kreisfreie Städte. Bonn. https://www.bbsr.bund.de/BBSR/DE/Home/Topthemen/interaktive-karten/lebenserwartung/lebenserwartung.html (26.07.19).

37 Die Bundesregierung (1990). Der entscheidende Schritt auf dem Weg in die gemeinsame Zukunft der Deutschen - Fernsehansprache des Bundeskanzlers zum Inkrafttreten der Währungsunion am 1. Juli 1990 (Bulletin 86-90). Berlin. www.bundesregierung.de/Content/DE/Bulletin/1990-1999/1990/86-90_Kohl.html (07.05.18).

38 Franz, S. (2017). Der Osten ist anders. In Heinrich-Böll-Stiftung (Hrsg.), Geteilte Räume. Strategien für mehr sozialen und räumlichen Zusammenhalt: Bericht der Fachkommission "Räumliche Ungleichheit" der Heinrich-Böll-Stiftung (Schriften zu Wirtschaft und Soziales, Band 21), S. 25–56. Berlin.

39 S. Endnote 16; Friedrich-Ebert-Stiftung (2019). Ungleiches Deutschland. Sozioökonomischer Disparitätenbericht 2019. Bonn.

40 Berlin-Institut für Bevölkerung und Entwicklung (2015). So geht Einheit. Wie weit das einst geteilte Deutschland zusammengewachsen ist. Berlin.

41 Statistik der Bundesagentur für Arbeit (2019). Tabellen, SGB II-Hilfequoten (Monats- und Jahreszahlen), Mai 2019. Nürnberg.

42 S. Endnote 41.

43 Statistische Ämter des Bundes und der Länder (2018). Volkswirtschaftliche Gesamtrechnungen der Länder. Verfügbares Einkommen je Einwohner in Deutschland nach Bundesländern. www.statistik-bw.de/VGRdL/tbls/tab.jsp?rev=RV2014&tbl=tab14&lang=de-DE (25.06.19).

44 S. Endnote 43.

45 Statistische Ämter des Bundes und der Länder (2019). Realsteuervergleich. Tabelle 71231-01-03-5-B. https://www.regionalstatistik.de (11.06.19).

46 Der Beauftragte der Bundesregierung für die neuen Bundesländer (2018). Jahresbericht der Bundesregierung zum Stand der Deutschen Einheit 2018. Berlin.

47 Die Bundesregierung (2017). Deutsche Nachhaltigkeitsstrategie. Neuauflage 2016. Berlin.

48 Rheinisch-Westfälisches Institut für Wirtschaftsforschung (2012). Berechnungen und wissenschaftliche Auswertungen im Rahmen des DCV-Projektes "Bericht über Bildungschancen vor Ort". Forschungsprojekt des Deutschen Caritasverbandes. Essen.

49 S. Endnote 16.

50 Statistische Ämter des Bundes und der Länder (2019). Statistik der allgemeinbildenden Schulen. Tabelle 21111-02-06-4. https://www.regionalstatistik.de (11.06.19).

51 Heisig, K. & Sonnenburg, J. (2017). Schulabgänger ohne Abschluss: Wodurch lassen sich die Unterschiede zwischen Ost- und Westdeutschland erklären? Ifo Dresden berichtet, 24(6), S. 7–13.

52 Deh, U. & Lehnhardt, J. (2015). Kein (Land-)Arzt in Sicht? Neue Wege der Gesundheitsversorgung auf dem Land. In C. Eichert & R. Löffler (Hrsg.), Landflucht 3.0. Welche Zukunft hat der ländliche Raum?, S. 110–123. Freiburg, Basel, Wien; Kassenärztliche Bundesvereinigung (2018). Ärztemangel. Berlin. www.kbv.de/html/themen_1076.php (23.04.18).

53 Kassenärztliche Bundesvereinigung (2019). Regionale Verteilung der Ärzte in der vertragsärztlichen Versorgung, 2014-2018. Berlin. gesundheitsdaten.kbv.de/cms/html/16402.php (25.06.19).

54 Bundesärztekammer (2019). Montgomery: Es ist höchste Zeit, den Ärztemangel ernsthaft zu bekämpfen. Berlin. www.bundesaerztekammer.de/presse/pressemitteilungen/news-detail/montgomery-es-ist-hoechste-zeit-den-aerztemangel-ernsthaft-zu-bekaempfen/ (25.07.19).

55 S. Endnote 53.

56 Leibniz Institut für Länderkunde (2018). Kleinstädte im Wandel. Nationalatlas aktuell. Leipzig. aktuell.nationalatlas.de/wp-content/uploads/18_01_Kleinstaedte.pdf.

57 Statistische Ämter des Bundes und der Länder (2019). Regionaldatenbank Deutschland. www.regionalstatistik.de/genesis/online/ (26.06.19).

58 Berlin-Institut für Bevölkerung und Entwicklung (2019). Die demografische Lage der Nation. Wie zukunftsfähig Deutschlands Regionen sind. Berlin.

59 Hahne, U. (2013). Herausforderungen des demographischen Wandels für Angebote der Daseinsvorsorge. In Bundesanstalt für Landwirtschaft und Ernährung (Hrsg.), Daseinsvorsorge in ländlichen Räumen unter Druck. Wie reagieren auf den demografischen Wandel?, S. 9–12. Bonn; s. Endnote 3.

60 Heinrich-Böll-Stiftung (Hrsg.) (2017). Geteilte Räume. Strategien für mehr sozialen und räumlichen Zusammenhalt: Bericht der Fachkommission „Räumliche Ungleichheit" der Heinrich-Böll-Stiftung (Schriften zu Wirtschaft und Soziales, Band 21).

61 Die Beauftragte der Bundesregierung für die neuen Bundesländer (2017). Jahresbericht der Bundesregierung zum Stand der Deutschen Einheit 2017. Berlin.

62 S. Endnote 46.

63 Berlin-Institut für Bevölkerung und Entwicklung (2016). Im Osten auf Wanderschaft. Wie Umzüge die demografische Landkarte zwischen Rügen und Erzgebirge verändern. Berlin.

64 S. Endnote 18.

65 Friedrich-Ebert-Stiftung (2017). Wer wählt rechtspopulistisch? Geografische und individuelle Erklärungsfaktoren bei sieben Landtagswahlen (WISO Diskurs 16/2017). Berlin.

66 Deutsches Institut für Wirtschaftsforschung (2018). AfD in dünn besiedelten Räumen mit Überalterungsproblemen stärker (DIW Wochenbericht 8/2018). Berlin.

Teil 2

1 Europäischer Rechnungshof (2018). Der Breitbandausbau in den EU-Mitgliedstaaten: Trotz Fortschritten werden nicht alle Ziele der Strategie Europa 2020 erreicht (Sonderbericht 12/2018). Luxemburg.

2 Landkreis Rotenburg/Wümme (2019). Breitband. www.lk-row.de/portal/seiten/breitband-1268-23700.html (12.07.19).

3 Randelhoff, M. (2013). Die Finanzierung des öffentlichen Verkehrs in Deutschland: Struktur, Probleme und Alternativen (Zukunft Mobilität). Dortmund. www.zukunft-mobilitaet.net/28179/analyse/finanzierung-des-oepnv-in-deutschland/ (12.07.19).

4 Polizei Nordrhein-Westfalen/Kreis Gütersloh (2018). Jahresbericht Verkehr 2017. Gütersloh. guetersloh.polizei.nrw/sites/default/files/2018-02/Jahresbericht%20Verkehr%202017.pdf (12.07.19).

5 Gemeinsamer Bundesausschuss (2019). Bedarfsplanung für die vertragsärztliche Versorgung. Berlin. www.g-ba.de/themen/bedarfsplanung/bedarfsplanungsrichtlinie/ (12.07.2019).

6 Berliner Feuerwehr (o.J.): Das Einsatzspektrum. www.berliner-feuerwehr.de (27.07.2019); Freistaat Thüringen (2009): Thüringer Rettungsdienstgesetz. landesrecht.thueringen.de (29.07.2019).

7 Berlin-Institut für Bevölkerung und Entwicklung (2019). Die demografische Lage der Nation. Wie zukunftsfähig Deutschlands Regionen sind. Berlin.

8 S. Endnote 7.

9 S. Endnote 7.

10 Wissenschaftszentrum Berlin für Sozialforschung (2018). Wie brüchig ist die soziale Architektur unserer Städte? Trends und Analysen der Segregation in 74 deutschen Städten (Discussion Paper P 2018-001). Berlin.

11 Freie und Hansestadt Hamburg, Behörde für Stadtentwicklung und Wohnen (2018). Sozialmonitoring Integrierte Stadtteilentwicklung. Bericht 2018. Hamburg.

12 Stadt Gelsenkirchen (2018). Gesellschaftliche Teilhabechancen von Gelsenkirchener Kindern. Entwicklung und Stand 2018. Gelsenkirchen.

13 Statistik der Bundesagentur für Arbeit (2019). Arbeitsmarktreport (Monatszahlen). Gütersloh (Tabellen Mai 2019). Nürnberg.

14 Heisig, K. & Sonnenburg, J. (2017). Schulabgänger ohne Abschluss: Wodurch lassen sich die Unterschiede zwischen Ost- und Westdeutschland erklären? Ifo Dresden berichtet, 24(6), S. 7–13.

15 Bundesagentur für Arbeit (2019). Arbeitsmarkt nach Qualifikationen (Jahreszahlen). Deutschland, West/Ost und Länder 2018. Nürnberg. statistik.arbeitsagentur.de/nn_598692/SiteGlobals/Forms/Rubrikensuche/Rubrikensuche_Form.html?view=processForm&resourceId=210368&input_=&pageLocale=de&topicId=1483744&year_month=201812&year_month.GROUP=1&search=Suchen (08.07.19); Institut für Arbeitsmarkt- und Berufsforschung (2013). Bildung ist der beste Schutz vor Arbeitslosigkeit (IAB-Kurzbericht 4/2013). Nürnberg.

[16] Bundesinstitut für Bau-, Stadt- und Raumforschung; IDN ImmoDaten GmbH (2019). Angebotsmieten (Erst- und Wiedervermietungen). Sonderauswertung. Bonn.

[17] Statistisches Bundesamt (2019). Bevölkerung, Kreise, Altersgruppen. Fortschreibung des Bevölkerungsstandes (Anzahl). Tabelle 12411-0017. Wiesbaden. www-genesis.destatis.de/ (15.07.19).

[18] Statistische Ämter des Bundes und der Länder (2019). Verfügbares Einkommen der privaten Haushalte einschließlich privater Organisationen ohne Erwerbszweck - Jahressumme. Tabelle 82411-01-03-4-1. Wiesbaden. www-genesis.destatis.de/ (08.07.19).

[19] S. Endnote 13.

[20] Schartau, L. K., Roy-Pogodzik, C., Gruß, J., Feltes, T., Goeckenjan, I., Hoven, E. et al. (2018). Die Angst vor dem Fremden. Stand der Forschung zu Kriminalitätsfurcht und Unsicherheitswahrnehmungen im Kontext von Migration und Flucht. Bochum.

[21] Statistisches Bundesamt (2018). Bevölkerung und Erwerbstätigkeit. Ausländische Bevölkerung 2017. Ergebnisse des Ausländerzentralregisters (Fachserie 1 Reihe 2). Wiesbaden; s. Endnote 14.

[22] Deutsche Post (2018). Glücksatlas 2018. Bonn.

[23] Bertelsmann-Stiftung (2013). Prekäre Wahlen. Milieus und soziale Selektivität der Wahlbeteiligung bei der Bundestagswahl 2013. Gütersloh.

[24] S. Endnote 7.

[25] Statistische Ämter des Bundes und der Länder (2019). Bevölkerung nach Geschlecht - Stichtag 31.12. Tabelle 12411-01-01-5-2. Wiesbaden. www.regionalstatistik.de/genesis/ (23.07.19).

[26] Landkreis Ludwigslust-Parchim (2019). Kartendownload. www.kreis-lup.de/leben-im-landkreis/bauen-wohnen/vermessung-geoinformation/Download/ (20.07.19).

[27] Bundesministerium für Familie, Senioren, Frauen und Jugend (2016). Freiwilliges Engagement in Deutschland. Der Deutsche Freiwilligensurvey 2014. Berlin.